Grundlagen der Anglistik und Amerikanistik

Herausgegeben von Rudolf Sühnel und Dieter Riesner

9

Der englische Wortschatz

von

Manfred Scheler

ERICH SCHMIDT VERLAG

CIP-Kurztitelaufnahme der Deutschen Bibliothek

Scheler, Manfred
Der englische Wortschatz. – 1. Aufl. –
Berlin : E. Schmidt, 1977.
(Grundlagen der Anglistik und Amerikanistik ; 9)
ISBN 3-503-01250-8

The Saxon, or German tongue is the ground-work
upon which our language is founded, the mighty
stream of forraigne words that hath since Chaucers
time broke in upon it, having not yet wash't away
the root: onely it lies somewhat obscur'd, and over-
shadow'd like a Rock, or Fountain overgrown with
bushes.

Edward Phillips

(im Vorwort zu *The New World of
English Words*, 1658)

ISBN 3 503 01250 8

© Erich Schmidt Verlag, Berlin 1977
Druck: Loibl, Neuburg (Donau)
Printed in Germany · Alle Rechte vorbehalten

Vorwort

Die Behandlung eines so komplexen Themas wie das des englischen Wortschatzes in einem in seiner Seitenzahl begrenzten Handbuch zwingt zur Herausstellung bestimmter Gesichtspunkte bei gleichzeitiger Vernachlässigung anderer. In den Vordergrund meiner Themenwahl möchte ich den Versuch stellen, die etymologische Heterogenität des englischen Wortschatzes aus seiner Geschichte zu erklären. Daraus ergibt sich die Frage nach dem zahlenmäßigen und funktionalen Verhältnis zwischen dem Lehnwort- und dem Erbwortgut. In meine Betrachtungen werde ich dabei die wichtigsten Erkenntnisse des *CED* (*'A Chronological English Dictionary'*, edd. Th. Finkenstaedt, E. Leisi und D. Wolff, Heidelberg, 1970) kritisch einbeziehen und sie durch zahlreiche, z. T. zeitraubende eigene Auszählungen ergänzen.

Ein zweiter Themenkreis ist dem Problem der Sprachmischung, ihren Ursachen und Folgen für den englischen Wortschatz gewidmet. Behandelt werden weiter Fragen der sozio-regionalen Schichtung des Englischen und einige andere, für das Verständnis der Struktur des heutigen Englisch wichtige Erscheinungen, darunter die Wortableitung durch Nullmorphem (sog. Konversion).

Kein gesondertes Kapitel ist für die Behandlung des amerikanischen Englisch (und der übrigen geographischen Varianten des Englischen) vorgesehen; das gleiche gilt für die Wortbedeutungslehre, für die innerhalb der Handbuchreihe *,Grundlagen der Anglistik und Amerikanistik'* ein spezieller Band in Bearbeitung ist.

Bei der Einbeziehung der Sprachstatistik bin ich mir der Möglichkeiten, aber auch der Grenzen dieser Methode bewußt. Wer im quantitativen Aspekt eine notwendige Ergänzung des qualitativen sieht, muß wissen, daß auch die moderne Sprachstatistik keine absoluten Zahlen zu liefern vermag. Doch sollte ebenso unbestreitbar sein, daß sie allgemeine, vorsichtig zu interpretierende Richtwerte zu geben in der Lage ist.

Die chronologischen Daten sind dem *OED* (einschließlich des Supplementbandes von 1972), dem *SOED* bzw./und dem *MED*, beim amerikanischen Englisch dem *DAE* bzw. *DA*, in Fragen des modernen Wortschatzes auch dem *DNE* entnommen. Bei den etymologischen Angaben beziehe ich mich auf das *ODEE*, doch werden auch die übrigen einschlägigen Wörterbücher vergleichend herangezogen. Dabei beschränke ich mich auf gesicherte Fälle bzw. solche von hohem Wahrscheinlichkeitsgrad.

Die bibliographischen Hinweise, die nur eine Auswahl der Fachliteratur umfassen können, folgen im allgemeinen den Abschnitten bzw. Kapiteln. In Abkürzung erscheinende Wörterbücher (wie *OED*, *DNE*) fasse ich in einer Zusatzbibliographie zusammen, ebenfalls die nur unter dem Namen des Verfassers zitierten Darstellungen zum Thema des englischen Wortschatzes (u. S. 169 ff.).

In besonderem Maße empfinde ich Dank gegenüber Herrn Professor Dr. Heinz Schulte-Herbrüggen vom Romanischen Institut der Freien Universität für seine wertvollen Ratschläge und ermutigenden Worte. Verpflichtet fühle ich mich Frau Assistenzprofessorin Dr. Gisela Guddat für wichtige Anregungen. Die Vorarbeiten für eine Darstellung des englischen Wortschatzes reichen bis in die späten 60er Jahre zurück, doch konnte ich angesichts der schwierigen Arbeitsbedingungen an der FU nicht vor 1974 mit der eigentlichen Bearbeitung des Themas beginnen. Um so dankbarer bin ich Frau Dr. E. Kahleyss vom Erich Schmidt Verlag Berlin und den Herren Professoren Dr. R. Sühnel und Dr. D. Riesner von der Redaktion der ,*Grundlagen der Anglistik und Amerikanistik*' für ihre Bereitschaft, mich mit dem Band über den englischen Wortschatz zu betrauen.

Die Kürze der Darstellung hoffe ich durch eine verhältnismäßig reiche Auswahl an Beispielmaterial, teilweise neue Wege im methodischen Aufbau und gelegentlich neue Akzente in der inhaltlichen Gestaltung auszugleichen.

Berlin, Sommer 1977   Manfred Scheler

Inhalt

Seite

Vorwort 5

I. Die etymologische Herkunft des englischen Wortschatzes 9

  1. Der lexikalische Mischcharakter des Englischen 9
  2. Das inselgermanische Erbwortgut 12
  3. Das nordgermanische Lehnwortgut 17
  4. Das niederdeutsche und friesische Lehnwortgut 25
  5. Das hochdeutsche Lehnwortgut 29
  6. Das keltische Lehnwortgut 31
  7. Das lateinische Lehnwortgut 35
  8. Das griechische Lehnwortgut 48
  9. Das französische Lehnwortgut 52
  10. Das übrige romanische Lehnwortgut 63
  11. Das übrige europäische Lehnwortgut 66
  12. Das außereuropäische Lehnwortgut 66
  13. Auswertung: Numerisch-statistisches und funktionales Verhältnis zwischen Erb- und Lehnwortgut 70

II. Der gemischte Wortschatz: Ursachen, Erscheinungsformen und Folgen der Sprachmischung 85

  A. 1. Zum Sprachmischungsprozeß 85
    2. Ursachen der Wortentlehnung 86
    3. Formen des lexikalischen Lehnguts 89
      a) Das Lehnwort 89
      b) Vergleich: Erbwort – Lehnwort, Fremdwort – Hard Word 90
      c) Lehnbildungen und Lehnbedeutungen 92

  B. 1. Der Synonymenreichtum des Englischen 96
    2. Urverwandtes idg. Wortgut im Englischen 100

Inhalt

Seite

3. Breiten- und Tiefenwirkung des Lehnguts 101
4. Die Hard Words als sprachliches und soziales Problem 104

C. 1. Strukturwandel durch Dissoziierung und Entmotivierung .. 108
   2. Von der Synthese zur Analyse: Die Entstehung des Wortverbands 111
   3. Volksetymologie 116
   4. Wortschwund 117

III. Weitere charakteristische Erscheinungsformen des englischen Wortschatzes 122

   1. Zum Homophonenreichtum des Englischen 122
   2. Bedeutungsaufspaltung und Dublettenbildung 125
   3. Lexikalische Isolierung (solitäre Wörter) 127
   4. Die Nullableitung (sog. Konversion) 128
   5. Moderne Wortkürzungs- und Wortmischungsverfahren 133
      a) Wortkürzungen (clippings) 133
      b) Wortmischungen (blends) 134
      c) Rückbildungen (back-derivations) 135
      d) Buchstabenwörter (letter-words) 136

IV. Die Schichtung des englischen Wortschatzes 138

   1. Gliederung nach dem Wortstatus 138
   2. a) Standard English – Modified Standard 144
      b) Slang 147
      c) Cant 152
      d) Dialekte (Mundarten) 153

Karten 164

Abkürzungsverzeichnis 166

Bibliographie 169

Register 172

I. Die etymologische Herkunft des englischen Wortschatzes

1. Der lexikalische Mischcharakter des Englischen

Zu den auffälligsten Merkmalen des Englischen gehört sein lexikalischer Mischcharakter. Er ist das Ergebnis eines zweitausendjährigen Mischungsprozesses, der sich bis in die kontinentale Zeit der Angelsachsen zurückverfolgen läßt und das Englische zu einer der wortreichsten und zugleich am stärksten gemischten Sprachen gemacht hat. Lexikalisch gesehen, ist das Englische eine germanisch-romanische Mischsprache.

Der folgende Textabschnitt aus dem 2. Kapitel von William Thackerays 'Vanity Fair' (1847) soll zur Illustration der etymologischen Heterogenität (Verschiedenartigkeit) des englischen Wortschatzes dienen. Die Lehnwörter, die hier ausschließlich aus dem Romanischen (Anglonormannischen, Zentralfranzösischen oder unmittelbar Lateinischen) stammen, sind kursiv gedruckt.

> Miss Sharp's father was an *artist*, and in that *quality* had given *lessons* of drawing at *Miss* Pinkerton's *school*. He was a clever man, a *pleasant companion*, a careless *student*, with a great *propensity* for running into *debt*, and a *partiality* for the *tavern*. When he was drunk he *used* to beat his wife and daughter; and the next morning, with a headache, he would *rail* at the world for its *neglect* of his *genius*, and *abuse*, with a good deal of cleverness, and sometimes with *perfect reason*, the *fools*, his brother *painters*.

Von den 91 Wörtern (und 2 Namen, die nicht berücksichtigt werden sollen) sind 22 (24 %) entlehnt. Sie sind sämtlich Autosemantika ('Selbstbedeuter'), semantisch selbständige Wörter (17 Substantive, 2 Adjektive und 3 Verben). Ihnen stehen 69 Wörter heimischer Herkunft gegenüber: nur 21 (23 %) Autosemantika, aber 48 (53 %) Synsemantika ('Mitbedeuter'), Funktionswörter, die sich teilweise wiederholen (8mal *a/an*, 6mal *and*, 4mal *the*, 4mal *he*). Zählt man jedes vorkommende Wort nur einmal, verschiebt sich das Bild: Der Text umfaßt dann lediglich 60 (verschiedene) Wörter, davon sind 21 heimische Autosemantika (35 %) und 18 Synsemantika (30 %) gegenüber 21 entlehnten Autosemantika (35 %). Der Anteil des Lehnguts hat sich um 11 % auf 35 % erhöht.

Es fällt auf, daß über die Hälfte (48 von 91) der vorkommenden Wörter synt. Funktion haben. Unter den autosemantischen Erbwörtern überwiegen solche der täglichen Erlebniswelt. Sie gehören dem Urbestand des englischen Wortschatzes an: *father, daughter, brother, wife, man, world, deal, morning, headache, clever/ness*[1]; *careless, great, drunk, next, good; give, draw, run, beat; sometimes*. Zu den Lehnwörtern zählen solche abstrakter Bedeutung (etwa *quality, neglect, genius, reason*), literarische, der Alltagssprache fremde (*propensity, partiality*), aber auch umgangssprachliches Wortgut (etwa *lesson, pleasant, painter*).

Die Sprachprobe verdeutlicht den hohen Stellenwert des Lehnguts im lexikalischen Haushalt der englischen Sprache[2]. Nach Ph. Aronstein (*'Englische Wortkunde'* [1925], S. 64 f.) beträgt der Anteil des Lateinisch-Französischen etwa 55 %, während nur 35 % des theoretisch vorhandenen englischen Wortguts dem Germanischen zugesprochen werden. Die restlichen 10 % werden dem Griechischen, Italienischen usw., Holländischen und Deutschen zugerechnet.

Obwohl Aronstein, der sich auf L. Hanauer (*NSpr* 1924, 46 ff.) beruft, keine näheren Angaben über das Berechnungsverfahren machte, wurden diese Zahlen so gut wie unangefochten in die Fachliteratur übernommen. Erst in den letzten Jahren wurden verläßlichere Untersuchungen anhand des *'The Shorter Oxford English Dictionary'* (SOED) angestellt[3]. Danach

---

[1] *Clever* taucht me. nur einmal in ostmittelländischem Dialekt auf und ist erst seit 1580 häufiger belegt. Entlehnung aus nd. *klever* ist möglich, doch nicht zwingend.

[2] In der deutschen Version der Textstelle (*'Jahrmarkt der Eitelkeit'*, übersetzt von Elisabeth Schnack, Manesse Verlag, S. 25 f.) finden sich nur 3 Fremdwörter unter 85 Textwörtern: *Miss, Institut* (für *school*) und *Kollege* für *brother* in *brother painter*.

[3] Unter Leitung von Thomas Finkenstaedt wurden in mehrjähriger Zusammenarbeit u. a. mit E. Leisi und D. Wolff die 81 000 Haupteintragungen des *SOED* (1964) nach Erstbeleg und etymologischer Herkunft umgelistet und mit 27 000 Wörtern des *ALD* (*'The Advanced Learner's Dictionary of Current English'*, 2nd ed., 1963), die ebenfalls im *SOED* verzeichnet sind, und der *GSL* (*'A General Service List of English Words with Semantic Frequencies and a Supplementary Word-List for the Writing of Popular Science and Technology'*, ed. M. West, London, rev. edition 1953) verglichen, die die aus einem Textkorpus von ca. 5 Millionen Wörtern gewonnenen 2000 engl. Wörter mit der höchsten Häufigkeitsrate und eine etwa gleichgroße Zahl von Ableitungen und Komposita (von z. T. niedrigerer Frequenz) umfaßt. Das Ergebnis dieses in seiner wissenschaftlichen Intention bedeutsamen, doch methodisch nicht völlig befriedigenden Unterfangens schlug sich im *CED* (*'A Chronological English Dictionary'*, Heidelberg,

sind von den ca. 80 000 Haupteintragungen des *SOED* nicht einmal 18 000 (= ca. 22 %) inselgerm. Herkunft. Allerdings erhöht sich der Gesamtanteil des germ. Wortguts um über 3000 Wörter auf 21 000 (ca. 26 %), wenn man die Entlehnungen aus den übrigen germ. Sprachen (Altnord.-Skand., Niederdtsch.-Holl., Hochdeutsch) hinzurechnet. Während Aronsteins Angaben in bezug auf den rom.-lat. Anteil nahezu bestätigt werden (55 % : 58,5 %), ist die Differenz im Hinblick auf das germ. Wortgut beträchtlich: 35 % : 26 % (bzw. 22 %, wenn nur das inselgerm. Wortmaterial berücksichtigt wird). Der Anteil des Germanischen am theoretisch zur Verfügung stehenden engl. Wortbestand ist offensichtlich nur wenig höher als ein Viertel zu veranschlagen (vgl. dazu u. S. 72 ff.).

Geht man von der Häufigkeit des Wortgebrauchs aus, verändert sich freilich das Bild. Nach Aronstein beträgt der germ. Anteil bei Spencer und Huxley über 52 %, bei Meredith und Hardy über 70 %, bei Carlyle und Ruskin 75–80 %, bei Shakespeare 86 und Chaucer und Tennyson sogar 90 %. Die Angaben decken sich annähernd mit unseren im Hochrechnungsverfahren gewonnenen, die Differenz liegt zwischen 0 und 4 %.

Wir berühren hier das Gebiet der S p r a c h s t a t i s t i k. Zentrale Begriffe dieses sich heute des elektronischen Rechenverfahrens bedienenden Teilgebiets der Sprachwissenschaft sind die E i n f a c h - und M e h r - f a c h zählung (nach G. Herdan, '*Type-Token Mathematics*' [Den Haag, 1960] auch *Type-* und *Token*zählung genannt)[4]. Bei der Einfachzählung wird jedes Wort unabhängig von der Häufigkeit seines Auftretens nur einmal berücksichtigt, das Ergebnis ist die Anzahl der verschiedenen Wörter eines Textes, das Vokabular. Bei Mehrfachzählung werden die einzelnen Wörter bei jedem Auftreten erneut gezählt, wobei die hohe Frequenz der Funktionswörter den germanischen Anteil in die Höhe treibt. Für Chaucer z. B. ergeben sich bei Einfachzählung für die germ. Wörter ca. 48 %, bei Mehrfachzählung fast 90 %.

1970) und der Auswertung dieses Materials in *OPr.* (Th. Finkenstaedt, D. Wolff, '*Ordered Profusion – Studies in Dictionaries and the English Lexicon*', Heidelberg, 1973) nieder. Vgl. hierzu o. S. 76 ff. und speziell die Rezensionen von H. Käsmann in *Anglia*, 93 (1975), 470 ff. und *Archiv*, 127 (1975), 356 ff.
[4] Wichtige Vertreter der quantitativen Linguistik sind neben Herdan, der auch durch Veröffentlichungen wie '*Language as Choice and Chance*' (Groningen, 1956) und '*Quantitative Linguistics*' (London, 1964) hervorgetreten ist, vor allem P. Guiraud und G. K. Zipf. Letzterer ist u. a. durch das nach ihm benannte 'Zipfsche Gesetz' bekannt geworden. Danach ist das Verhältnis zwischen der Frequenz (f) eines Wortes und seinem Rang (r) umgekehrt proportional. Vgl. dazu D. Wolff, '*Statistische Untersuchungen*' (1969), 213 ff., auch 246 ff.

Zur Worthäufigkeit (Statistiken usw.): C. K. Ogden, *The System of Basic English* (New York, 1934); E. L. Thorndike and I. Lorge, *Teacher's Word Book of 30 000 Words* (Teachers College, Columbia University, 1944); S. St. Smith, *The Command of Words* (New York, 1949); M. West, *A General Service List of English Words* (London, 1953); L. U. Jones, *A Spoken Word Count* (Chicago, 1966); H. Kučera and W. N. Francis, *Computational Analysis of Present-Day American English* (Providence, 1967); J. B. Carroll et al., *The American Heritage Word Frequency Book* (Boston, 1971); A. Haase, *Englisches Arbeitswörterbuch* (Frankfurt, ⁴1968); D. Wolff, *Statistische Untersuchungen zum Wortschatz englischer Zeitungen* (Diss. Saarbrücken, 1969); Th. Finkenstaedt und D. Wolff., 'Statistische Untersuchungen des englischen Wortschatzes mit Hilfe eines Computers', *Beiträge zur Linguistik und Informationsverarbeitung* (1969), 7 ff.; H. S. Eaton, *Comparative Frequency List; A Study based on the first 1000 Words in English, French, German, and Spanish Frequency Lists* (New York, 1934); J. L. Dolby and H. L. Resnikoff, *The English Word Speculum*, 5 vols., (The Hague, 1967); vgl. auch Leisi, 53, 73, 87.

2. Das inselgermanische Erbwortgut

Das Englische ist seiner Herkunft nach eine germanische Sprache. Nach Beda ('*Historia Ecclesiastica Gentis Anglorum*' [731] I, Kap. 11 ff.) kamen im Verlauf der germanischen Völkerwanderung seit 449 n. Chr. niederdeutsche Sachsen, Angeln und Jüten[5] ins Land, wohin sie von dem Britenfürsten *Wyrtgeorn* (lat. *Vortigernus*) gerufen worden sein sollen, um die nach dem Abzug der römischen Legionen nach 400 schutzlos gewordenen Briten vor den Einfällen der kriegerischen Schotten und Pikten aus dem Norden zu verteidigen. Aus den Beschützern wurden bald Okkupanten und Besiedler des Landes.

Jüten bzw. Friesen siedelten im Südosten mit Kent als Zentrum, holsteinische Sachsen westlich davon in Südengland und die aus der Landschaft Angeln zwischen Flensburg und Schleswig auswandernden Angeln, die später dem gesamten Land den Namen gaben (England = ae. *Engla land* 'der Angeln Land'), in Mittel- und Nordengland. Vgl. Karte I, u. S. 164.

---

[5] Die enge sprachliche Verwandtschaft zwischen dem Kentischen und dem Friesischen läßt vermuten, daß auch Friesen an der Besiedlung Südostenglands beteiligt waren. Womöglich sind mit dem Namen *Iutae* bei Beda überhaupt Friesen gemeint. Zur Friesen-Hypothese vgl. David De Camp, 'The Genesis of the Old English Dialects: A New Hypothesis', in '*Readings for the History of the Engl. Language*', ed. Ch. T. Scott and Jon L. Erickson (Boston, 1968), 380 ff.

Sie brachten niederdeutsche (nd.)[6] Mundarten[6] auf die Insel, die unter den Namen K e n t i s c h, W e s t s ä c h s i s c h und A n g l i s c h bekannt sind und die älteste Sprachstufe des Englischen, das A l t e n g l i s c h e (*Old English*), früher auch A n g e l s ä c h s i s c h *(Anglo-Saxon)* genannt, bilden. Die frühesten Denkmäler setzen kaum vor dem 8. Jh. ein. Man nennt die vorliterarische Periode vom 5. bis 7. Jh. U r a l t - e n g l i s c h, den Zeitraum des 8. und 9. Jhs. F r ü h a l t e n g l i s c h und die Sprache des 10. und 11. Jhs. S p ä t a l t e n g l i s c h[7].

Noch heute verrät das Englische seine niederdeutsche Herkunft[8]. Zwischen Niederdeutsch, Friesisch und Englisch gibt es zahlreiche Gleichungen, so etwa zwischen föhrischem *Piipe* und engl. *pipe* gegenüber hochdt. *Pfeife* (mit Lautverschiebung), *hör* und *her* 'ihr', *Guß/Ges* und *goose/geese* 'Gans/Gänse', ähnlich *theenk/thoocht/thoocht* und *think/thought/ thought* 'denken/dachte/gedacht'.

Von wesentlicher Bedeutung für die Beurteilung des Altenglischen ist der vergleichsweise homogene Charakter des Germanischen. Im Gegensatz zum heutigen Englisch war die Sprache der niederdeutschen Eindringlinge nur wenig von fremdem Wortgut durchsetzt. Da sich keine exakten Angaben über Fremdeinflüsse auf die Sprache der Germanen während ihrer Siedlungszeit im nord- und ostseeländischen Raum während des ersten vorchristlichen Jahrtausends machen lassen, fallen erst die seit der Be-

---

[6] Die niederdeutschen Mundarten sind Teil des Westgermanischen, zu dem ebenfalls die hochdeutschen Mundarten gehören, deren ostmitteldeutsche Variante durch Luther zur Grundlage der heutigen deutschen Hoch- und Schriftsprache wurde. Das Nordgermanische umfaßt das Altisländische (Altnordische), das seit 870 auf Island gesprochen wurde, aber erst nach 1000 (spez. vom 12. bis 14. Jh.) reichlich überliefert ist, und die spätmittelalterl. Vorstufe des heutigen Norwegisch sowie des ostskand. Dänisch und Schwedisch. Der bedeutendste Vertreter des Ostgermanischen war das Gotische (Wulfilas Bibelübersetzung gegen 370).

[7] Das Mittelenglische (Me.) fällt in den Zeitraum des 12. bis 15. Jhs. (Frme. etwa 1150–1300, Spätme. 1300–1450), das Neuenglische umfaßt das Frne. von etwa 1450 bis ca. 1700 und das moderne Ne. seit 1700.

[8] Im Gegensatz zu dem auf dem Altsächsischen beruhenden Niederdeutschen hat sich das Hochdeutsche in ahd. Zeit, etwa seit dem 6. Jh., allmählich vom Süden her durch die sog. Zweite oder Hochdeutsche Lautverschiebung von den übrigen germ. Sprachen abgesetzt. So wurde z. B. $d > t$ (nd. *Dag*, engl. *day* : nd. *Tag*), t anlautend zu z (nd. *Tun*, engl. *town* : hd. *Zaun*), inlautend zu z/tz oder $ss/ß$ (nd. *sitten*, engl. *sit* : hd. *sitzen*) und auslautend zu z/tz, $ß/s$ (nd. *grot*, engl. *great* : hd.*groß*) verschoben. Ähnlich wurde $p > pf$ bzw. f/ff (nd. *Dropen*, engl. *drop* : hd. *Tropfen*) und $k > ch$ (nd. *maken*, engl. *make* : hd. *machen*). Vgl. A. Bach 'Geschichte der deutschen Sprache' (Heidelberg, [9]1970), § 57 ff.

rührung mit der Welt der Römer gemachten lateinischen Entlehnungen ins Gewicht (u. S. 35 f.)[9]. Die Begegnung mit den Kelten brachte nur wenige, wenn auch kulturgeschichtlich bedeutsame Entlehnungen (s. u. S. 32).

Mit schätzungsweise 23 000–24 000 Wörtern stellt das Altenglische den umfangreichsten überlieferten Wortschatz unter den germanischen Sprachen. In über 189 Handschriften (Manuskripten) ist ae. Literatur, meist in westsächsischer Sprachform, überliefert.

Zu den auffälligsten lexikalischen Eigenschaften des Ae. gehört seine erstaunliche Leistungsfähigkeit auf dem Gebiet der Wortbildung. Es führte das aus dem Germanischen und Idg. ererbte Verfahren zur Ableitung neuer Wörter durch Prä- und Suffigierung und Zusammensetzung selbständiger Wörter zu Komposita fort. So finden sich neben *dǣl* 'Teil' Bildungen wie *dǣlend* 'Teilender', *dǣlere* 'Teiler', *dǣling* 'Teilung', *dǣllēas* wörtl. 'teillos', *dǣlmǣlum* 'teilweise', *dǣlnimend* 'Teilnehmer', *dǣlnimendnes* 'Teilnahme', *dǣlan* 'teilen', *ādǣlan* 'erteilen', *bedǣlan* 'berauben', *fordǣlan* 'verteilen', *indǣlan*, 'eingeben', *tōdǣlan* 'zerteilen' usw. Während das heutige Deutsch (wie die übrigen germ. Sprachen) die ursprünglichen Verhältnisse noch weitgehend widerspiegelt, hat das Englische im Laufe seiner Entwicklung insbesondere durch fremde Einflüsse viel von seiner ererbten morphologischen Produktivität verloren. Im Falle der Wortfamilie von ae. *dǣl* haben sich nur *deal* (sb. und vb.), *dealer* und *dealing* erhalten. *Dealable* 'suitable for dealing' ist erst seit 1667 belegt. Vgl. u. S. 111 f.

Innerhalb des ae. Wortschatzes grenzt sich die Sprache der Dichtung von der Prosa in auffälliger Weise ab. Zahlreiche Wörter sind in ihrem Vorkommen auf den Bereich der Poesie beschränkt (poetische Wörter) oder kommen in ihr in speziellen Bedeutungen vor (poetische Gebrauchsweisen). Eine mehrere hundert Beispiele umfassende geschlossene Gruppe von poetischen Wörtern bilden die K e n n i n g a r (Plur. zu an. *kenning*

---

[9] Der Umstand, daß – nach unseren Auszählungen – etwa 20 % des germ. Wortmaterials sich nicht eindeutig über das Germanische hinaus verfolgen läßt, spricht nicht zwingend für Vermischung mit anderen (idg. oder außeridg.) Sprachen, da die betreffenden Wörter in den übrigen idg. Sprachen entweder verlorengegangen oder erst im Germanischen neu gebildet worden sein können. – Morphologische und lexik. Gleichungen bes. mit dem Balto-Slawischen und Italischen deuten augenscheinlich nicht auf Mischung, sondern eher auf längeres Zusammenbleiben der genannten Sprachgruppen nach ihrer Trennung von der idg. Grundsprache. Vgl. u. S. 68.

'Kennzeichnung; Kennwort'). Es handelt sich um mehrgliedrige, nach dem Kontext variierbare Substantive (oder Gruppen von Substantiven), poetische Umschreibungen, in deren Grundwort nicht schon der Sinn des Ganzen enthalten ist. Der Beowulf-Dichter z. B. umschreibt 'Schwert' mit *hildelēoma*, was wörtlich 'Kampf-Strahl', also 'blitzendes Schwert' bedeutet (Beowulf 1143), oder mit *gūþwine*, wörtl. 'Kampf(es)freund', also 'Helfer im Kampf' (Beowulf 1810). Ae. *lārsmiþ* 'Lehrschmied' steht für 'Lehrer', *herewulf* 'Heer(es)wolf' für 'Krieger', *reordberend* 'der Sprache Hervorbringende' für 'Mensch', *sǣmearh* 'Seemähre', *brimhengest* 'Wogenhengst' oder *sundwudu* 'Meeresholz' für 'Schiff', *hronrād* 'Walfischstraße', *swanrād* 'Schwanenstraße' oder *ȳþa gewealc* 'Wogengewalze' für 'Meer', *goldwine gumena* 'der Männer Goldfreund', *goldgifa* 'Goldgeber' oder *bēaga brytta* 'Ringverteiler' für 'Fürst, Gefolgsherr', *bānhūs* 'Beinhaus' für 'Körper' oder *woruldcandel* 'Weltenleuchte' *heofenes wyn* 'Himmelswonne' oder *dægsceald* 'Tagesbeherrscherin' für 'Sonne'. Auffällig ist die farbig-bildhafte Sprache der Kenningar, wobei Mensch wie Ding gern als handelnd dargestellt werden (König = Ringverteiler, Schiff = Wogenhengst). Eine abgegriffene, begrifflich verfestigte Kenning liegt, historisch gesehen, in ne. *lord* 'Herr' vor, das auf ae. *hlāfweard* > *hlāford*, wörtl. 'Laibwart, Brothüter' zurückgeht. Die Kenningar sind sprechende, 'motivierte' (s. u. S. 108 ff.) Nominalkomposita (*brimhengest*) oder syntaktische Gruppen (*heofenes wyn*). Neben ihnen findet sich eine Großzahl von gewöhnlichen nicht-metaphorischen Komposita, in der Mehrzahl ebenfalls nominaler Art. Vgl. etwa *mōdgeþyldig* 'geduldig' (wörtl. 'mutgeduldig') und *hild-þracu* 'onset of battle'. Bildungen dieser Art kennt auch die Prosa, so *mōdgeþonc* 'thought, understanding' (wörtl. 'Mutgedanke') oder *hēahgnornung* 'deep grief'.

Zu den poetischen Wörtern gehören auch Beispiele wie ae. *guma* (verwandt mit lat. *homo* 'Mensch' < idg. **ghomo-*; erhalten in nhd. Bräuti*gam*), *secg* (verw. mit lat. *socius* 'Kamerad'), *beorn* und *rinc*, alle mit der Bedeutung 'man, warrior, hero'. *Lēod* bedeutet in der Prosa 'man; compatriot', in der Poesie 'chief, prince, king', *duguþ* 'Tüchtigkeit' usw., in der Poesie auch 'Schar der erfahrenen (= tugendhaften) Krieger'. Diese Bezeichnungen wurden in die me. Alliterationsdichtung übernommen und schieden nach dem Untergang dieser Gattung im 15. und 16. Jh. aus der Sprache aus: eine späte Bestätigung ihres poetischen Charakters. Bereits spätae. bzw. frme. gingen ae. *hild* (vgl. dt. Namen wie *Hilde, Hildegard*) und *gūþ* für 'Kampf, Krieg' (bei Lagamon [nach 1200] noch im Kompositum *gūþ-strencþe* 'war-like strength' vertreten; vgl. dt. Namen wie

Gunther, Günther, Gumpert) unter. Ersatz leistete u. a. *war*, das über das Agn. ins Me. gelangte und auf altfränkisch-ahd. *werra* 'Wirrwarr, Streit' zurückgeht (verwandt mit *wirr, verwirren* usw., engl. *worse*).

Für die ae. Dichtersprache kennzeichnend ist der erstaunliche Reichtum an Synonymen mit verschiedenartiger Konnotation für inhaltlich bedeutsame Begriffe. Sie ermöglichten dem Dichter eine subtile stilistische Nuancierung bei der wichtigsten ae. Stilfigur, der Variation. So lassen sich allein im (3182 alliterierende Langzeilen umfassenden) Beowulf-Epos mindestens 30 Ausdrücke (ohne Zusammensetzungen) für 'König, Gefolgsherr' und ebensoviele für 'Kriegerhalle' finden. Für 'mind' sind es 9: *mōd, sefa* (auch in der ae. Prosa vertreten) und *hyge, myne, ferþ, brēosthord, mōdsefa, mōdgehygd, mōdgeþonc* (nur in der Dichtung vorkommend). Von ihnen hat sich nur *mōd* in ne. *mood* in der (ae. noch nicht sicher belegten) Bedeutung 'disposition, frame of mind' bewahrt. Vgl. dazu Fr. Klaeber, '*Beowulf*' (Boston, 1950), LXIII f.

Zum Altenglischen (allgemein): Baugh, 47 ff.; Brunner I, 50 ff.; Strang, 282 ff.; Jespersen, 34 ff.; Potter, 16 ff.; Weekley, 30 ff.; Koziol, 19 ff.; Aronstein, 1 ff.; McKnight, 81 ff.

Ae. Wortschatz (spez. Erbwortgut): Sheard, 129 ff.; Baugh, 73 ff.; Groom, 1 ff.; Spezialuntersuchungen (Wortfeldstudien usw.), wie die von M. K. Mincoff [1933], H. Käsmann [1951], P. Stolzmann [1953], G. König [1957], D. Bähr [1959], K. Ostheeren [1964] usw., verzeichnet und kurz besprochen bei W. Kühlwein, *Die Verwendung der Feindseligkeitsbezeichnungen in der ae. Dichtersprache* (Neumünster, 1967), 9 ff. Vgl. weiter K. Faiss, *Gnade bei Cynewulf und seiner Schule* (Tübingen, 1967), G. Büchner, *Vier ae. Bezeichnungen für Vergehen und Verbrechen [Firen, Gylt, Man, Scyld]* (Diss. Berlin, 1968). Wichtig auch: H. Gneuss, *Lehnbildungen und Lehnbedeutungen im Altenglischen* (Berlin, 1955), H. Schabram, *Superbia* (München, 1965), E. Dick, *Ae. dryht und seine Sippe. Eine wortkundliche, kultur- und religionsgeschichtliche Betrachtung zur altgerm. Glaubensvorstellung vom wachstümlichen Heil* (Münster, 1965).

Ae. Wörterbücher: J. R. Clark Hall and H. D. Meritt, *A Concise Anglo-Saxon Dictionary* (Cambridge, ⁴1960), J. Bosworth and T. N. Toller, *An Anglo-Saxon Dictionary* (Oxford, 1898), Suppl. by T. N. Toller (Oxford, 1921; enlarged Addenda ... 1972); C. W. M. Grein, *Sprachschatz der ags. Dichter* (Heidelberg, 1912), F. Holthausen, *Altenglisches etymologisches Wörterbuch* (Heidelberg, ²1963).

Zu den Kenningar: H. Marquardt, *Die altenglischen Kenningar: Ein Beitrag zur Stilkunde altgermanischer Dichtung* (Halle/Saale, 1938), K. H. Göller, *Geschichte der altgermanischen Literatur* [Grundlagen der Anglistik und Amerikanistik] (Berlin, 1971), 45 ff., A. G. Brodeur, 'The Meaning of Snorri's Categories', *University of California Publications in Modern Philology*, 36 (1952), 129 ff., ders. *The Art of Beowulf* (Berkeley, 1959), 250 f.

3. Das nordgermanische Lehnwortgut

Noch in ae. Zeit wurde das germanische Element im engl. Wortschatz durch das N o r d g e r m a n i s c h e verstärkt. Zum Jahr 787 berichtet die ae. Chronik von der Ankunft von 'drei mit Nordmännern besetzten Schiffen' (*iii scipu Norþmanna*). Es handelt sich offenbar um die in diese Jahre fallende Landung von Skandinaviern an der Küste von Wessex. Die Wikinger (d. h. 'Fjordbewohner' nach an. *vík* oder wegen seines frühen Auftretens in ae. Glossen auch 'Lager-Erbauer' nach ae. *wīc* 'Stadt; Lager') bezogen auch die britischen Inseln in ihre Raub- und Wanderzüge mit ein, die sie tief nach Rußland (9. Jh.), nach Island (870), nach Nordamerika (1000) und über das gesamte westeuropäische Küstenland und ins Mittelmeer (9.–11. Jh.) führten. Das Schicksal, das die Angelsachsen den Briten zuteil werden ließen, drohte sich an ihnen selbst zu wiederholen.

Die Einfälle der Norweger und Dänen nach England und ihre Siedlungsgeschichte auf der Insel lassen sich in drei Perioden einteilen:

ca. 600– 850 Norweger plündern Küstenstreifen (617 Überfall auf ein Hebridenkloster, 793 Kloster Lindisfarne, 794 Jarrow heimgesucht).

850– 878 Dänen überwintern 850 auf der Insel Thanet (vor Kent), plündern 851 Canterbury und London und gründen nach 867 ihre erste feste Niederlassung um York. In der Auseinandersetzung mit dem Westsachsenkönig Alfred († gegen 900) werden sie zum Abschluß des Vertrages von Wedmore

878–1070 (ca. 878) gezwungen: das Gebiet nordöstlich der Watlingstreet (Linie London – Chester) wird der dänischen Gesetzgebung unterstellt (*Denalagu* = *Danelaw*). Nach 900 fallen Norweger von Irland aus, wo sie um Dublin ein Königreich errichtet hatten, nach Nordwestengland und Schottland ein. Unter *Æþelred* II. drängen neue Skandinavierscharen ins Land. Nach seinem Tod wird Knut von Dänemark auch König von England (1016–35), ihm folgen

seine Söhne Harald und Harthaknut (bis 1042). Die letzten
Däneneinfälle verlegt die ae. Chronik in das Jahr 1070.
Vgl. Karte I, u. S. 164.

Die noch relativ enge Verwandtschaft zwischen dem nordgerm. Dänisch
und Norwegisch der Eindringlinge und dem westgerm. Altenglisch förderte den ohnehin durch völkische Vermischung ermöglichten Sprachaustausch. Altnordisches Wortgut drang ins Altenglische ein, wie umgekehrt
das Anglo-Nordische (das in England gesprochene Nordische) unter engl.
Einfluß geriet. Als im 12. Jh. die letzten skand. Siedlungen in der engl.
Bevölkerung aufgingen, verschwand mit ihnen auch ihre Sprache, nicht
ohne tiefe Spuren besonders im engl. Wortschatz hinterlassen zu haben[10].
In den literarischen Denkmälern freilich schlägt sich der nordische Einfluß
erst langsam nieder. In den ae. Texten bis 1150 finden sich nur etwa 70
an. Lehnwörter, darunter 25, die bis heute überlebten. Aus dem Danelaw,
aus dem die schreibkundigen Mönche geflohen waren, drangen nur sehr
langsam Lehnwörter in das westsächsische Sprachgebiet im Süden ein. Erst
mit den frühme. Texten aus dem östlichen Mittelland wächst die Zahl der
an. Lww rasch an. Bereits die gegen 1200 im nordostenglischen Raum
geschriebene Evangelienparaphrase des Orrm (das 'Orrmulum') enthält
etwa 120 verschiedene an. Lehnwörter, während die aus der gleichen Zeit
stammende und dem westlichen Mittelland zuzurechnende 'Ancrene
Riwle' (eine Nonnenregel) nur etwas mehr als 30 zählt.

Besonders bedeutsam ist der Anteil skand. Wörter in den nordengl. und
schottischen Texten, zumal sich im späten Mittelalter enge kulturelle Beziehungen zwischen Schottland und den skand. Ländern (bes. Dänemark)
entwickelt hatten. So kommen im 'Bruce', dem schottischen Nationalepos
des John Barbour aus der 2. Hälfte des 14. Jhs., 229 skand. Lww vor,
das sind 6,53 % des gesamten 3506 verschiedene Wörter umfassenden
Textes[11]. Doch auch südlich der Themse wächst seit dem 12. Jh. der Anteil
nordgerm. Wörter, wenn auch erst nach Herausbildung des Londoner Englisch als Standard der heutigen Stand erreicht wird. Das fast 1800 Zeilen umfassende Streitgespräch zwischen 'Eule und Nachtigall', das gegen
1200 südlich der Themse entstand, zählt nicht mehr als 13, die 858 Zeilen
des Prologs zu den 'Canterbury Tales' von Chaucer vom Ende des 14.

---

[10] Auf den Orkney- und Shetlandinseln wurde noch bis ins 18. Jh. das westskand.
Norn (< norw. *norroena* 'nördlich') gesprochen.
[11] Vgl. K. Bitterling, 'Der Wortschatz von Barbours 'Bruce'' (Diss. Berlin, 1970),
S. 26.

Jhs. immerhin 27. Doch berichtet Caxton im Vorwort zu seiner Eneydos-Übersetzung von 1490, daß man zu seiner Zeit das skand. Lehnwort *eggys* 'eggs' in Kent noch nicht verstand, sondern noch das Erbwort *eiren* (< ae. *ægru* 'Eier') benutzte.

Der Anteil des an. Lehnguts am englischen Wortschatz beträgt heute rund 2 %. Das *CED* registriert 1471 an. Lww (1,8 %), das *ALD* 594 (2,2 %). In der *GSL* wächst der Anteil auf 3,1 % an, was für eine relativ starke Integration des an. Wortguts im Gebrauchswortschatz des heutigen Englisch spricht. Hinzu kommen im *CED* weitere 258 (0,3 %) skand. Entlehnungen, die zum großen Teil erst in ne. Zeit in den engl. Wortschatz eingeflossen sind und den Gesamtanteil des skand. Wortguts im *SOED/CED* auf 1729 Wörter (2,1 %) erhöhen[12].

Zu den ältesten, bis 1150 nachgewiesenen an. Lww gehören Ausdrücke aus dem Gebiet der Schiffahrt, des Kriegswesens, juristische Termini (*law*!), aber auch eine Reihe Wörter aus der täglichen Erlebniswelt. Die Mehrzahl von ihnen finden sich in der ae. Chronik, den Gesetzen und Urkunden, einige auch in dem Heldenlied der '*Battle of Maldon*' (991). Beispiele: Ae. *barda* (< an. *barþi*) 'Wikingerschiff mit aufstehendem Steven', *scegþ* (< an. *skeiþ*) 'kleines Kriegsschiff', *bātswegen* (< ae. *bāt* 'boat' + an. *sveinn* 'Mann') > ne. *boatswain* ['bəusn] 'Bootsmann', *lagu* (< an. **lagu*) > ne. *law* 'Gesetz', *ūtlaga* (< an. *ūtlagi*) > ne. *outlaw* 'Geächteter', *hūsting* (< an. *hūs* + *þing*) > ne. *hustings* 'Rednerbühne; Wahlkampf', *þrǣl* (< an. *þrǽll*) > ne. *thrall* 'Leibeigener', *by* 'Wohnstätte' (< an. *býr*) > ne. *by-* in *by-law* 'Stadtrecht' und Ortsnamen (*Grimsby, Whitby*), *fēolaga* (< an. *félagi*) > ne. *fellow*; *hūsbonda* (< an. *húsbondi* 'Hausherr') > ne. *husband, wrang/wrong* (vgl. altnorw. *vrangr*) > ne. *wrong, ceallian* (< an. *kalla*) > ne. *call* (Erstbeleg *Battle of Maldon*, Z. 91), *scinn* 'Pelz' (< an. *skinn*) > ne. *skin* 'Haut' (vgl. nd. *Schinn*), *scoru* '20' (< an. *skor* 'Kerbholz, Kerbe; 20 Stück') > ne. *score, cnīf* (< an. *knífr*) > ne. *knife*, ursprünglich 'Wikinger-Messer' im Gegensatz zu *seax*, dem Messer und Kurzschwert der Sachsen, *hittan* (< an. *hitta*) > ne. *hit* 'treffen' (Erstbeleg Chron 1066), *tacan* (< an. *taka*) > ne. *take* (Erstbeleg Chron D 1072), *sneare* (< an. *snara*) > ne. *snare* 'Schlinge', *tīdung* (< an. *tíþendi*) > ne. *tidings* 'Nachricht(en)' (vgl. dt. *Zeitung*).

Das erst me. (ca. 1150–1450) belegte an. Lehnwortgut läßt sich nur schwer in festumrissene Sachgebiete einteilen. Es ist semantisch breit gestreut, was für enge sprachliche Kontakte der Inselgermanen mit den Nordgermanen spricht. Unter ihm befinden sich einige der häufigst gebrauchten Wörter:

[12] Zu den sprachstatistischen Angaben in diesem und den folgenden Kapiteln vgl. u. S. 70 ff.

get, give, cast, want, ill, window, sky und Funktionswörter wie *they, them, their, both, till (until), though, same.*

Get ist eine Entlehnung aus an. *geta* und setzt nur mittelbar ae. *-ʒietan* fort. Auch scheint *give* mit seinem gutturalen Verschlußlaut (vgl. altdän. *give*) me. Neuentlehnung zu sein (ae. *ʒiefan* hatte einen *j*-Anlaut). *Cast* (< an. *kasta*) verdrängte ae. *weorpan* aus seiner zentralen Stellung im Wortfeld 'werfen' und wurde selbst von *throw* (< ae. *þrāwan* 'drehen', seit dem 13. Jh. 'werfen') aus dieser Position verdrängt. Ne. *warp* hat Sonderbedeutungen wie 'sich verziehen' (von Holz), 'Tatsachen verdrehen', 'mit Schlamm düngen' usf. *Want* geht auf an. *vanta,* ein unpers. Verb, zurück. *Ill* (< an. *illr*) ist etymol. nicht mit *evil* (< ae. *yfel*; vgl. dt. *übel*) verwandt. Die Bedeutung 'krank' ist erst seit dem 15. Jh. belegt, ihr gehen Bedeutungen wie 'moralisch schlecht, böse, Übel verursachend' voraus. Im britischen Englisch (BE) trat es – im Gegensatz zum altertümlichen Gebrauch im amerikanischen (AE) und schottischen Englisch (SE) – in prädikativer Stellung an die Stelle von ae. *sēoc* > me. *sēk, sik* > ne. *sick* 'krank' (vgl. dt. *siech*). *Window* (< an. *vindauga*), wörtl. 'Windauge', verdrängte ae. *ēagþyrel* 'Augenloch' bzw. *ēagduru* 'Augentür' für 'Fenster'[13]. *Sky* (< an. *skȳ* 'Wolke') übernahm die Bedeutung 'astronomischer Himmel' von ae. *heofon* (> ne. *heaven* 'christl. Himmel').

Von besonderer sprachgeschichtlicher Bedeutung ist die Entlehnung einer Reihe wichtiger Funktionswörter aus dem An., unter ihnen die Pronomina *they, them, their,* die auf an. *þeir* (Plur. zu *sá, sú, þat,* Demonstrativpronomen 'der, die, das') zurückgehen. Das Personalpronomen setzt mit *þegg* (> *they*) bei Orrm gegen 1200 ein[14], ihm folgen der Dat./Akk. *them* und der Gen. *their* (> Possessivpronomen), wobei die heutige hochsprachliche Verteilung erst im 17. Jh. erreicht wird. Chaucer z. B. kannte wohl *they,* nicht hingegen *them* und *their,* die in London gegen 1400 noch durch die althergebrachten Formen *hire* (Gen.) und *hem* (Dat.) vertreten waren. Die Übernahme der *th*-Formen in der 3. Pers. Plur. der Pronominalreihe unterstreicht den tiefgreifenden Einfluß des Nordgermanischen auf die englische Volkssprache. Die Sprengung des herkömmlichen Paradigmas ist allerdings nicht Folge von Fremdeinwirkung, sondern das Ergebnis einer zur Ambiguität (Verwechslung durch Mehrdeutigkeit) füh-

---

[13] Das um 1300 zuerst belegte afr. Lw *fenester* starb im 16. Jh. aus, es konnte sich gegenüber dem volkstümlichen *window* nicht durchsetzen.

[14] Ob die Form *þæʒe* in *sume þæʒe wæron hæpene* (*West-Saxon Gospels,* Joh. XII, 20, gegen 1000 n. Chr.) an. Lehnwort ist, läßt sich nicht mit Sicherheit sagen.

renden Homophonie zwischen den Pronomen der 3. Pers. Sing. und Plur.: ae. *hē* 'er', *hēo* 'sie', beide regelmäßig zu me. *hē* entwickelt, und Plur. me. *hē* 'sie' (< ae. *hēo*; vgl. Brunner II, 108). Während die Sprache im Singular für Ersatz aus heimischem Material (darunter die heutige Form *she*; vgl. dazu Brunner II, 104 f.) sorgte, füllte sie im Plural das Paradigma mit Lehnwörtern auf, wobei der Störfaktor der Homophonie in vorbildlicher Weise aufgehoben wurde: der *h*-Form des Mask. Sing. *he* und der *sh*-Form des Fem. Sing. *she* trat im Plural die lautlich deutlich differenzierte *th*-Form *they/them/their* gegenüber.

Both weist wohl auf an. *báþir, báþar, báþi* und wurde von (seltenem) ae. *bā þā* 'beide da' > me. *boþe* gestützt. Ne. *till* ist Präposition und Konjunktion und geht auf an. *til* zurück (das ae. Adj. *til* 'passend, nützlich, gut' [vgl. den nd. Namen *Tilmann*] ging früh unter). Der älteste Beleg findet sich schon im nordhumbrischen Ae. auf dem Runenkreuz von Ruthwell/Dumfriesshire (*æþþilæ til ānum* 'zu einem Edeling'), die eigentliche Überlieferung setzt erst mit Orrm gegen 1200 ein, der die Präp. *till* noch nicht im zeitlichen Sinn gebrauchte (diese Verwendungsweise ist erst im 14. Jh. nachgewiesen). Noch heute findet sich im schottischen Englisch *till* im Sinne von *to* (auch beim Infinitiv). *Though* 'obgleich' (< an. **þauh, þó*) verdrängte ae. *þēah*, während ae. *ilca* 'derselbe' durch *same* (< an. *same, sama*) ersetzt wurde. Als *ilk* lebt es in der Wendung *of that ilk* 'gleichen Namens' im Schottischen fort.

Zu den heute noch gebräuchlichen an. Lehnwörtern aus me. Zeit gehören weiter u. a. *anger, awe, awkward*; *bait* 'Köder', *ball* '(Spiel)ball', *band* 'Bindung, Fessel' (nicht *band* 'Schnur' < afr. *bande* < germ. **bendōn* und *band* 'Bande, Gruppe' < afr. *bande* < germ. **band-*), *bank* 'Ufer', *bark, bask, boon* 'Wohltat', *bound for* 'bestimmt für, unterwegs nach' (an. < *búinn*, Part. Prät. zu *búa* 'vorbereiten'), *booth, brink, bull* 'der Bulle'; *cake, calf* 'Wade', *clip, club, crawl, crook/crooked*; *dank* 'naßkalt', *daze, dirt, down* 'Daune', *droop*; *egg* 'Ei'; *flat, fling, flit, freckle, fro* (in *to and fro* 'hin und her'; sonst *from* < ae. *from/fram*), *froward* 'eigensinnig' (< an. *frá* + ae. *weard*); *gap, gape, gasp, gear* 'Gerät', *gelding* 'kastriertes Tier' (vgl. dt. *Gelt*[tier], *gelte* [Kuh]), *glitter, guest*; *hail, hap/happen/happy*; *keel* 'Kiel', *kettle* (< an. *ketill* < germ. **katilaz* < lat. *catillus*; ae. *cetel* > ne. dial. *chetel*); *leg, lift, link, loan, loose/loosen, low*; *meek, mire* 'Sumpf'; *nay* 'no' (< *ne + ei = ay*); *odd*; *race, rag/ragged, raise, ransack* 'plündern', *reindeer, rid, rift* 'Spalte', *root, rotten, rug/rugged, rump*; *scab, scales, scalp, scant, scare, scathe, scatter, scowl* 'finster blicken', *scrap, seemly* 'passend', *sister, skill, skirt* 'Frauenrock', *sly, sluggish/sluggard* 'faul/Faulpelz', *steak*; *tatter/tattered* 'Lumpen/zerlumpt', *thrift, thrive, thrust, trust*; *ugly*; *wing*.

Erst in frne. Zeit (1450–1700) belegt sind skand. Wörter wie *billow* (1552), *bleak* (1538), *luggage* (1596), *rug* (1551), *scuffle* vb. (1579), *whisk* (vb. 1480, Subst. bereits bei Barbour belegt).

Zu den bestimmten skand. Sprachen zuzuweisenden Wörtern gehören *tungsten* 'Wolfram' (Metall) aus schwed. *tungsten* (1770), wohl auch *gauntlet* in *to run the gauntlet* 'Spießruten laufen', das während des 30-jährigen Krieges vermittelt wurde (< schwed. *gatlopp* < *gata* 'Gasse' + *lopp* 'Lauf'); das Dänische stellte z. B. *booth* 'notdürftige Unterkunft' (vgl. dt. *Bude*), bereits bei Orrm belegt, *skoal* 'Trinkspruch' (< dän. *skaal*), das vielleicht der Schottenkönig James VI von seinem Dänemark-besuch 1589 mitbrachte; norwegischer Herkunft sind *fiord* (1694), *lemming* (1713), *kraken* (1755), *ski* (1885; verwandt mit dt. [Holz]*scheit*); dem Isländischen zuzurechnen sind *saga* (1709), *skald* 'Skalde, nordgerm. Sänger' (von Percy 1763 wiedereingeführt, nachdem schon Orrm [ca. 1200] das Wort bekannt war), *geyser* (1780), wörtl. 'gusher' (Bedeutung 'boiler' 1891 belegt), *berserk* (1822), auch *berserker* wörtl. 'Bärenmantel' > 'wilder Krieger' (durch Scott vermittelt).

Nicht immer läßt sich Entlehnung aus dem Nordgerm. mit letzter Sicherheit beweisen. So könnte ne. *die* 'sterben' < me. *dien* auf ein nicht belegtes ae. *dēgan* zurückgehen oder unmittelbar an. *deyja* entstammen. Ähnlich *cut* 'schneiden', das entweder ae. *cyttan* fortsetzt oder an. *kuta* (vgl. norw. *kutte*) entspricht. In *dike/dyke* 'Deich' + 'Graben' könnten an. *dík* 'Graben' und mnd. *dīk* 'Deich' (als Kontamination) fortleben. Die südliche Variante ist *ditch* 'Graben' (< ae. *dīc* 'Deich; Wall').

Bisweilen verdrängten die skand. Lww ihre engl. etym. Entsprechungen. So trat an die Stelle von ae. *ege* > me. *eie* 'Furcht, Scheu' an. *agi* > me. ne. *awe* 'Ehrfurcht'. Ae. *blāc* 'hell, bleich' > me. *blǭk* machte an. *bleikr* > me. *bleik/blęk* > ne. *bleak* 'öde, trübe' Platz (die ne. Entsprechung von ae. *blāc* würde ['blɔuk] lauten). Auch in *egg, birth, sister, though, get, give* haben sich die an. Formen gegenüber den engl. durchgesetzt.

In anderen Fällen wiederum erhielt sich das heimische neben dem fremden Wort (Dublettenbildung; vgl. u. S. 125 ff.). So steht neben *rear* (< ae. *rǣran*) 'aufziehen' *raise* (< an. *reisa*) 'heben', neben *shirt* (< ae. *scyrte*) 'Hemd' *skirt* 'Frauenrock' (< an. *skyrta*), neben *from* (< ae. *from*) *fro* (< an. *frá*) in der Wendung *to and fro* 'hin und her'. Vgl. auch *no* und *nay*, *shatter* 'zerschmettern' und *scatter* 'zerstreuen' (mit Lautersatz von ae. [ʃ] durch an. [sk]?), *wort* (etwa in *colewort* 'Grünkohl') und *root* oder – ohne etym. Entsprechung – *heaven* (< ae. *heofon*) neben *sky*

($<$ an. *ský* 'Wolke'), *hide* neben *skin*, *craft* neben *skill*, *sick* neben *ill*. Es fällt auf, daß bei jedem der aufgezählten Wortpaare eine Bedeutungsdifferenzierung eingetreten ist oder, wenn ursprünglich bereits vorhanden, bewahrt wurde.

Von besonderer Bedeutung waren die an. Lww für die engl. Mundarten des ehemaligen skand. Siedlungsgebiets (spez. in den östl. Midlands und im Norden). Hier erhielten sich zahlreiche Nordismen, die keinen Eingang in die Gemeinsprache fanden, unter ihnen *mun* 'müssen' ($<$ an. *muna*; das ausgestorbene ae. *munan* hatte die Bedeutung 'gedenken'), *big* 'bauen' ($<$ an. *byggja*), *ettle* 'beabsichtigen' ($<$ an. *ætla*), *wight* 'tapfer' ($<$ an. *vígt*) oder *lake* 'spielen, sich belustigen' ($<$ an. *leika*). Daneben finden sich Dubletten, deren Mundartvariante aus dem An. stammt, während die hochsprachliche Form (StE) auf das Ae. zurückgeht: etwa *kirk* ($<$ an. *kirkja*) gegenüber *church* ($<$ ae. *čyriče*), *garth* 'Garten' ($<$ an. *garþr*) und *yard* 'Hof' ($<$ ae. *ʒeard*), *carl* 'Mann, Kerl' ($<$ an. *karl*) und *churl* 'Grobian; Geizkragen' ($<$ ae. *čeorl* 'Mann; Bauer') oder – vielleicht – *gate* 'Weg, Straße' ($<$ an. *gata*, verwandt mit dt. *Gasse*) und *gate* 'Tor' ($<$ ae. *gatu*, Plur. zu *ʒeat*). Ähnlich einzustufen sind auch nördl. *dag*, *benk/bink*, *kist*, *screde*, *skell*, *skere*, *skift* usf. gegenüber südl. *dew*, *bench*, *chest*, *shred*, *shell*, *sheer*, *shift*. Hierzu könnte auch nördl. *mickle/muckle* (vgl. an. *mikill*) für südl. *much* ($<$ ae. *myčel*) gehören, wenn man bei dem Nordwort nicht an Verallgemeinerung des in flektierten Formen (ae. Stamm *mycl-*) erhaltenen Verschlußlautes oder überhaupt an eine anglische Variante mit unterbliebener Assibilierung (Quetschung des *k* $>$ *tʃ*) denken will. Hier wird ein wichtiges Identifikationsmerkmal berührt: das Nordgermanische bewahrte die gutturalen Verschlußlaute auch dort, wo das Ae. sie zu den entsprechenden Reibe- und Zischlauten verwandelte. Da der anglische Raum unter skand. Einfluß geraten war, kam dieser Palatalisierungs- und Assibilierungsprozeß dort – im Gegensatz zum Süden – zum Stillstand. So ist bei Bewahrung des germ. *sk*, *k* und *g* mit der Möglichkeit nordgerm. Einflusses zu rechnen. Vgl. etwa *scare*, *scathe*, *scatter*, *skin*, *skirt*, *scold*, *sky*, *kid*, *kist*, *bink*, *get*, *give* (aber: *kill*, *kin*, *kind* usf. aus dem Ae., *scarce*, *scarlet*, *school*, *scope*, *scorpion*, *scribe* usf. aus dem Rom.-Lat. oder Griech.).

Nordgerm. Einfluß äußert sich gelegentlich auch in Form von Bedeutungsentlehnung. So entlehnte ae. *eorl* 'Mann, Krieger, Führer' seine Bedeutung 'Adliger; Unterkönig', die die Vorstufe des späteren Adelstitels 'Graf' wurde, dem an. *jarl*. In dieser Bedeutung nahm es später die 3. Stelle in der Hierarchie des engl. Hochadels ein: *baron*, *viscount*, *earl*, *marquis, duke.* Nicht so sicher ist Bedeutungsentlehnung bei *dream,* dessen Bedeutung 'Traum' an. *draumr* entstammen könnte, falls sie nicht auf ein unbelegtes, da umgangssprachl. ae. *drēam* mit der Bedeutung 'Traum' zurückgeht (die belegte Bedeutung des ae. Wortes war 'Freude, Jubel'[15]). Ähnlich schwierig ist die Beurteilung von *plough* (ae. *plōh* 'Joch Land' : an. *plógr* 'Pflug'), *bread* (ae. *brēad* 'Brotbissen, Krume' : *brauþ* 'Brot'); auch bei *seem* und *dwell* ließe sich an Lehnbedeutung denken, da die an. Bedeutungen den ne. näher stehen als den ae. (vgl. ae. *sēman* 'zufriedenstellen', ae. *dwellan* 'verführen, hindern').

Bedeutsam war auch der skand. Einfluß auf die engl. Ortsnamengebung. Über 1400 Ortsnamen weisen auf nordgerm. Siedler. So finden sich allein über 600 Ortsnamen auf *-by* (< an. *býr* 'Wohnstätte'), wie *Derby, Grimsby, Rugby, Kilby, Brocklesby,* über 300 auf *-thorp(e)* 'hamlet'[16], wie *Northorpe, Linthorpe, Kingsthorpe,* zahlreiche auf *-thwaite* 'abgesondertes Landstück', wie *Thwaite, Braithwaite, Satterthwaite* und *-toft* 'Grundstück', wie *Brimtoft, Nortoft, Sibbertoft, Wibtoft* usf. Nordischen Einfluß zeigen auch Orts- und Straßennamen auf *-gate* 'Straße' (< an. *gata;* zu dt. *Gasse*), vgl. *Botchergate, Canongate, Holgate, Harrogate.* Auch bei den topographischen Bezeichnungen stehen gelegentlich nordische Formen heimischen gegenüber: z. B. *Skelton* (Cumberland) und *Shelton* (Bedfordshire), *Skipton* (Yorkhsire) und *Shipton* (Dorset), die zumindest auf Lautersatz im ersten Element deuten.

Zum altnordisch-skandinavischen Lehnwortgut: Brunner I, 85 ff.; Baugh, 107 ff.; Strang, 314 f., 338 et passim; Serjeantson, 61 ff.; Sheard, 168 ff.; McKnight, 99 ff.; Jespersen, 57 ff.; Koziol, 33 f.; Aronstein, 6 f.; Weekley, 61 ff.; Groom, 30 ff.; Potter, 27 ff.; Leisi, 46 f.; Bähr, 76 f.; OPr.: 134 f.; D. Hofmann, *Nordisch-englische Lehnbeziehungen der Wikingerzeit,* Bibliotheca Arnamagnaeana, Vol. XIV (Kopenhagen, 1955); E. Björkman, *Scandinavian Loan-Words in Middle English,* Studien zur englischen Philogie 7 und 11 (Halle, 1900–02); ders.: 'Zur dialektischen Provenienz der nordischen Lehnwörter im Englischen', *Språgvetenskapliga sällskapets i Upsala forhandlingar 1897–1900* (1901), 1–28;

---

[15] Zugrunde liegen zwei unterschiedliche Etyma, die in as. *drōm* 'Traum' + 'Jubel' zusammenfallen. Die Bedeutung 'Traum' gehört zu der in dt. *Trug/trügen* vorliegenden Wurzel (Traum = Trugbild), 'Freude' zur idg. Wurzel *dhreu/ou/u* 'Lärm' (vgl. gr. *dhrūs* 'Lärm'). – Vgl. B. v. Lindheim, 'OE *drēam* and its subsequent development', *RES* 25 (1949), 193 ff.

[16] Zur Bedeutung des dän. *þorp* und ae. *þorp/þrop,* das etym. zu nhd. *Dorf* gehört, wohl aber 'a smaller village, due to the colonisation of a larger one' bezeichnete, vgl. E. Ekwall, '*The Concise Oxford Dict. of Engl. Place-Names*' (Oxford, ⁴1960), 468 f.

ders.: *Nordische Personennamen in England in alt- und frühmittelenglischer Zeit* (Halle, 1910); G. Xandry, *Das skand. Element in den ne. Dialekten* (Diss. Münster, 1914); Per Thorson, *Anglo-Norse Studies I* (Amsterdam, 1936); Allen Mawer, 'The Scandinavian settlements in England as reflected in English Place-Names', *Acta phil. scandinavica* VII (Kopenhagen, 1932/33); V. R. West, *Der etymologische Ursprung der ne. Lautgruppe /sk/*, Angl. Forschungen, Heft 38 (Heidelberg, 1936); O. Arngart, 'Some Aspects of the Relation between the English and Danish Element in the Danelaw', *Stud. neophil.* 20 (1947/48), 73 ff.; A. Rynell, *The Rivalry of Scandinavian and Native Synonyms in Middle English, especially* taken *and* nimen, Lund Studies in English XIII (Lund, 1948); J. Geipel, *The Viking Legacy* (Newton Abbot, 1971).

4. Das niederdeutsche und friesische Lehnwortgut

Die sprachgeschichtlich 'enge Verwandtschaft zwischen dem kontinentalen N i e d e r d e u t s c h e n, das in einen n i e d e r f r ä n k i s c h e n und einen n i e d e r s ä c h s i s c h e n Teil zerfiel und heute durch das N i e - d e r l ä n d i s c h e (engl. *Dutch*), F l ä m i s c h e (das in Belgien gesprochene Niederländisch) und durch das im norddeutschen Raum gesprochene P l a t t d e u t s c h (Niederdeutsch im engeren Wortsinn) vertreten ist, dem F r i e s i s c h e n und dem aus dem Niederdeutschen hervorgegangenen E n g l i s c h förderte den Sprachaustausch, erschwert aber mitunter die Unterscheidung zwischen fremdem und heimischem (englischem) Wortgut. Bei Finkenstaedt (*OPr.*, 135 ff.) werden die ndl. Lww im *SOED/CED* mit 860 (1,07 %), die flämischen mit 45 (0,05 %) und plattdeutschen [*Low German*] mit 228 (0,28 %) angegeben, das sind etwa 1,4 % des gesamten dort verzeichneten Wortmaterials (im *ALD* sind es 1,6 %, in der *GSL* 0,7 %).

Die relativ hohe Zahl nd. Lww im heutigen Englisch bestätigt die engen historischen, kulturellen und wirtschaftlichen Beziehungen zwischen der britischen Insel und den nd. Küstenländern. Friesen, deren Sprache besonders enge Verwandtschaft zum Englischen aufweist, könnten an der Besiedlung des frühmittelalterl. England beteiligt gewesen sein (o. S. 12). Bereits in ae. Zeit missionierten englische Geistliche im nd. Raum, während flämische (flandrische) Kaufleute nach England kamen. Flämische Söldner dienten in den Heeren der ersten Normannenkönige in England und wurden in Schottland (bei Melrose) und an der walisischen Grenze (bei Pembroke) angesiedelt. Englische Wolle wurde nach den Niederlanden exportiert, und Edward III. (1327–77) holte flandrische Weber ins

Land, die sich in London, Norwich, Worsted und Sudbury ansiedelten, wohlhabend wurden und den Neid des verarmten Volkes auf sich zogen. Im Bauernaufstand von 1381 fielen viele von denen, die fläm. *Case and Brode* für engl. *Breede and Chese* (sog. *shibboleth* 'Erkennungswort') sagten, den Aufständischen zum Opfer (vgl. C. L. Kingsford, '*Chronicles of England*', Oxford 1905, S. 15). Die Hansa sorgte für regen Handel, der Seeverkehr war bis 1651 (Navigation Act) weitgehend in ndl. Händen. Schließlich bestieg 1689 mit Wilhelm von Oranien ein Holländer den englischen Thron.

Eine genaue Unterteilung in flämisches (fläm.), friesisches (fries.), niederländisches (ndl.) und plattdeutsch-niederdeutsches (pldt.-nd.) Lehngut ist kaum möglich, da sich die Wortformen der nd. Sprachen häufig decken. Auch außersprachliche Kriterien helfen nur in bestimmten Fällen (so weisen Ausdrücke aus der Malerei und Webkunst auf fläm.-ndl. und nicht pldt.-nd. Herkunft). Doch kann als sicher gelten, daß die Mehrzahl der nd. Lehnwörter im Englischen aus dem ndl. Sprachraum stammt.

Die älteste datierbare Entlehnung ist *dote/doat* 'faseln, senil sein', falls es auf mndl. *doten* zurückgeht und nicht ae. unbelegtes, da umgangssprachl. **dotian* fortsetzt (Erstbeleg in den *Proverbs of Alfred* [ca. 1150–80]). Früh entlehnt wurde fläm. *pac* > me. ne. *pack* 'Packen, Bündel', ein Ausdruck aus der Webersprache. Unter den Entlehnungen bis ca. 1450 finden sich auch *skipper* 'Kapitän eines kleinen Schiffes' < mndl./mnd. *schipper*, *reef* 'Reff' < mndl. *reef*, *dogger* < mndl. *dogger*, *fraught* 'beladen' (etwa: *fraught with sorrow* 'kummervoll'; Part. Prät.) < mndl. *vrachten*, *mart* 'Markt' < mndl. *mart/markt*, *boor* 'Bauer, Flegel' < mndl. *boer* (= mnd. *būr*; vgl. dt. *Bauer*), *pickle* < mndl. *pekel* (nd. > nhd. *Pökel*), *splint* 'Schiene, Latte' < mnd. *splente/splinte*, *sled* 'Schlitten' (dial. und AE) < mnd. *sledde* (Erstbeleg bei Wyclif, ca. 1380; *sleigh* und *sledge* 'Schlitten' stammen aus dem Ndl.), *Lollard* 'Lollarde, Anhänger Wyclifs' < mndl. *lollaerd* 'mumbler, mutterer', *guess* 'vermuten, raten' < me. *gessen* < mndl. *gissen* (urspr. nautischer Ausdruck, verwandt mit engl. *get* und dt. ver-*gessen*; gu-Schreibung erst seit dem 16. Jh. belegt), *Dutch* urspr. 'deutsch' (im weitesten Wortsinn), seit ca. 1600 nach Aufkommen von *German* 'deutsch' auf 'ndl.' eingeengt; vgl. aber *Pennsylvania Dutch*, wo die urspr. Bedeutung erhalten ist[17]. Me. belegt sind auch

---

[17] Zugrunde liegt eine ahd. Adjektivableitung (*diutisc*) von ahd. *diot* 'Volk'. 'Deutsch' bedeutet also 'völkisch', gemeint urspr. 'vulgärsprachlich im Gegensatz zu lateinisch'. Das Subst. tritt mit der Bedeutung 'Volk, Land' in mehreren idg. Sprachen auf, so als got. *þiuda*, ae. *þēod*, air. *tūath*, lit. *tautà* (*Tautà* = Deutschland).

trade 'Handel', urspr. 'Weg, Spur' < mnd. *trade* 'Spur' (zu engl. *tread* und dt. *treten* gehörig), *mate* 'Gefährte' (vgl. nhd. *Maat*), *peg* 'Pflock', *rub* 'reiben', *scum, shelf, stump*.

In frne. Zeit (ca. 1450–1700) wurden u. a. entlehnt: *gulden* 'Goldmünze', *dollar* < nd. *daler* (< hd. *Thaler/Taler*, Kürzung aus *Joachimsthaler*, Silbermünze nach J. im Erzgebirge), *doit* 'kleine ndl. Münze', *deck* 'schmücken', *drum* 'Trommel', *knapsack, switch, luck/lucky, muff* 'Muff', *cambric* 'Batist' (nach fläm. *Kamerijk* = *Cambrai*, ON), *stripe, nap* 'Noppe = rauhe, haarige Seite eines Stoffes', *freight* < mndl. *vrecht* 'Fracht' (dt. *Fracht* < nd.), *yacht, freebooter* < ndl. *vrijbuiter* 'Freibeuter', *forlorn hope* 'verlorener Haufe, Himmelfahrtskommando' (ndl. *hoop* = ne. *heap* 'Haufe'), *onslaught* < ndl. *aenslag* (Erstbeleg 1625, später bei W. Scott; vgl. nhd. *Anschlag*), *frolic* < ndl. *vrolijk* 'fröhlich > ausgelassen', *furlough* 'Urlaub' < ndl. *verlof* (= nhd. *Verlaub*), *tattoo* (älter *tap-too*) 'Zapfenstreich' < ndl. *taptoe* 'Zeichen zum Öffnen der Bierhähne nach dem Manöver', *smuggle* < nd. *smuggelen* (> nhd. *schmuggeln*), *brandy*, älter *brandewine* < ndl. *brandewijn* > nhd. *Brandwein* (ne. *brandy* ist Ellipse aus *brandy wine* = *brande wine* 'gebrannter Wein'), *etch* 'ätzen', *landscape* 'Landschaft' (Ausdruck der Malkunst) < mndl. *lantscap* (> ndl. *landschap*), *easel* 'Staffelei' (wörtl. 'Esel') < ndl. *ezel* (engl. *ass* ist kelt.-lat. Herkunft), *minikin* 'kleine Stecknadel; Knirps' < ndl. *minneken* (= *minne* 'Liebe' + *ken* '-chen'), *manikin* 'Zwerg; Schaufensterpuppe' < ndl. *manneken* 'Männchen' (ne. *mannequin* wurde über das Franz. entlehnt, ebenfalls dt. *Mannequin*), *waggon* (AE *wagon*) < ndl. *wagen* (das heimische Wort ist *wain* [dial./poet.] 'Wagen'; astr. 'Großer Bär' < ae. *wægen*), *burgomaster* < ndl. *burgemeester* 'Bürgermeister' (> russ. *burgomistr*), *drill* 'bohren', *slim* 'schlank' < ndl./nd. *slim* (verwandt mit dt. *schlimm*, urspr. 'schräg, schief' > 'schlimm = schlecht'). Unter den relativ wenigen Entlehnungen seit dem 18. Jh. finden sich u. a. *caboose* 'Kombüse, Schiffsküche' (1769) und *slipway* 'Helling' (1840).

Verschiedentlich fanden ndl. (nd.) Wörter über das Französische Eingang in das Englische. So *mannequin* (s. o.), *dune* 'Düne' (franz. *dune* < ndl. *dune* [> *duin*]), vielleicht auch *spool*. *Filibuster* 'Freibeuter; Obstruktionspolitiker (AE)', eine Korruption von *freebooter* (s. o.), gelangte über eine franz. oder span. Zwischenstufe ins Englische. In anderen Fällen wiederum vermittelte das Ndl. fremdes Wortgut, so chin. *t'e* (*ch'a*) > ndl. *tee* > ne. *tea* 'Tee' oder slaw. *ogorek* (poln.) > ndl. *(au)gurkje* > ne. *gherkin* 'Gewürzgurke'.

Auch aus dem seit dem 17. Jh. in Südafrika gesprochenen Kapholländisch, heute Afrikaans genannt, sind eine Reihe Lww ins Englische übernommen worden. Unter ihnen *steenbok, springbok* (1775), *gemsbok* (1777), *meer-kat* (1801), *aardvark* 'Erdferkel' (1833), *trek* < ndl. *trekken* 'ziehen, wandern' (1849), *laager* 'Lager' (1850), *commandeer* 'zum Kriegsdienst einziehen' (1881). *Boer* 'Bure', 'südafrikanischer Holländer' (1824) ist Neuentlehnung des ndl. *boer* 'Bauer' (vgl. ne. *boor* 'Bauer, Flegel' [15. Jh.] < mndl. *boer* = fries./mnd. *būr*).

Da sich Niederländer an der Besiedlung Nordamerikas beteiligten (bereits 1624 siedelten 30 ndl. Familien [Knickerbockers] im Hudson-Tal und gründeten Neu-Amsterdam, das 1664 als New York in engl. Hände überging), fanden eine Reihe ndl. Wörter Eingang in das AE, darunter *scow* 'Leichter' (1669), *sleigh* 'Schlitten' (1703), *patroon* 'ndl. Landbesitzer' (1744), *caboose* 'Kombüse' (1747; die AE Bedeutung 'a car or van on a freight train' ist erst 1871 belegt), *span* 'Pferdegespann' (1769). Erwähnenswert sind weiter u. a.: *cookie* 'kleiner Kuchen < ndl. *koekje*, *pot cheese* (Lehnbildung nach ndl. *pot kees*), *waffle* 'batter-cake' (engl. *wafer* 'thin flat biscuit' stammt wie AE *waffle* aus mndl. *wāfel*, wurde aber über das Agn. vermittelt), *spook* 'Gespenst' (< ndl. *spook*; nd. > hd. *Spuk*), *snoop* 'herumschnüffeln' < ndl. *snoepen*, *Santa Claus* < ndl. *Sante Klaas*, *boss* < ndl. *baas* 'Meister', *dope* < ndl. *doop* sb. / *doopen* vb. 'mischen, verfälschen', *boodle/caboodle* (etwa in *the whole kit and boodle* 'der ganze Klimbim; die ganze Bande' [US Slang] < ndl. *boedel, de heele boel*), *Yankee* 'native of New England, later also of the USA' (im ersten Element vielleicht ndl. *Jan* 'Johann', im zweiten diminutives *-ke*). Ein Teil dieser Wörter findet sich auch im BE; entweder wurden sie vom AE ins BE übernommen (wie *Santa Claus, waffle, Yankee, dope, boss*), oder es liegen Parallelentlehnungen vor (wahrscheinl. bei *caboose, spook*). Ndl. sind auch Namen wie *Roosevelt* [AE 'rəuzəvelt], BE gewöhnlich ['ru:s-velt], *Vanderbilt, Stuyvesant, Harlem, Brooklyn* < *Breukelen*.

Zum niederdeutschen Lehnwortgut: Brunner I, 156 f.; Baugh, 226 f.; Strang, 123 f. et passim; Sheard, 267 ff.; Serjeantson, 170 ff.; McKnight, 103 ff.; Jespersen, 154; Koziol, 36 f.; Weekley, 63 f.; Groom, 176 f.; Leisi, 49 f.; OPr., 135 f.

W. Heuser, 'Festländische Einflüsse im Mittelenglischen', *Bonner Beiträge zur Anglistik* XII (1902), 173 ff.; J. F. Bense, *Anglo-Dutch Relations from the Earliest Times to the Death of William III* (London, 1925), ders.: *A Dictionary of the Low Dutch Element in the English Vocabulary* (The Hague, 1926 ff.), besprochen von H. Logeman, 'Low- Dutch Elements in English', *Neophilologus* 16

(1930/31), 31 ff. und 103 ff.; J. M. Toll, *Niederländisches Wortgut im Englischen* (Halle, 1926); J. A. Fleming, *Flemish Influence in Britain*, 2. Bd. (Glasgow, 1930); G. N. Clark, *The Dutch Influence on the English Vocabulary*, S. P. E. Tract 44 (1935); E. C. Llewellyn, *The Influence of Low Dutch on the English Vocabulary* (Oxford, 1936); A. H. Marckwardt, *American English* (New York, 1958), 47 ff.

5. Das hochdeutsche Lehnwortgut

Das D e u t s c h e (die deutsche Hoch- und Schriftsprache einschließlich des österreichischen und Schweizerdeutsch) hat nach Auskunft des *CED* (*OPr.*, 136 ff.) nur 396 Lww (0,5 %) gestellt, im *ALD* sind es 7 (0,28 %). Über 90 % von ihnen sind Substantive. Während mehr als 40 % des an. und nd. Lehnwortguts produktiv geworden sind, beschränkt sich die Zahl der Ableitungen und Komposita innerhalb des deutschen Lehnguts auf knapp 6 %. Entsprechend niedrig ist die Häufigkeitsrate: bei M. West (*GSL*) findet sich kein einziges deutsches Lehnwort unter den fast 4000 Stichwörtern (aus dem an. sind es immerhin 123, aus dem Ndl. 7).

Direkte Entlehnungen aus dem Deutschen setzen kaum vor dem 16. Jh. ein. Zu ihnen gehören *landgrave* 'Landgraf' (1516), *kreutzer* 'dt. Münze' (1547), *larch* 'Lärche' (1548), *hamster* 'Hamster' (1607).

Die in der Folgezeit übernommenen Wörter betreffen in der Hauptsache a) den Bergbau, b) das Kriegs- und Militärwesen, c) die deutsche Folklore, Zivilisation, Kunst und Wissenschaft und d) deutsche Speisen und Getränke:

a) *zink* (1651), *bismuth* (1668), *cobalt* (1728), *quartz* (1756), *feldspar*, *gneiss* (1757), *spath* (1763), *hornblende*, *pitchblende* (1770), *nickel* (1775), *graphite* (1796), *loess* (1833), *kainite*, *spiegeleisen* (1868), *kieselguhr* (1875). Der englische Bergbau wurde vom deutschen beeinflußt, seitdem in der 2. Hälfte des 16. Jhs. deutsche Bergleute im engl. Bergbau beschäftigt wurden;

b) *plunder* (1643; 30jähriger Krieg!), *howitzer* (1695), *strafe* 'im Tiefflug angreifen, bombardieren' (1915, von dt. 'Gott *strafe* England'), *flammenwerfer* ([1915] > *flamethrower*, Lehnübersetzung 1917), *blitzkrieg* (1939; zu *blitz* verkürzt 1940), *panzer*, *flak* (1939/40), *tellermine* (1943);

c) *yodel* (1830), *alp* (1836), *edelweiss* (1862); *fife* (1548), *krummhorn* (1694), *waltz* (1781), *minnesinger* (1825), *zither* (1850), *glockenspiel*, *leitmotif* (1876), *meistersinger* (1886); *rucksack* (1895), *wanderlust* (1902); *erlking* (1797), *poltergeist* (1838); *morphine* (1828), *protoplasm* (1848), *menthol* (1876), *heroin* (1899), *veronal* (1903); *kindergarten* (1852 im Todesjahr seines Erfinders, Friedrich Fröbel, entlehnt), *seminar* (1889); *poodle* (1825), *spitz* (1845); *Indo-Germanic* (1835), *umlaut* (1852; *umlauted* 'modified by umlaut'), *rinderpest* (1865), *ablaut* (1871), *ersatz* 'substitute or imitation' (1875);

d) *sauerkraut* (1617), *pumpernickel* (1756), *noodle* (1779), *schnap(p)s* (1818), *kirschwasser* (1819), *fusel* [*oil*] (1850), *lager beer* (1853), *pretzel* (1897), *delicatessen* (1889), *marzipan* (1891).

Deutscher Herkunft sind auch Wörter wie *gletscher* (1762), *swindler* (1775) < dt. *Schwindler* (*swindle* vb. ist Rückbildung aus *swindler* [1782]), *fake* 'täuschen' (1812, wahrsch. von dt. *fegen*), *foozle* (1857) Slang 'vermasseln, Mist bauen' < dt. (bayr.) *fuseln* 'schlecht arbeiten'[18], *hinterland* (1890), vielleicht auch *shirk* 'schwänzen' < dt. *Schurke* (1633). Junge Enlehnungen sind *Nazi* (1930), *Fuehrer* (1934), *Wehrmacht* (1939), *the Mauer* 'die [Berliner] Mauer' (1962); im *DNE* sind als AE oder BE verzeichnet: *Innigkeit* 'whole-hearted sincerity and warmth [applied to musical works]' (1964), *Gesamtkunstwerk* (1968), *Ostpolitik*, *Westpolitik* (1970), *Sitzfleisch* (1971).

Unter den für das AE typischen deutschen Lww finden sich *liverwurst* (ein Mischlehnwort aus engl. *liver* + dt. *Wurst*), *frankfurter*, *wienerwurst/ wienie/winner* (1899), *smear case* 'cottage cheese' (1829), *sweitzer cheese*, *lager* [*beer*] (1855), *bock beer/bock/buck* (1856), *beer-hall* (nach dt. *Stehbierhalle*), *rathskeller*, *pumpernickel*, *turner*, *turnfest*, *turnverein*, *semester* (1881), *seminar* (1889), *hausfrau*, *wunderkind*, *bummer* 'Bummler' (AE Slang 1855) < dt. *Bummler*. Modernen Datums sind z. B. *kitschy* 'kitschig' (von *kitsch* < dt. *Kitsch*), *mensch* 'a respected person' < jiddisch *mentsh* (AE Slang 1967 [*DNE*]).

Anders als die über das Französische vermittelten dt. Lww (wie *garden, fresh, choice, war*) haben die meisten Direktentlehnungen ihr 'German flavour' bewahrt, da Wortgebilde wie *kieselguhr, krummholz, flammenwerfer, pretzel* oder *lebensraum* (1939) unenglisch klingen[19]. Sowohl ihre Lautdistribution wie ihre morphologische Struktur verweisen sie ins Deutsche. Nicht so allerdings *swindle, fake* oder *shirk*, die – völlig assimiliert – sich neben engl. *dwindle, rake* und *lurk* oder aus dem An. entlehntes *kindle* (< an. *kindill*), *take* (< an. *taka*) und *kirk* (< an. *kirkja*) stellen.

---

[18] Nach Partridge ('*Dict. of Slang*', 295) *blending* aus *footle(r)* + *fizzle*.
[19] Zu den indirekten deutschen (hochdeutschen) Lww im Englischen, die über das Französische (Afr. und Agn.) ins Englische gelangten, vgl. u. S. 57.

Zum hochdeutschen Lehnwortgut: Brunner I, 159 f.; Strang, 124 et passim; Serjeantson, 179 ff.; McKnight, 105; Koziol, 37 f.; Leisi, 50; OPr., 136 ff. et passim; C. T. Carr, *The German Influence on the English Vocabulary*, S. P. E. Tract 42 (Oxford, 1934); E. Taube, 'German Influence on the English Vocabulary in the 19th century', *JEGP* (1940), 486 ff.; A. H. Marckwardt, *American English* (New York, 1958 und öfters), 51 ff.; R. M. Stone, *Studien über den deutschen Einfluß auf das amerikanische English* (Diss. Marburg, 1934); weitere Literatur über Einfluß des Deutschen auf das AE bei Galinsky, *Amerikanisches und britisches Englisch* (München, ³1975), 129 f.; J. Eichhoff und A. Stanforth, *Deutsche Einflüsse auf die engl. Sprache in Großbritannien und den USA* (in Vorbereitung für *Grundlagen der Anglistik und Amerikanistik*, hg. von R. Sühnel und D. Riesner).

6. Das keltische Lehnwortgut

Bei ihrem Einfall nach Britannien im 5. Jh. trafen die Angelsachsen auf eine ihnen unverständliche Sprache, das keltische B r i t i s c h. Jahrtausende waren seit der Absonderung der beiden Sprachen aus ihrer idg. Grundsprache vergangen. Da sich ein Großteil der britischen Bevölkerung vor den kriegerischen Eindringlingen in die bergigen Gegenden des Westens mit Wales als Schwerpunkt zurückzog oder in die französische Bretagne auswich, überlebte das Britische nur in Form des W a l i s i s c h e n (Kymrischen) und des B r e t o n i s c h e n. Keltisch erhielt sich ebenfalls in Irland (I r i s c h) und Schottland (G ä l i s c h)[20]. Aber auch hier hat sich das Englische als überlegene Verkehrssprache weitgehend durchgesetzt, wobei die oft mit brutaler Gewalt erzwungene Zurückdrängung des keltischen Elements eine stärkere keltische Substratbildung im A n g - l o - I r i s c h e n, A n g l o - S c h o t t i s c h e n und A n g l o - W a l i - s i s c h e n verhinderte. Entsprechend geringfügig war der keltische Einfluß auf die Hochsprache. *CED/ALD* (OPr., 123 f., 142 ff.) registrieren 115/23 irische, 85/23 gälische, 42/9 walisische, 17/3 keltische, 14/0 kornische und 1/0 bretonische Wörter. Selbst wenn man die unter den Gruppen *Scottish* (63/17) und *Anglo-Irish* (7/3) vertretenen kelt. Lww hinzuzählt, ergeben sich für das keltische Element im Englischen nur knapp 0,4 % *(CED)* und 0,2 % *(ALD)*. Wesentlich bedeutsamer freilich war der kelt. Einfluß auf die Ortsnamengebung.

---

[20] Bis in die zweite Hälfte des 18. Jhs. wurde in Cornwall das Kornische gesprochen; das auf der Insel Man gesprochene Manx ist heute so gut wie ausgestorben.

Die ältesten kelt. Lehnwörter im Englischen gehen auf die Berührung der Germanen mit den Kelten im Rhein-Main-Gebiet vor über zwei Jahrtausenden zurück und wurden von den Angelsachsen mit auf die Insel gebracht, sind also indirekte keltische Lehnwörter im Englischen. Zu erwähnen sind speziell ae. *rīce* (> ne. *rich*), ahd. *rīhhi* (> nhd. *reich, Reich*) aus gallokelt. **rīg-s* (vgl. Namen wie Vercinge*torix* oder Orge*torix* bei Caesar); ae. *dūn* 'Berg' (in ne. *down* '(berg)abwärts' < *adown* < ae. *of dune*; vgl. auch *the Downs*, wörtl. 'Hügelland') aus gall. **dūnom* 'Wohnstätte auf der Anhöhe > Stadt' (etwa in *Cambiodunum* > *Kempten*); ae. *lēad* 'Blei' (ne. *lead*), nhd. *Lot* 'Bleilot' aus gall. **loudiā* 'Blei' und ae. *īren* (ne. *iron*), nhd. *Eisen* aus gall. **īsarno-* (dies vielleicht eine Entlehnung aus dem Illyrischen). Ae. *ambeht* 'Dienstmann' geht auf gall.-lat. *ambāctus* (bei Caesar) zurück. Es stirbt me. aus, lebt aber in nhd. *Amt*, Be*amt*er fort. Vielleicht stammen auch ae. *gīsl* 'Geisel' (me. ausgestorben) und ae. *āþ* > ne. *oath* 'Eid' aus dem Kontinentalkeltischen.

Ähnlich kulturgeschichtlich aufschlußreich sind die aus dem gallischen Substrat im Französischen über das Agn./Afr. entlehnten Wörter, unter ihnen *quay* [ki:] 'Kai', *car* 'Wagen', *carpenter* 'Wagenbauer > Zimmermann', *mutton* 'Hammelfleisch', *vassal* 'Vassal', *bushel* 'Scheffel', vielleicht auch *butcher, piece, change*. Engl. *palfrey* 'Zelter' ist eine hybride Bildung (Mischung) aus griech. *pará-* 'bei' und gallo-lat. *verēdus* 'Postpferd auf Hauptlinien' (gall. *ve* 'bei' + *raeda* [verwandt mit engl. *road*] 'vierrädriger Reisewagen') und wurde über afr. *palefrei* (vgl. mlat. *palefrēdus*) vermittelt. Im Deutschen ist es als *Pferd* (< mhd. *phärit* < ahd. *pfarifrit*) vertreten. Die ursprüngliche Bedeutung des gallo-lat. Wortes war 'auf Nebenlinien eingesetztes Postpferd'.

Aus dem Inselkeltischen kamen in ae. Zeit u. a. hinzu ae. *assa* (> ne. *ass*) 'Esel', das über brit. oder kymr. **assin* aus lat. *asinus* entlehnt wurde und die kontinentale Direktentlehnung aus dem Lat. ae. *eosol* verdrängte[21]; ae. *binn* 'Krippe' (> ne. *bin* 'Behälter') < wahrsch. brit. **benna*; ae. *brocc* 'Dachs' (> ne. dial. *brock*); ae. *luh* 'See' (urverwandt mit lat. *lacus* > afr. *lac* > engl. *lake*; vgl. auch schott. *loch*, ir. *lough*); weiter ae. *torr* 'Felsen' (erhalten in Ortsnamen wie *Torre Abbey, Dunster, Haitor*); *carr* 'Felsen' (erhalten in nördl. dial. *carr* und Ortsnamen wie *Carham, Carrow*); *cumb* 'Tal' > ne. *coomb/combe* (in südl. Ortsnamen wie *Compton*,

---

[21] Ne. *easel* 'Staffelei' entstammt ndl. *ezel* (o. S. 27) und geht wie dt. *Esel* und das me. bereits ausgestorbene ae. *eosol* auf lat. *asellus* 'Eselein', Diminutiv zu *asinus*, zurück.

Salcombe); *wealh* 'Waliser > Fremder > Sklave' (vgl. ne. *Welsh, Wales*; dt. *welsch*; *Walnuß* = dial. *welsche Nuß*).

Von den späteren Entlehnungen seien erwähnt (mit Bedeutungsangabe u. a. nach *SOED*):

bog 'a piece of wet spongy ground' (*SOED* 1505, nach *MED* bereits 1450 belegt), vgl. ir. und gäl. *bogach* zu *bog* 'soft';

brogue[1] 'a rude shoe, of untanned hide, worn in the wilder parts of Ireland and the Scotch Highlands' (1586) < ir. und gäl. *brōg* < altkelt. *brāca* (? > ne. *breech[es]* 'Kniehosen');

brogue[2] 'a strongly-marked dialectal pronunciation or accent; now esp. that of the English speech of Ireland' (1705; ? übertragener Gebrauch von *brogue*[1]);

cairn 'a pyramid of rough stones' (1535); vgl. gäl. *carn*;

clan 'a number of persons claiming descent from a common ancestor, and associated together; a tribe' (ca. 1425) < gael. *clann*, vielleicht aus lat. *planta* 'Sprößling; Pflanze' entlehnt;

collie 'a Scotch sheep-dog' (1651), zu gäl. *kuli*[22];

druid 'a priest or magician' (dt. *Druide*) < franz. *druide* < kelt.

druid- 'Priester' (1563); ae. *drȳ* < air. *drūi* ging spätae. unter;

flannel 'Flanell' (1503), korrumpiert aus kymr. *gwlanen* 'woollen article', zu *gwlān* 'wool';

flummery 'kind of porridge', dt. 'Flammeri' (1623) < kymr. *llymru*;

glen 'a mountain-valley' (1489) < gäl. *glenn* > *gleann*;

inch 'a small island' (ca. 1425) < gäl. *innis*;

menhir 'a tall upright monumental stone' (1840) < bret. *men* 'stone' + *hir* 'long' (einziges bretonisches Lehnwort im *SOED*);

poteen/potheen 'whiskey distilled privately in Ireland' (1812) < ir. *poitín* (Dim. zu *pota* 'pot'); vgl. auch *colleen* 'a young girl' < ir. *cailín* (Dim. zu ir. *caile*), auch *girleen* zu engl. *girl*;

slogan 'a Highland war-cry; motto' (1513) < gäl. *sluagh-ghairm* 'host-cry';

Tory 'from ca. 1645 one of the dispossessed Irish who became outlaws;

---

[22] Nach D. Bähr, '*Standard English und seine geographischen Varianten*' (UTB 160), München, 1974, S. 22. Sonst zu schott. *coll* 'Kohle' gestellt, also Bezeichnung nach seiner schwarzen Farbe.

in 1679–80 applied to anti-exclusioners; from 1689 member of one of the two great political parties of Great Britain' < ir. **tóraighe* 'pursue:';

whisk(e)y < *whiskybae* (*usquebaugh*) 'Lebenswasser' (1715), gäl. *uisgebeatha* (vgl. lat. *aqua vitae*, auch russ. *wodka* 'Wässerchen').

Keltisches Lehngut liegt auch vor in *shamrock* 'Kleeblatt; ir. Nationalzeichen', *pibroch* 'Dudelsackvariationen', *plaid* [plæd] 'schott. Tuch', *kilt* 'Schottenrock'.

Zu den zahlreichen keltischen (britischen) topographischen Bezeichnungen gehören so bekannte wie die Flußnamen *Thames, Avon, Dour, Don* und *Ouse* [uːz]. Das zuerst bei Caesar belegte *Tamesis* ist urverwandt mit ai. *tamasá* 'dunkel' (die *Tamasa* ist ein Nebenfluß des Ganges) und lat. *tenebrae* 'Dunkelheit', *Thames* bedeutet demnach 'dunkler Strom'. *Avon* heißt 'Fluß' (vgl. kymr. *afon* 'Fluß'), ebenfalls *Dour*, wovon der Ortsname *Dover* herzuleiten ist (brit. **dubro-* 'Wasser'), und *Don* (auch in *Doncaster*), das brit. *Dānā* entspricht und sich in den kontinentalen Flußnamen *Donau* und *Don* wiederfindet. *Ouse* gehört zur idg. Wurzel **ud* 'Wasser' (urverwandt mit dt. *Otter* und russ. *vodá* 'Wasser'). Der Ortsname *London* (bei Tacitus *Londinium*) ist wohl nach dem ursprünglich dort ansässigen Britenstamm der *Londinos* benannt (zu brit. **londo-* 'kühn, wild'). Im Fall des Städtenamens *York* wurde brit. *Eburakon* 'Eiben-Stätte' von den Angeln in *Eoferwīc* 'Eber-Stätte' umgedeutet (Volksetymologie) und in skandinavischem Munde zu *Yorvík* (> *York*) entwickelt.

Zum keltischen Lehngut: Brunner I, 160, 178 ff.; Baugh, 83 ff.; Strang, 185, 374, 391 ff.; Serjeantson, 203 ff.; Sheard, 145 ff.; McKnight, 139 f.; Jespersen, 35 ff.; Koziol, 28 ff.; Aronstein, 5; Weekley, 59 ff.; Groom, 17, 76, 84; Bähr, 77 ff.; 127, 131, 137 ff., 175 ff.; OPr., 123 f., 142 ff.; M. Förster, 'Keltisches Wortgut im Englischen', *Festgabe für F. Liebermann* (Halle, 1921), 119 ff.; ders.: *Der Flußname Themse und seine Sippe* (München, 1941); J. W. Watson, *The History of the Celtic Place-Names of Scotland* (Edinburgh/London, 1926); J. M. Clark, *The Vocabulary of Anglo-Irish* (St. Gall, 1917); J. J. Hogan, *The English Language in Ireland* (Dublin, 1927); P. W. Joyce, *English as We Speak it in Ireland* (London, ²1910); G. F. Black, *The Surnames of Scotland. Their origin, meaning and history* (New York, ²1965); J. B. Johnston, *Place-Names of Scotland* (London, ³1934).

7. Das lateinische Lehnwortgut

Lateinisches Lehngut ist über vielfältige Kanäle ins Englische gelangt. Als wichtigste Quellen sind das von den römischen Legionären und Kaufleuten im besetzten Germanien gesprochene V u l g ä r l a t e i n , das klassische und nachklassische B u c h l a t e i n , das mittelalterliche Gelehrten- und Kirchenlatein (M i t t e l l a t e i n) und das N e u l a t e i n (ab ca. 1500) zu nennen. Neben diesen unmittelbaren Entlehnungen floß lat. Wortgut über das Romanische (speziell das Französische) in das Englische ein.

Die Direktentlehnungen aus dem Lateinischen schlagen im *CED* mit 28,3 % und im *ALD* mit 22 % zu Buche, in der *GSL* fallen sie auf 9,6 % ab.

Die ältesten lat.-germ. Lehnbeziehungen reichen etwa zweitausend Jahre zurück und führen in den ersten nachchristlichen Jahrhunderten zur Übernahme von mehreren hundert lat. Wörtern. Kultureller und sprachlicher Ausstrahlungsraum waren die Gegenden von Trier (Augusta Treverorum) und Köln (Colonia Agrippinensis), die unter gallo-römischem Einfluß standen. Römische Kaufleute drangen tief in das unbesetzte norddeutsche Tiefland vor, wo sie auf die Vorfahren der heutigen Engländer stießen. Von hier könnten etwa ein Viertel der nahezu 600 lat. Lehnwörter im Altenglischen auf die Insel gelangt sein.

Als sprachliche Zeugen der überlegenen römischen Kultur und Zivilisation beziehen sich die Entlehnungen der ersten, kontinentalen Schicht in der Hauptsache auf den Straßen- und Hausbau, Garten- und Weinbau, die Kochkunst, auf Handel und Verkehr. Zu ihnen gehören u. a. ae. *strēt/strēt* 'Straße' (> ne. *street*) < lat. (*via*) *strāta*, ae. *weall* 'Wall' (> ne. *wall*) < lat. *vallum*, *pytt* 'Grube, Pfütze' (> ne. *pit*) < lat. *puteus*, *pīl* 'Pfeil' (> ne. *pile* 'Pfahl, Pfeiler') < lat. *pīlum*, *wīn* 'Wein' (> ne. *wine*) < lat. *vīnum* (ne. *vine* ist afr. Lw aus lat. *vīnea* 'Weinstock'), *must* 'Most' (> ne. *must*) < lat. *mustum*, *sicol* 'Sichel' (> ne. *sickle*) < vlat. *sicilia* < (kampanisch) lat. *secula* (zu *secare* 'schneiden'), *cyčene* 'Küche' (> ne. *kitchen*) < lat. *coquīna*, *mylen* 'Mühle' (> ne. *mill*) < lat. *molīna*, *disč* 'Platte, Schlüssel' (> ne. *dish*) < lat. *discus* < gr. *dískos* 'Wurfscheibe' (vgl. dt. *Tisch*), *cupp(e)* 'Becher' (> ne. *cup*) < lat. *cuppa*, *butere* 'Butter' (> ne. *butter*) < hat. *būtyrum* < gr. *būtyron* 'Kuhquark', *čēse* 'Käse' (> ne. *cheese*) < lat. *cāseus* (das Französische setzt vlat. *formāticum* 'geformter Käse' > *fromage* fort), *mangere* 'Händler' (> ne. *monger*) < lat. *mango* (dazu: *mangung* 'Handel' und *mangung-hūs* 'Laden, Kaufhaus'), *čēap* 'Kauf' (> ne. *cheap* 'billig', *Chap-man* 'Kaufmann' [Name]) < lat. *caupō* 'Schenkwirt' (dazu: *čīepan* und *čēapian* 'kaufen'), *mynet* 'Münze' (> ne. *mint* 'Münzanstalt') < lat. *monēta*, urspr. Beiname der röm. Göttin *Jūnō Monēta* (zu *monēre* 'mahnen'), neben deren Tempel auf dem Capitol die röm. Münzprägestätte stand, *pund* 'Pfund' (> ne. *pound*) < lat. *pondo, mīl* 'Meile' (> ne. *mile*) < lat. *mīlia (passuum)* '1000' (Schritte), *port* 'Tor' (> ne. *port* in *City Port*, spez. schott.) < lat. *porta* 'Pforte' (die me. Form wurde durch afr. *porte* gestützt).

Als Beweis für die frühe Entlehnung dient – neben der Existenz dieser Wörter etwa im Deutschen – auch ihre Lautentwicklung. So zeigt ae. *mynet* 'Münze' i-Umlaut, der sich aus einer Lautform **múnita* (< **mónita* < *monēta*) erklärt; ähnlich bei *cyčene* 'kitchen': Verlagerung des Akzents von der medialen Position nach germ. Weise auf die Initialsilbe und (im 5.–7. Jh.) Palatalumlaut (lat. *coquīna* > vlat. **cocīna* > westgerm. **kókina* > **kúkina* > ae. *cyčene*). Bei ae. *wīn* 'Wein' wurde lat. *v* gegen (bilabiales) germ. *w* ausgetauscht, bei *strēt/strēt* (westsächs. bzw. kent.-angl. Form) westgerm. *ā* zu *ǣ* bzw. *ē* gehoben (< lat. *strāta* [*via*]).

Bereits einer jüngeren, insularen Schicht könnten Lehnwörter wie *port* 'Hafen', *munt* 'Berg' und *čeaster* entstammen. Sie sind nicht gemeinwestgerm. verbreitet, so fehlen sie im Deutschen. *Port* geht auf lat. *portus* 'Hafen' zurück, *munt* auf *montem*, acc. zu *mons* 'Berg' (das Wort wurde me. durch afr. *mont* < lat. *montem* gestützt), *čeaster/cæster* setzt lat. *castra* (Plur.) 'Heerlager' fort, das in zahlreichen Ortsnamen überlebt. Es tritt in dreifacher Form auf: a) -*chester*, westsächs. Form mit Assibilata in Ortsnamen wie *Rochester, Manchester, Chester*, b) -*caster* mit erhaltenem [k] als anglischer Variante (*Lancaster, Doncaster, Caistor*), Hinweis auf skand. Siedlungen, und c) mit anglonorm. Lautstand als -*cester*, -*ceter* (*Worcester* ['wustə], *Leister, Exeter*). Ae. *wīc* könnte bereits auf dem Kontinent entlehnt worden sein (< lat. *vīcus* 'Dorf'). Vgl. dt. *Weich*-bild. Es lebt als Dialektwort (*wick* 'town; hamlet, farm') und in zahlreichen Ortsnamen weiter (*Wick, Chiswick, Greenwich, Ipswich* usw.).

Wörter der zweiten Schicht (ihre Vermittler können die Briten gewesen sein) zeigen häufig besonders vulgärlat. Lautveränderungen, so ae. *segn* < lat. *sīgnum* 'Zeichen, Feldzeichen', *pere* < lat. *pirum* 'Birne', *torr* < lat. *turris* 'Turm', *lǣden* < lat. *Latīnus* (Senkung von *i* > *e*, *u* > *o* und 'Erweichung' von *t* > *d*). Auch engl. *monk* 'Mönch', *nun* 'Nonne' und *minster* 'Klosterkirche, Münster' reichen bis in die älteste insulare Lehnwortschicht zurück. Ae. *munuc* setzt eine vlat. Form **monicus* (> **municus* > **munucus* > *munuc*) fort, der klat. *mónachus* und griech. *monachós* 'Einsiedler' vorausgeht. Ae. *nunne* beruht auf klat. *nonna* 'Nonne' (< 'ehrwürdige Mutter < Amme'), ae. *mynster* auf einer vlat. Form **monisterium* für klat. *monastērium* < griech. *monastērion* 'Einsiedelei' (Stammelement wie bei *monk* griech. *mónos* 'allein').

Eine dritte Schicht lat. Lww verdankt in besonderem Maße der Christianisierung des angelsächsischen Englands ihre Existenz. Im Auftrag Gregors des Großen machte Augustin gegen 600 Kent zum Stützpunkt der römischen Papstkirche, während gleichzeitig die iro-schott. Mönchskirche dank der Missionstätigkeit Columbas († 597) und Aidans († 651) ihr Einflußgebiet, dessen geistige Zentren die Inseln Iona (Hebrideninsel Icolmkill) und Lindisfarne (heute Holy Island) waren, über das schottische und nordhumbrische Gebiet ausdehnte. Schließlich vollzog Theodor von Tarsus, griechischer Philosoph und Erzbischof von Canterbury, fünf Jahre, nachdem sich der christliche Nordhumbrerkönig Oswiu auf der Synode von Whitby für die strafforganisierte römische Bischofskirche entschieden hatte, im Jahre 669 die kirchliche Einigung Englands unter römisch-katholischem Vorzeichen.

Mit der Christianisierung Englands hielt das Lateinische in Form des mittelalterlichen Mönchslateins Einzug in England. Zur Zeit Theodors († 690), Aldhelms († 709), Bedas († 735) und Alcuins († 804) fand der christliche Humanismus eine frühe Blüte in England. Es war die Zeit, da der Beowulf-Dichter sein Heldenepos verfaßte. Doch mit dem Einbruch der heidnisch-barbarischen Wikinger ging die Gelehrsamkeit zurück. Viele der schreibkundigen Mönche flohen in das Westsachsenreich, wo König Alfred († um 900) der Wissenschaft neuen Auftrieb verlieh, indem er Bedas Kirchengeschichte ('Historia Ecclesiastica Gentis Anglorum') ins Altenglische übersetzen ließ, die ae. Geschichtsschreibung anregte und selbst so bedeutsame lat. Werke wie die 'Consolatio Philosophiae' des Boethius, die Weltgeschichte des span. Mönchs Orosius (den 'Orosius') und die 'Cura Pastoralis' des Papstes Gregor in seine Muttersprache übertrug. Im 10. Jh. brachte die Benediktinerreform unter Dunstan († 988) einen neuen Aufschwung für die christliche Lebenshaltung und Gelehrsamkeit in England. Etwa zu derselben Zeit, da Aelfric († ca. 1020) und Wulfstan († 1023) bedeutende Predigtliteratur verfaßten, entstanden die vier großen Handschriften, in denen die ae. Poesie überliefert ist.

Zur dritten Lehnwortschicht[23], die sich hauptsächlich aus kirchenlateinischem Wortmaterial rekrutiert, gehören so bekannte Beispiele wie ae. *cleric* 'Geistlicher' (> ne. *clerk* 'Sekretär' < 'Schreiber' < 'des Schreibens kundiger Geistlicher') < klat. *clēricus* < griech. *klērikós, apostol* 'apostle', *mæsse* 'mass', *martir* 'martyr', *dēmōn* 'demon', *noctern* 'nocturn; Nachtmette', *diacon* 'deacon', *dēcān* 'dean', *crēda* 'creed', *nōn* (< *nōna hōra* '9. Stunde nach Sonnenaufgang' > 'eine der 8 hōrae canōnicae' > 'Mittagsmahl' [12. Jh.] > 'Mittag' [13. Jh.]), *pāpa* 'pope', *prēdician* 'preach', *passion* 'Passionsgeschichte', *sabbat* 'sabbath' (letztlich hebr. *shabbāth*), *offrian* 'offer, sacrifice' (< lat. *offerre*), *ælmesse* 'alms', Wörter, von denen viele in me. Zeit durch Neuentlehnungen aus dem Altfranzösischen gestützt wurden.

Dem Klosterleben verdankt das Altenglische eine größere Anzahl von lat. Lehnwörtern, von denen die meisten ebenfalls der dritten Schicht zuzurechnen sind. Unter ihnen finden sich ae. *epistol* 'Brief' (< lat. *epistula*), *grammatic-cræft* 'art of grammar' [Beda-Version] (< lat. [*ars*] *grammatica* + ae. *cræft* 'Kunst, Wissenschaft'), *dēclīnian* 'to decline' (< lat. *dēclīnāre*), *paper* 'paper' (< lat. *papȳrus* < griech.), *fers* 'verse' (< lat. *versus*), *antefn* 'anthem' (< lat. *antefana* < griech.), *organ* 'song, canticle' (< lat. *organum* '[musical] instrument'), *psalm/sealm* 'psalm, song' (< lat. *psalm* < griech.), weiter die ae. Entsprechungen von ne. *sock* 'Socke', *silk* 'Seide'; *pea, plum, radish, poppy, lily, rose, beet, lentil, myrrh, fennel; cock, cat, mule, turtle; cup, fork, coulter* 'Pflugschar'; *chest, sack, candle*. Auch ne. *beer* 'Bier' (< ae. *bēor*) scheint hierher zu gehören, es könnte auf lat. *biber* (zu *bibere* 'trinken') zurückgehen, wie die Mönche das 'gehopfte Bier' nannten[24].

---

[23] Die ziemlich vollständige Liste von M. S. Serjeantson ('*A History of Foreign Words in English*', London 1935, S. 271 ff.) umfaßt nach unserer Auszählung 542 'Pre-conquest loan-words from Latin', von denen allerdings einige etymologisch nicht haltbar sind. 184 werden als kontinentale, 114 als insulare Entlehnungen im Zeitraum von 450 bis 650 und 244 als Entlehnungen nach 650 bezeichnet. Zwischen 1066 und dem Ende der ae. Periode um die Mitte des 12. Jhs. kommen etwa 50 Entlehnungen hinzu, so daß sich die Gesamtzahl lat. Lww im Ae. auf rund 600 erhöht.

[24] Die Bezeichnung für das 'ungehopfte Bier' war ae. *ealu/alu*, das in ne. *ale* (schwed. *öl* usw.) fortlebt. Die Hopfung und damit Konservierung des Biers, das die Germanen wahrscheinlich von den Kelten übernahmen und nicht mit dem alkoholischen Honigtrank Met zu verwechseln ist (vgl. russ. *mjod* 'Honig'), kam erst in den frühmittelalterlichen Klöstern auf. Als einzige germ. Sprache hat das Englische sowohl *ale* (das germ. Wort) wie *beer* (das Lw) erhalten.

Während ein Teil der lat. Wörter, insbesondere der späten Entlehnungen, auf geringe Verbreitung im Ae. schließen lassen (wie etwa *acolitus* 'acolyte', *polente* 'parched corn' oder *bīses* 'leap-year'), haben andere fest im engl. Wortschatz verwurzeln und bereits in ae. Zeit ein gewisses Maß an morphologischer Produktivität entwickeln können. Vgl. etwa die denominalen Verbalbildungen *campian* 'kämpfen' zu *camp* (< lat. *campus* 'Feld'), *plantian* 'pflanzen' zu *plante* (< lat. *planta* 'Pflanze'), *segnian* 'das Kreuzeszeichen machen' (vgl. dt. *segnen*) zu *segn* (< vlat. *segnum* < lat. *signum* 'Zeichen'), ähnlich *mynetian* '[Münzen] prägen', *mangian* 'durch Handel verdienen'. Besonders stabil zeigten sich viele der frühesten, bereits im kontinentalen Germanien gemachten Entlehnungen. Ähnlich wie in unserer Muttersprache haben sie sich bis heute einen festen Platz in der Alltagssprache sichern können: *street/Straße, wine/Wein, wall/Wall, kitchen/Küche, mill/Mühle, dish/Tisch, pepper/Pfeffer, cheese/Käse, butter/Butter, pitch/Pech* usw. Ähnlich zu beurteilen sind viele der auf die Mönchskultur zurückgehenden Entlehnungen, wie *clerk, alms, mass, noon, sock, silk, rose, poppy, lentil, beer* usw.

Außer durch direkten Einfluß in Form von Wortentlehnungen wirkte das Lateinische in Gestalt von Lehnbildungen auf indirekte Weise auf den ae. Wortschatz ein. Oft zogen es die ae. Dichter und Prosaschriftsteller vor, statt des schwerer zugänglichen Fremdwortes seine Wiedergabe mit heimischen Mitteln zu wählen. So kam es zu zahlreichen Neuprägungen in Form von mehr oder weniger wörtlichen Nachbildungen der fremden Vorlagen (sog. Lehnübersetzungen, Lehnübertragungen und Lehnschöpfungen; s. u. S. 92 ff.). Die noch weitgehend freie Kombinierbarkeit der Wörter in ae. Zeit gab ihnen dazu reiche Möglichkeiten. Um die lat. Fachausdrücke verständlich zu machen, übersetzte der ae. Grammatiker Aelfric († 1020) z. B. lat. *vocales* mit *clypiendlīče stafas* 'schallende [Buch]staben', d. h. 'Laute', *semivocales* mit *healfclypiende stafas* 'halbschallende Laute', *consonantes* mit *samodswēgende stafas* 'zusammenklingende Laute', *diphthongus* mit *twȳfeald swēg* 'zweifacher Laut', *syllaba* mit *stæfgefēg* 'Buchstabengefüge', *interiectio* mit *betwuxāworpennes* 'Dazwischengeworfenheit', gemeint: 'dazwischengeworfenes Wort', *etymologia* mit *namena ordfruma* 'der Namen (Gen. Plur.) Herkunft, Wortherkunft'.

Die Lehnbildungen zeichneten sich gegenüber den Lehnwörtern dadurch aus, daß sie, besonders für die des Lateinischen Unkundigen, durchsichtige, 'motivierte' Gebilde waren. Besonders häufig finden sie sich in kirchlichen Texten, so *bōcere* 'Buchgelehrter, Schriftgelehrter' (zu *bōc* 'Buch') für lat. *scriba*, *tungolwītega* 'Sternweiser' (zu *tungol* 'Stern' + *wītega*

'Weiser, Kundiger') für *astrologus, magus, mildheort* 'mildherzig' für *misericors* oder *cwildeflōd* 'Todesflut' (zu *cwild* 'Tod, Vernichtung') für *diluvium* 'Sintflut'. Meist wurden diese Bildungen mit dem Einbruch des franz. und lat. Lehnwortguts in nachaltenglischer Zeit durch romanische Wörter ersetzt (*scribe; astrologer, astronomer, magus; charitable* [neben heimischem *kindhearted*, 16. Jh.], *deluge*). Erhalten hat sich z. B. eine so bedeutsame ae. Lehnbildung wie *gōdspell* 'gute Verheißung' (> ne. *gospel*), gegenüber der sich das griech.-lat. Wort (*evangelium*) als Lehnwort nicht durchsetzen konnte (*evangel*, eine Entlehnung aus dem Afr. des 14. Jhs., gilt heute als Archaismus).

Lat. Einfluß äußert sich auch in Form von Bedeutungsentlehnung (sog. Lehnbedeutungen; u. S. 95). Häufig waren es semantisch verwandte Wörter heidnischen Inhalts, die eine christliche Füllung erhielten. So wurde die Bedeutung 'Herr = Gott' des klat. *dominus* auf ae. *dryhten* 'weltlicher Herr, Gefolgsherr', *hlāford* 'Herr' und *cyning* 'König' übertragen, ae. *synn* 'Feindschaft, Unrecht' (> ne. *sin*) entlehnte seine christliche Bedeutung 'Sünde' von klat. *peccātum, fēond* 'Feind' die Bedeutung 'Teufel' von klat. *diabolus* (> ae. *dēofol* > ne. *devil*), *cniht* 'Knabe; Gefolgsmann, Krieger' die Bedeutung 'Jünger' von klat. *discipulus* (> ae. *discipul* > ne. *disciple*), *galga* 'gallows', *rōd* 'rood' und *bēam* 'Baum' (> ne. *beam* 'Balken; Strahl'; vgl. aber *hornbeam* 'Hainbuche') die Bedeutung 'Kreuz Christi' von klat. *crux*.

Auch nach der Besitzergreifung Englands durch die französisch sprechenden Normannen (Schlacht bei Hastings 14. Oktober 1066) reißt der lat. Einfluß auf das Englische nicht ab, steht jedoch bis zur 2. Hälfte des 14. Jhs. deutlich hinter dem des Französischen zurück. Domäne des Lateinischen bleibt die Kirche mit ihren Einrichtungen, dazu kommen die seit dem 12. Jh. entstandenen Universitäten (Oxford wurde gegen 1180 und Cambridge gegen 1209 gegründet), auch wurden Urkunden (sog. diplomatische Literatur), Chroniken und andere prosaische und poetische Literatur in großer Zahl auf Latein verfaßt. Auf der Insel bildete sich eine anglolateinische Sonderform heraus, die sich auch in me. Lehnwörtern niederschlägt. *Parliament* (< anglo-lat. *parliamentum*) mit seiner Stammerweiterung auf *–i–* (vgl. dt. *Parlament* und franz. *parlement*) gehört hierher, ferner u. a. *burglar* 'Einbrecher' (< anglo-lat. *burgulātor*), *bondage* 'Leibeigenschaft, Knechtschaft' (< anglo-lat. *bondāgium*), *franklin* 'Freisasse' (< anglo-lat. *francālānus*; zu *frank* 'frei'), *pageant* 'mittelalterliche Wanderbühne; Schaubild' (< anglo-lat. *pagina* > me. *pagyn*).

Unter den kirchenlat. Entlehnungen ab dem 13. Jh. finden sich *dirge* 'Grabgesang' (wohl nach *Dirige, Domine, Deus meus*, Psalm V, 9), *benedicite* (me. gewöhnlich [*bensité*] oder [*bénste*] gesprochen), zu klat. *benedīcere* 'segnen' (vgl. *Benedicite omnia opera Domini Domino* 'O all ye works of the Lord, bless ye the Lord', Kirchengesang nach Daniel III, 27–30), auch *requiem* (R. Mannyng, 14. Jh.), *redemptor* 'redeemer/Erlöser', *salvator* 'saviour'. Aus der Rechtsprechung stammen Wörter wie *arbitrator, client* (Gower, Ende 14. Jh.), *gratis*, aus der Astronomie *ascension* 'Aufsteigen, Aufsteigung' (Chaucer, † 1400), *dial* 'Sonnenuhr > Zifferblatt' (Lydgate 1430), zu mlat. *diālis* (zu lat. *diēs* 'Tag'), *equator* (Chaucer), *equinox* (Chaucer) 'Tag- und Nachtgleiche'. Die Welt der Schulen und Universitäten stellte Wörter wie *abacus* 'Rechenbrett', *desk* (Chaucer) < mlat. *desca* (über it. *desco* od. prov. *desca* < lat.-gr. *discus/dískos* 'Wurfscheibe' entlehnt), *index, scribe* (Piers Plowman, Wyclif) < lat. *scrība* 'official or public writer'.

Seit der zweiten Hälfte des 14. Jhs. nehmen die Entlehnungen aus dem Lateinischen sprunghaft zu. Von den ca. 1180 romanischen Neuentlehnungen, die J. Mersand ('*Chaucer's Romance Vocabulary*', New York, ²1939, 159 ff.) Chaucer zuschreibt, könnten etwa 200 unmittelbar auf das Lateinische zurückgehen. O. Dellit gibt die lat. Entlehnungen bei Wyclif mit über ein Tausend an[25]. Von ihnen wurden zahlreiche in die Bibelübersetzungen des 16. und 17. Jhs. (Authorized Version 1604–11) übernommen. Ursache für den Aufschwung des lat. Elements im Englischen war – neben dem (historisch bedingten) Rückgang des franz. Einflusses – die verstärkte Hinwendung zu lat. Quellen seit dem 14. Jh., was der Übersetzungsliteratur neuen Auftrieb verlieh. Man begann in den Latinismen eine Bereicherung der muttersprachlichen Ausdrucksmittel zu sehen, oder man bediente sich der lat. Lehnwörter, die oft Fachausdrücke waren, wenn man kein adäquates englisches Wort zu finden glaubte; bisweilen mögen auch die mangelhaften lexikographischen Hilfsmittel die Übersetzer veranlaßt haben, das lateinische Wort einfach stehen zu lassen. Zudem ging ein Stimulus von den bereits zu Tausenden übernommenen artverwandten französischen Lww aus.

Zu den von Chaucer aus dem Lateinischen übernommenen oder lat. Vorbild nachgeahmten Wörtern gehören so bekannte Beispiele wie *add*,

---

[25] Vgl. Otto Dellit, '*Über lateinische Elemente im Mittelenglischen*' (Diss. Marburg, 1906), S. 38 ff. Ein Teil der von Dellit angeführten Wörter könnte allerdings auch über das Französische entlehnt worden sein.

commit, create, direct, divide, dissolve, expel, impress, manifest; ablution
'washing', *demonstration, opie* 'opium', *theatre; armipotent, crude, deli-*
cate, formal, fortunate, imprudent, impudent, inordinate, insolent, lau-
reate, oriental, monstrous, vulgar. Ein Teil dieser Wörter findet sich auch
bei Zeitgenossen Chaucers, z. B. *create* bei Trevisa, *add, divide, delicate,*
dissolve bei Wyclif.

Was sich bei Chaucer in Grenzen hielt und zur Bereicherung der sprachlichen Ausdrucksmittel beitrug, wurde bei seinen Epigonen Lydgate († ca.
1450) und den schottischen Chaucerianern Henryson († 1506), James I
(† 1437) und Dunbar († ca. 1520) zur Manier: Latinismen sollten den
Stil schwer und erhaben machen, ihn 'vergolden'. Als Probe für solche
aureate terms (das Wort findet sich zuerst bei Lydgate [< lat. *aureātus*
'vergoldet', zu *aurum* 'Gold']) sei hier die Schlußstrophe von Dunbars
'Marienballade' angeführt (nach *W. Dunbar, 'Poems'*, ed. J. Kinsley, Oxford 1958, S. 9). Wörter lat. und rom. Herkunft sind kursiv gedruckt:

> *Imperiall wall, place palestrall*
> Of *peirles* (peerless) *pulcritud* (< lat. *pulchritudo* 'Schönheit'):
> *Triumphale* hall, hie (high) *trone regall*
> Of Godis *celsitud* (< lat. *celsitudo* 'Höhe'):
> *Hospitall riall* (royal), the lord of all
> Thy *closet* did *include*,
> Briht (bright) ball *Cristall, ros virginall,*
> Fulfillit of *angell* fude (food).
>
> *Ave Maria, gracia plena,*
> Thy birth has with bis blude (blood)
> Fra (fro/from) fall *mortall, originall,*
> Us *raunsound* (ransomed) on the rude (rood).

Während der Renaissance wuchs das wissenschaftliche und künstlerische
Interesse an den antiken Sprachen, während das Kirchenlatein an Bedeutung einbüßte. Die Griechen Thukydides, Herodot, Xenophon, Plutarch,
Homer, Aristoteles u. a. wurden in gedruckten Ausgaben (der Buchdruck
wurde 1476 durch Caxton in England eingeführt) dem Leser in Original
und Übersetzung dargeboten; unter den bevorzugten lat. Autoren waren
Caesar und Ovid (zwischen 1565 und 1567 von Arthur Golding übersetzt), Horaz, Vergil, Terenz, Livius, Tacitus und Sallust. Ciceros Stil
galt als vorbildlich und nachahmenswert (Ciceronianism). Auch mit der
eigenen Muttersprache begann man sich aus der Sicht des Lateinischen
zu beschäftigen.

Zwei Auffassungen traten dabei miteinander in Wettstreit: die einen plädierten für eine Bereicherung (*enrichment*) und Verfeinerung (*refinement*) des Englischen durch Aufnahme lat. Wortguts, die anderen warnten vor einer Überfremdung. Zur ersten Gruppe gehören Männer wie Thomas Elyot ('*The Governour*' 1531), George Pettie, R. Mulcaster, J. Bullokar, H. Cockeram, zu den Sprachreinigern (Puristen) Thomas Wilson ('*Arte of Rhetorique*' 1553), John Cheke, Thomas Chaloner und Ph. Sidney. Einen zwischen beiden Auffassungen vermittelnden Standpunkt vertrat G. Puttenham. Die Puristen verwiesen auf die Unbekanntheit und Unverständlichkeit der Latinismen, die sie ironisch als *inkhorn terms* (Tintenfaßwörter) abtaten. In der Tat haben viele der über 10 000 Renaissance-Entlehnungen aus dem Lateinischen die Zeiten nicht überdauert. Die meisten aber verloren durch ständigen Gebrauch viel von ihrem fremdartigen Charakter und werden nur von ungebildeten und des Lateinischen unkundigen Engländern noch als *hard words* empfunden (u. S. 104 ff.). Freilich hat die Mehrzahl von ihnen keinen Eingang in die Alltagssprache gefunden, als Buchentlehnungen (*book words*) behielten sie ihren literarischen Charakter bis heute und vermögen in der Häufigkeit ihrer Verwendung nicht mit den franz. Lww zu konkurrieren. Das Verhältnis zwischen den lat. und den wesentlich stärker in den Gebrauchswortschatz integrierten franz. Wörtern ist mit 28 % lat. : 28 % franz. (*CED*) vs. 22 % lat. : 35 % franz. (*ALD*) vs. 9,5 % lat. : 38 % franz. (*GSL*) gegenläufig.

Ein Blick z. B. in H. Cockerams '*The English Dictionary*' (1623) zeigt die lexikalischen Probierkünste eines Verfassers eines *Hard-Word-Dictionary* des frühen 17. Jhs. Die meisten seiner Neuschöpfungen hatten nur ephemeren Wert. Die Herausgeber des *OED* verzichteten deshalb auf ihre Registrierung, so bei *ebriolate* 'to make drunk', *dedoceate* 'to instruct', *edormiate* 'to sleep out one's fill', *edurate* 'to harden', *exarcanate* 'to wash off gravel', *mansitate* 'to eat often', *missiculate* 'to send often', *oculate* 'to put out one's eye'.

Daß Cockerams Neologismen in einer für kühne Wortprägekunst aufgeschlossenen Zeit nicht auf fruchtbaren Boden fielen, lag nicht nur an der Unförmigkeit vieler seiner Bildungen, sondern auch an ihren oft ausgefallenen Bedeutungen. Bedeutungsmäßig stabiler und lebenskräftiger erwiesen sich aus dem Zeitraum des 15.–17. Jhs. stammende Bildungen wie *absurd/absurdity*, *accomodate/accomodation*, *adopt/adoption*, *animadvert/animadversion*, *animate* (adj./vb.)/*animation*, *anticipate/anticipation*, *col-*

lide/collision, contradict/contradiction, disrupt/disruption, disseminate/ dissemination, dissipate/dissipation, emancipate/emancipation, exaggerate/exaggeration, excel/excellent/excellence, explain/explainable/explanatory/explanation, explode/explosive/explosion, expunge/expunction, fact, frivolous/frivolouness, frugal/frugality, implacable/implacability, import, indifferent/indifference, interest/interesting, obnoxious/obnoxiousness, obstruction, vast/vastness, vivid/vividity/vividness und Tausende anderer. Auf Shakespeare gehen (entweder von ihm geprägt oder von ihm verbreitet) Latinismen zurück wie *aerial* 'of the atmosphere' (Othello, II, 1, 39), *abrupt, assassination* (ne. < mlat. od. franz. < arab.), *auspicious, castigate, compact* 'plot, conspiracy', *import* ['impɔːt] 'purport, consequence', *inducement, malefaction, perusal* 'scrutiny, reading over', *superflux* (vgl. G. Gordon, *Shakespeare's English*, S. P. E. Tract XXIX [1928], 255 ff.).

Auffällig sind zwei Verfahren bei der Wortentlehnung: entweder übernahmen die Wortschöpfer das lat. Wort unverändert (*interior, medium, climax, nebula, momentum, stimulus*), oder sie anglisierten es morphologisch. Dabei wurde auf die Endung verzichtet (lat. *terrificus* > engl. *terrific, maritalis* > *marital, extendere* > *extend, expungere* > *expunge, constrictionem* [acc.] > *constriction, studentem* [acc.] > *student*), oder die Endungsmorpheme wurden gegen franz. (agn.) oder germ.-engl. ausgetauscht.

Bei den franz. Ableitungselementen empfahlen sich besonders die analogen, ursprünglich ebenfalls aus dem Lateinischen stammenden Morpheme. Zu erwähnen sind z. B. subst. Ableitungen auf *-y/-cy/-ty* wie *colon-y* < lat. *colōn-ia* >< franz. *colon-ie* (*custody, constancy*), auf *-ty* wie *infallibili-ty* 'Unfehlbarkeit' (Authorized Version 1611) < lat. *infallibilitātem* >< franz. *infaillibili-té* (*vocality, atrocity*), auf *-ory* (< agn. *orie* = afr. *oire*) wie *territ-ory* < lat. *territ-ōrium* >< agn. *territorie* (*ambulatory, oratory*), adjekt. Ableitungen auf *-ory* (von subst. *-ory* beeinflußt) wie *obligat-ory* < lat. *obligat-ōrius* >< agn. *obligatorie* (*amatory, satisfactory, illusory*), auf *-ous*[26] (< afr. [agn.] *os, us* > nfr. *eux*) wie *nerv-ous* < lat. *nerv-ōsus* >< agn. *nerv-ous* [vgl. franz. *nerv-eux*] (*aqueous, nefarious, stupendous*) u. a. m.

Zusammensetzungen mit germ. Derivationsmorphemen finden sich z. B.

---

[26] Das entsprechende lat. Morphem *-ōsus* lebt in Wörtern wie *morose* (< lat. *mor-ōsus*) 'mürrisch', *jocose, verbose* weiter.

in Bildungen wie *absolute-ness, directness, aptness; false-hood; professor-dom; event-ful, grateful; sex-less; class-y; paternal-ly*[27].

Als besonders produktiv erwiesen sich Verbalbildungen, die vom lat. Infinitiv oder Präteritalpartizip gewonnen wurden. Etwa 5000 lat. Verben lassen sich auf diese Weise im Englischen historisch nachweisen[28], etwa 70 % aller lat. Verben gingen so in den englischen Wortschatz ein, entweder durch Direktentlehnung (bzw. Nachbildung) oder durch Entlehnung über das Französische.

Während die Ableitungen vom Infinitiv bereits ae. vereinzelt vorkommen (ae. *offrian* < lat. *offerre*), aber erst ab dem 14. Jh. häufiger werden, finden sich Partizipialableitungen erst seit dem 13. Jh., überwiegen aber seit dem 16. Jh. eindeutig gegenüber den Inifinitivableitungen. Bei Chaucer stehen etwa 200 Beispielen mit dem Präsensstamm (lat. und franz. Herkunft) nur 37 Partizipialableitungen gegenüber, bei Caxton ist das Verhältnis nahezu 300 : 100, doch bei Shakespeare fast 200 : 400[29]. Das Verhältnis zwischen infinitivischen und partizipialen Verbalbildungen im Englischen beträgt etwa 2:3 zugunsten der Partizipialableitungen. Die Infinitivderivation wurde durch das entsprechende franz. Verfahren gefördert (vgl. lat. *resumere* > franz. *résumer* + spätme. *resume* [> ne. *resume*]), die Partizipialinfinitive durch Partizipialadjektive wie *animate* 'belebt' < lat. *animātus* > *animate* 'beleben' oder *incarnate* 'personifiziert, leibhaftig' < lat. *incarnātus* > *incarnate* 'verkörpern'[30].

Immer wieder kam es zur Ausbildung von Dubletten. So steht noch heute (gewöhnlich mit Bedeutungsdifferenzierung) *conduce* 'beitragen zu' (ca. 1425) vom lat. Infinitiv *condūcere* neben der Partizipialbildung *conduct* 'führen' (15./16. Jh.) aus lat. *conductus, confer* 'übertragen' (1528) aus *conferre* neben *collate* 'Texte vergleichen, kollationieren' (1558) aus *collātus, construe* 'gram. konstruieren; auslegen' (1362) neben *construct* 'bauen' (1610), *repel* (15. Jh.) neben *repulse* (16. Jh.) usw. Etwa zwei

---

[27] Häufig finden sich innerhalb derselben Familie entlehnter Wörter Ableitungen mit lat., franz. und germ. Derivationsmorphemen, so bei *direct*: *direction, directitude, directive, director, directory, directress, directrix* (mit franz. oder lat. Morphemen) und *directness, directly, directing* (mit germ. Morphemen).
[28] Vgl. Ole Reuter, 'Verb Doublets of Latin Origin in English', Soc. Scient. Fenn. Comm. Hum. Litt. VIII. 4 (1936), S. 1.
[29] Ibidem, S. 4 ff.
[30] Wo sich Partizipialadjektive erhalten haben, sind sie heute häufig von der entsprechenden Infinitivform lautlich unterschieden. Vgl. etwa *animate* vb. ['ænimeit] und *animate* adj. ['ænimit] neben ['ænimeit].

Drittel aller aus dem Lateinischen entlehnten Verben haben zu irgend-
einer Zeit Doppelformen ausgebildet, die sich über das 18. Jh. im allg. nur
dann hielten, wenn beide Varianten semantisch differenziert wurden (u.
S. 125 ff.). Aufgegeben wurden häufig die lautschwächeren Infinitivableitungen, wie *captive, retrahe, exone* (außer im Schottischen), *repone, reverb*
(Shak., Lear I, 1, 156) zugunsten der lautstabileren *captivate, retract,
exonerate, repose, reverberate.*

Häufig liegen den Latinismen im Englischen keine klassisch-lat. Formen
zugrunde, sondern nachklassische (spätlat.), kirchenlat. (klat.), mittellatei-
nische und neulateinische. So oft bei drei- und mehrsilbigen (polysyllabi-
schen) Bildungen wie *superhuman* nach spätlat. *superhūmānus* 'über-
menschlich', *supersubstantial* nach klat. *supersubstantiālis* 'spiritual' (bezogen auf das Brot beim Abendmahl), *promontory* nach mlat. *prōmontō-
rium* 'Vorgebirge', *ultimatum* (18. Jh.) aus neulat. *ultimātum* 'das Letzte'.
Nicht immer läßt sich mit Bestimmtheit sagen, ob ein Wort dem Lateinischen direkt oder über das Französische entlehnt wurde. So könnte engl.
resume (15. Jh.) unmittelbar von lat. *resūmere* oder auch von franz.
résumer hergeleitet werden. Ähnliche Fälle sind *suburb, industry, annals,
modest, sensitive, indifferent, decent, absurd,* vor allem aber viele der
vom Akkusativ abzuleitenden Substantive meist abstrakter Bedeutung,
die im Französischen als Buchentlehnungen aus dem Lateinischen gelten
und nicht über das Vulgärlateinisch-Romanische gelaufen sind. Vgl. etwa
engl. *production* (15. Jh.), *demonstration* (14. Jh. Chaucer), *contempla-
tion* (13. Jh.), *consideration* (14. Jh. Chaucer, Wyclif) und Hunderte anderer. Es empfiehlt sich, hier zwischen frühen Entlehnungen und späteren
zu unterscheiden. Entlehnungen aus der me. Zeit bis zur 2. Hälfte des 14.
Jhs. lassen sich mit größerer Wahrscheinlichkeit dem Französischen, Entlehnungen danach, besonders im 16. u. 17. Jh., dem Lateinischen zuwei-
sen. Sichere Kriterien liegen aber nur dann vor, wenn eine Entlehnung
mit einem bestimmten Autor verbunden werden kann und dieser seine
Entlehnung bei einer Übersetzung aus einer der beiden Sprachen macht.
So finden sich in der Wyclifbibel, die auf der lat. Vulgata des Hierony-
mus († 420) beruht, vorwiegend lat. Neuentlehnungen. Wenn sich keine
eindeutige Antwort geben läßt, sollte man auf beide Möglichkeiten der
Herleitung hinweisen. Gemeinsam ist ihnen die ursprünglich lat. Abkunft.

Lief das eine Wort über das Vulgärlateinische und kam das andere unmittelbar aus dem Lateinischen, so sind die lautlichen und graphischen
Unterschiede meist eindeutig. Vgl. etwa Dubletten wie *royal/regal, loyal/*

legal, declension/declination, purvey/provide, count/compute, strait/strict, respite/respect, ray/radius, sure/secure, treason/tradition, poor/pauper (u. S. 100 f.). Hier verrät die auffällige lautliche Umgestaltung die erste Variante als volkssprachliches Produkt, die zweite ist der lat. Buchsprache (entweder direkt oder über das Franz.) entnommen. Evident ist ebenfalls der Bedeutungsunterschied (z. B. *treason* 'Verrat' : *tradition* 'Überlieferung', *respite* 'Frist' : *respect* 'Achtung').

Die verstärkte Hinwendung zum Lateinischen und eine gewisse damit verbundene Geringschätzung des in me. Zeit übernommenen franz. Lehnguts führte vom 15.–17. Jh. zur lautlichen und/oder schriftbildlichen Angleichung zahlreicher me. Wörter franz. Provenienz an das lateinische Vorbild. So wurde bei me. *endite* zunächst die Vorsilbe gegen lat. *in-* ausgetauscht (> *indite*) und später nach lat. *indictum* ein (stummes) *c* eingefügt: ne. *indict* [in'dait] 'anklagen'. Einfügung von stummem *c* findet sich auch bei ne. *victuals* ['vitlz] 'Lebensmittel' (vgl. me. *vitailes* und lat. *vīctūālia*), von stummem *b* bei ne. *doubt* und *debt* nach lat. *dubitare* und *dēbitum* (vgl. me. *doute* und *dette*). Bei ne. *firm* wurde me. *e* in *ferme* (< afr. *ferme*) gegen *i* von lat. *firmus* ausgetauscht. Ähnliche Lautsubstitution bzw. Einfügung von Buchstaben nach dem lat. Etymon findet sich z. B. bei *autumn* (Chaucer hatte *autumpne* < afr.), *advice, adventure, inquire, intercourse, subtle,* auch *liquor* und *disturb*. Bei *perfect* für me. *parfit* und *subject* für me. *suget* sollte man eher von Neuentlehnungen sprechen.

Auch nach dem 17. Jh. reißt der Entlehnungs- und Neubildungsprozeß lat. Wörter im Englischen nicht ab, obwohl mit dem Zeitraum von 1550 bis 1650 der Höhepunkt überschritten ist. Viele der neulateinischen Entlehnungen seit dem 16. Jh. sind wissenschaftliche Fachausdrücke und zeigen die volle lat. Wortform: z. B. *apparatus, formula, arena, veto, imprimatur, alumnus, data, plebs, lacuna, minimum, tuber, calculus, specimen, status* (17. Jh.), *inertia, locus, auditorium, ultimatum, prospectus, deficit, herbarium, maximum, propaganda, extra* (18. Jh.), *excursus, opus, duplex, ego, omnibus, animus, sanatorium, aquarium, referendum* u. a. m. (19. Jh.). Heute treten die lat. Flexionsmorpheme in Wettbewerb mit heimischem *-s/-es* im Plural: *formulae/formulas, fungi/funguses* 'Pilze, Schwämme', *genii/geniuses* usw. Einige (z. T. bereits me. vorhandene) Bildungen beruhen auf dem lat. Ablativ, so *folio, limbo* 'Hölle', *proviso* 'Vorbehalt', *via* 'über' (z. B. *via London*); *omnibus* setzt einen lat. Dativ Plur. fort ('[carriage] for all'), *requiem* einen Akk. Sing. Flektierte Verbalformen sind *deficit, interest, recipe* 'nimm/man nehme $>$ Rezept, Gebrauchsanweisung'. Neulateinische Bildungen mit *o* in der Kompositionsfuge liegen z. B. bei *plano-concave, plano-convex, ethico-political* vor. *Anglo-Saxon* geht auf neulat. *Anglo-Saxonicus, Anglo-Saxones* zurück. Es findet sich das erste Mal in P. Hollands Übersetzung von Camdens 'Britannia' (1610); allerdings kannte das Altenglische bereits ein *Angulseaxe* (*Angulseaxan*) mit der Bedeutung 'Inselsachsen im Gegensatz zu den kontinentalen Altsachsen (*Ealdseaxe*)'.

Zum lat. Lehnwortgut: Brunner I, 29 ff., 149 ff., 282 ff.; Baugh, 86 ff., 222 ff., 257 ff.; Strang, 26, 28, 42 et passim; Serjeantson, 11 ff., 259 ff.; Sheard, 21, 121 ff., 143 ff., 150 ff. et passim; McKnight, 107 ff.; Jespersen, 32, 35, 114 ff.; Leisi, 46, 48 f.; Bähr, 73 f.; *OPr.*, 127 f. et passim;

A. Pogatscher, *Zur Lautlehre der griech., lat. und romanischen Lehnworte im Altenglischen* (Straßburg, 1888); H. S. MacGillivray, *The Influence of Christianity on the Vocabulary of Old English* I (Halle, 1902); O. Dellit, *Über lat. Elemente im Mittelenglischen* (Marburg, 1906); O. Funke, *Die gelehrten lat. Lehn- und Fremdwörter in der altenglischen Literatur von der Mitte des 10. Jahrhunderts bis um das Jahr 1066* (Halle, 1914); A. Keiser, *The Influence of Christianity on the Vocabulary of Old English Poetry* (Diss. Urbana, 1918); J. C. Mendenhall, *Aureate Terms* (Lancaster, Pa., 1919); J. W. Archer, *Latin Loan-Words in Early Middle English* (Diss. Northwestern University USA, 1942); T. Pyles, 'The Pronunciation of Learned Loan Words and Foreign Words in OE', *PMLA* (1943), 891 ff.; A. G. Hatcher, *Modern English Word-Formation and Neo-Latin* (Baltimore, 1951); O. Martz, *Die Wiedergabe biblischer Personenbezeichnungen in der altenglischen Missionssprache* (Bochum-Langendreer, 1939); H. Gneuss, *Lehnbildungen und Lehnbedeutungen im Altenglischen* (Berlin, 1955).

8. Das griechische Lehnwortgut

Der erstaunlich hohen Zahl von g r i e c h i s c h e n Lww im *CED* (4262 = 5,3 %) stehen im *ALD* nur der zehnte Teil, nämlich 433 gegenüber (= 1,6 %). Bei West (*GSL*) fällt die Zahl sogar auf 10 (= 0,25 %) ab. Diese ungewöhnliche Diskrepanz erklärt sich aus dem Sonderwortcharakter der meisten auf das Griechische zurückzuführenden Wörter. Wichtig zu vermerken ist, daß mindestens Dreiviertel aller im *CED* und die Hälfte der im *ALD* verzeichneten griech. Wörter erst nach 1800 entlehnt bzw. mit griech. Morphemmaterial gebildet wurden. Es handelt sich bei ihnen fast ausschließlich um Termini aus den modernen wissenschaftlichen Fachsprachen (Medizin, Biologie, Chemie usw.).

So gut wie alle in ae. Zeit übernommenen griech. Wörter durchliefen eine lat. (kirchenlat. oder vulgärlat.) Zwischenstufe, sind also indirekte Entlehnungen aus dem Griechischen. So z. B. *abbod* (vlat. *ábbādem* [acc.] < klat. *abbātem* [acc.] < gr. *abbās* < syr. *abba* 'Vater'; ne. *abbot* taucht 1123 auf und scheint von der klat. Form unmittelbar beeinflußt zu sein); ae. *cleric* > ne. *clerc* (durch afr. *clerc* gestützt) 'Geistlicher > Sekretär'; *martir* > ne. *martyr* (durch afr. *martir* gestützt); *diacon* > ne. *deacon*; *apostata* > ne. *apostate* (durch afr. *apostate* gestützt); *ælmesse* > ne. *alms*; *apostol* > ne. *apostle* (durch afr. *apostle* [> nfr. *apôtre*] gestützt), *mynster* > ne. *minster* (über vlat. **monisterium* vermittelt; ne. *monastery* ist Neuentlehnung des 15. Jhs. aus klat. *monastērium* < gr. *monastērion*, zu *monázein* vb. 'allein leben'). Vgl. o. S. 36 f.

Schwierig zu beurteilen sind Fälle wie ae. *dēofol* > ne. *devil*, ae. *čyriče* > ne. *church* und ae. *engel* (ne. *angel* wurde me. aus afr. *angele* neuentlehnt). Ihrer Lautform nach sind sie alt und werden gewöhnlich als kontinentale Direktentlehnungen aus dem Griechischen über die arianischen Westgoten angesehen (so auch M. Serjeantson, 51 ff.). Ob dies für die im 5./6. Jh. aus Niederdeutschland auswandernden Angelsachsen zutrifft, muß zumindest zweifelhaft bleiben, da der Arianismus kaum bis dahin ausstrahlte und die Auswanderer erst auf der Insel das Christentum annahmen. Freilich setzt die Entlehnung von religiösen Termini die Übernahme des entsprechenden Glaubens nicht unbedingt voraus. Da diese Wörter in ihrer Lautform jedoch sehr an die zweite lat. Lehnwortschicht erinnern, die vulgärlat. Züge trägt (vgl. ae. *lēden* für lat. *Latīnus* oder *munuc* für klat. *monachus*), sei hier der Vorschlag gemacht, als insulare Vorstufe der historischen ae. Formen vulgäre Formen von klat. Wörtern kirchengriech. Provenienz mit germ. Initialbetonung anzusetzen. Für ae. *dēofol* ergäbe sich folgende Lautentwicklung: kgr. *diábolos* > klat. *diábolus* > vlat. **díavolus* > ae. *dīoful/dēofol*[31], für ae. *čyriče*: kgr. *kȳriakón* (adj. zu *kȳrios* 'Herr'; ergänze 'Haus', also: 'Gotteshaus') > klat. **cyrīca* > vlat. **cýrica* > ae. *čiriče/čyriče*, für ae. *engel*: kgr. *ággelos* 'Bote, Gottesbote = Engel' > klat. *angelus* > vlat. **angilus* > ae. *engel*. Auch könnte ae. *biscop* auf ähnlichem Wege ins Englische gelangt sein: kgr. *epískopos* 'Aufseher' > klat. *epíscopus* > vlat. *bíscopus* > ae. *biscop* > ne. *bishop*.

---

[31] Ae. *dēofol* mit langem Diphthong lebt in schott. *deil* [di:l] fort. Ne. ['devil] geht auf flektierte Formen mit Kürzung zurück. Das Wort gehört zu gr. *diabállein* 'auseinanderwerfen > schmähen > verführen' (vgl. hebr. *satan*).

Auch in nachaltengl. Zeit wird griech. Wortgut über das Lateinische vermittelt, doch jetzt häufig auch auf dem Weg über das Französische (Entlehnungsvorgang: griech. > lat. > afr. > me.)[32]. Neben kirchliches Lehnwortgut tritt nunmehr verstärkt weltliches, darunter so bedeutsame Lww
wie *character* (14. Jh.), *academy* (15. Jh.), *climate* (14. Jh. bei Chaucer
und Barbour), weiter: *dialogue, comedy, diphthong, dynasty, emblem,
fancy, horizon, idiot, logic, lyric, magic, rhubarb, phantasm, pheasant,
rhetoric, scandal, schism, spasm, sphere, strategem, surgeon, syllable,
symbol, symphony, theatre, tragedy, type, tyrant,* auch *agony, allegory
asphalt, demon, echo, ethic, hero, history, meteor, piracy, pole, plague,
thesis* usw.

Mit der Hinwendung zur Antike in der Renaissance wächst auch der
Einfluß des Griechischen auf das Englische, meist bleibt jedoch die Ver-
mittlerrolle des Lateinischen und/oder Französischen bestehen. Zu den
Entlehnungen des 16. Jhs. gehören Beispiele wie *alphabet, amnesty, ane-
mone, bulb, catastrophe* (Spenser), *climax, colon, comma, critic* (Shakespeare), *dilemma, distich* (Holinshed), *energy, epic, hyacinth, idea, machine* 'structure, fabric' (16. Jh.) > 'military engine' (17. Jh.), *patriot,
praxis, sceptic, scheme, skeleton, stigma, symmetry, sympathy* (Sidney),
symptom, theory, trochee. Ins 17. Jh. fallen u. a. *acoustic* (Bacon), *ar-
chives, baritone* (über das Ital. vermittelt), *clinic, dogma, electric* (Sir T.
Browne, Newton), *monologue* (Cotgrave, Dryden), *museum, orchestra*
(Holland 1606), *strophe, syntax* 'systematic arrangement of parts' (1605
Bacon) > 'gram. term syntax' (1613 Cawdrey), *synthesis, tactics,* ins 18.
Jh. u. a. *camera, symposion, triptych,* ins 19. Jh. *archaic, monolith, myth,
necropolis* 'Totenstadt', *synizesis, synchronic* usw.

Speziell seit dem 18. Jh. treten neben Lehnwörter aus dem Griechischen
Neubildungen aus griech. Morphemmaterial, die keine genaue griech. Entsprechung besitzen, oft aber nach griech. Muster geprägt sind. Zu denken
ist an den Typ *monograph, photograph, semantics, semasiology, morphology, morphophonemics, morpheme, diachronic* (nach *synchronic*) usw.
Morphology (1830) z. B. wurde aus dem Substantiven gr. *morphé* 'Form'
+ *logía* 'Lehre' (zu *lógos* 'Wort') zusammengesetzt, wie *biology* eine Zusammensetzung aus gr. *bíos* 'Leben' + *logía* 'Lehre' ist. Das Wort
geht auf dt. *Biologie* zurück, das 1802 von G. R. Treviranus geprägt und
von Lamarck ins Französische übernommen und von dort ins Englische

---

[32] Lat. Wörter mit th-Schreibung sind meist griech. Herkunft (*theatre, throne,
theme, thesis*). Die th-Aussprache ist nicht vor dem 18. Jh. belegt.

(1813) entlehnt wurde. Es lehnt sich an Bildungen wie mgriech. *biographía* (> franz. *biographie* und engl. *biography*) an. Mit diesem Verfahren war der Weg zur Neuprägung von Tausenden von (internationalen) Fachausdrücken geöffnet, den aufblühenden Fachwissenschaften stellte das Griechische (noch in stärkerem Maße als das Lateinische) ein schier unerschöpfliches terminologisches Reservoir zur Verfügung. Man denke etwa an die Hunderte von Ableitungen auf griech. *mono-* 'allein', wie etwa *monoanaesthesia, monoblepsia, monobranchiate, monochardia, monocentric, monoganglionic, monopneumonian, monocycle, monogenesy, monogenetic, monomania, monopteral* usw. Unter ihnen finden sich auch hybride Bildungen (Mischformen), etwa aus griech. und lat. Morphemen, wie *monocellular, mononuclear, monopersonal.*

Für solche künstlichen Wortgebilde bieten sich besonders Präpositionen (Präfixe) an: etwa *amphi-* 'um – herum; beide' [= gr. *amphí*] (*amphicar* 20. Jh.), *anti-* 'gegen' (*antitoxin*), *apo-* 'weg von' (*apomecometer*), *dia-* 'auseinander' (*diachronic*), *endo-* 'in, innen' (*endosmosis*), *epi-* 'auf, über' (*epidiascope*), *hyper-* 'über' (*hyperoxidation*), *meta-* 'über [lat. *trans*]' (*metacentre*), *peri-* 'um – herum' (*peridiastole*), *syn-* [lat. *cum*]' (*syndicalism*). Vgl. auch die zahlr. Bildungen mit subst. und adj. Elementen als erstem Bestandteil wie *bio-* (*bíos* 'Leben'; *biogeny*), *cephalo-* (*kephalé* 'Kopf'; *cephalomancy*), *chloro-* (*chlōrós* 'gelbgrün'; *chlorophyll*), *chrono-* (*chrónos* 'Zeit'; *chronometer*), *acro-* (*ákros* 'hoch'; *acrocephalic*) usw.

Wir unterscheiden demnach drei Gruppen von Gräzismen im engl. Wortschatz: die sehr alten, über die Volkssprache (Vulgärlatein) übernommenen und lautlich völlig assimilierten griech. Lww des Typs *monk, devil, church*, die in me. und frne. Zeit entlehnten gelehrten Lww wie *character, idiot, tragedy, dilemma, orchestra*, und die den wissenschaftlichen Fachsprachen zuzurechnenden Neologismen oft pseudogriech. Prägung, die in den letzten Jahrhunderten in riesiger Zahl gebildet wurden und der Alltagssprache so gut wie fremd sind. So finden sich in der *GSL* ausschließlich Beispiele der ersten beiden Gruppen: *devil, church, theatre, critic, character, system, sympathy, type, history* und wenige andere direkte und indirekte Entlehnungen aus dem Griechischen.

Während des Mittelalters, das seinem Wesen nach lateinisch-katholisch war, kam es zu keinen nennenswerten unmittelbaren Kontakten zwischen dem Englischen und Griechischen. Insbesondere diente das Lateinische als Mittler. Nach der Aufwertung des Griechischen und des (klassischen) Lateins während der Renaissance folgte seit dem Rationalismus eine Zeit des allmählichen Abbaus der beiden Sprachen als sprachliche Vermittler der Gelehrsamkeit, bis sie in unserer Zeit nur noch eine rudimentäre Rolle in der schulischen Ausbildung spielen. Durch die Schaffung einer internationalen wissenschaftlichen Terminologie auf der Grundlage des Lateinischen und Griechischen haben sich jedoch beide Sprachen in nicht-klassischer Form auch für die Zukunft unentbehrlich gemacht. Daß sich – historisch gesehen – etwa drei Fünftel des englischen Wortmaterials aus ihnen rekrutiert, unterstreicht ihre einmalige Bedeutung für die Entwicklungsgeschichte der englischen Sprache,

Zum griechischen Lehnwortgut: Brunner I, 155; Baugh, 269; Strang, 129, 374 et passim; Serjeantson, 51 ff., 266 ff.; Sheard, 23 f., 127; McKnight, 76, 117 ff.; Jespersen, 114 ff.; Koziol, 30 ff.; Aronstein, 11 ff.; Potter, 39 ff.; Weekley, 85 ff.; Groom, 124 f., 192 ff.; OPr., 128; R. Grubb Kent, *Language and Philology* (Boston, 1923), 14 ff.; J. C. Smock, *The Greek Element in English Words* (London, 1931).

9. Das französische Lehnwortgut

Keine fremde Sprache hat einen so tiefgreifenden Einfluß auf das Englische ausgeübt wie das (auf galloromanischem Boden entstandene und historisch auch G a l l o r o m a n i s c h genannte) F r a n z ö s i s c h e. Das gilt sowohl für den (praktischen) Sprachgebrauch wie für das Lexikon: Während der Anteil des franz. und lat. Lehnguts im *CED* gleich hoch ist (*CED* 28,37 % und 28,29 %), steigt der franz. im *ALD* auf 35,89 % und erreicht in der *GSL* 38 %; der lat. Anteil hingegen sinkt auf 22 % (*ALD*) und 9,59 % (*GSL*) ab. Mit 38 % in der *GSL* liegt der franz. nur etwas über 9 % unter dem inselgerm. Anteil (47 %).

Nach unseren Berechnungen ergibt sich für den Zeitraum eines Jahrtausends (vom 10. bis 20. Jh.) folgendes Bild von der prozentualen Verteilung des franz. Lehnguts im Englischen[33]. Es wurden entlehnt:

	%			%
bis 1150	0,3		im 16. Jh.	14,6
bis 1200	0,6		im 17. Jh.	8,9
im 13. Jh.	13,6		im 18. Jh.	5,4
im 14. Jh.	31,8		im 19. Jh.	7,2
im 15. Jh.	15,7		im 20. Jh.	1,9

[33] Unser Ergebnis beruht auf dem Erstbeleg von 2000 franz. Lww, die in 40 gleichgroßen Proben aus dem *OED* unter Heranziehung des *MED* und des

Der franz. Einfluß zeigt demnach bis 1200 kaum einen nennenswerten Reflex. In den Zeitraum der folgenden 250 Jahren hingegen fallen über 53 % aller Entlehnungen, fast 32 % allein in das Jahrhundert Chaucers († 1400).

Trotz der in spätae. Zeit wachsenden kulturellen und politischen Beziehungen zwischen dem Frankenreich und der Insel (die Benediktinerreform ging vom fränkischen Cluny aus, Königin Emma war eine Normannin, ihr Sohn, Edward the Confessor, fand in der Normandie Asyl) blieben die sprachlichen Einflüsse auf das Ae. unbedeutend. Selbst nach der Eroberung Englands durch Wilhelm (Schlacht bei Hastings am 14. Okt. 1066) nahmen die franz. Lww in den ae. Texten erst sehr allmählich zu. Dies hängt weniger mit der schwächer werdenden Überlieferung engl. Texte seit dem Niedergang des ags. Englands zusammen als mit dem Umstand, daß die zahlenmäßig begrenzte normannische Herrenschicht in dem von ihr rigoros feudalisierten England (Domesday Book 1086) ein von den breiten, Englisch sprechenden Volksmassen getrenntes Dasein führte. Von greifbaren Ansätzen zur Zweisprachigkeit bei den Normannen kann kaum vor der 2. Hälfte des 12. Jhs. gesprochen werden. Erst im 13. und verstärkt im 14. Jh. setzte sich der Bilingualismus unter den alteingesessenen normannischen Kreisen durch und führte schließlich auch bei ihnen zur Bevorzugung des Englischen[34]. Die Mehrzahl der über 10 000 franz. Wörter im Me. wurde im Zeitraum der Zweisprachigkeit und der Hinwendung zum Englischen entlehnt. Ein wesentlicher Impuls ging dabei auch von den Engländern aus (Gelehrten, Geistlichen, sich französischer Vorlagen bedienenden Literaten usw.), die das Anglofranzösische und seit dem 13. Jh. auch das Pariser Französisch als Verkehrs- bzw. Buchsprache erlernt hatten.

Zu den frühesten Entlehnungen gehören ae. *tūr* (< agn. *tur* < lat. *turrim* [acc.]) 'Turm', das im Durham Ritual (2. Hälfte 10. Jh.) auftritt. In der

Supplementbands des *OED* von 1972 (A–G) untersucht wurden. Es steht dem Resultat der Untersuchungen von Baugh an 1000 Wörtern näher als dem Jespersens. Vgl. Baugh, S. 214 und Jespersen, *'Growth and Structure of the English Language'* (1928), S. 93 f. Vgl. weiter F. Mossé, 'On the Chronology of French Loan-Words in English', *English Studies*, XXV (1943), 33–40.

[34] Walter of Bibbesworth verfaßte gegen 1280 eine Abhandlung über das Französische in Form eines Lehrbuchs für Engländer. Der Schulmann John Cornwall machte seine grammatischen Erläuterungen in englischer Sprache (1348). Das engl. Parlament wurde 1363 das erste Mal auf englisch eröffnet (ständig seit 1377). Das erste engl. verfaßte Testament datiert aus dem Jahr 1387. Vgl. hierzu Baugh, 127 ff., 163 f., Brunner I, 112 ff., Strang, 213 ff.

ae. Chronik taucht es zum Jahr 1097 für den Londoner Tower auf, es ersetzt bereits früh entlehntes *torr* mit vlat. Lautstand. In der ae. Chronik (F 1005) ist *prut* 'proud' belegt, das wohl auf afr. *prud* (acc.) < rom. *prōdis* (zu lat. *prōdesse* 'nützen') weist. Die Entlehnungen nach 1066 verraten den Wandel in den historischen Verhältnissen auf der Insel. In der Chronik A finden sich *serfise* 'service' (1070) und in D *prisun* (1076), in der Peterborough Chronicle (–1154) *duc* 'duke' (1129), *rent* und *tresor* 'treasure' (1137), *pais* 'peace', das ae. *friþ* (vgl. dt. *Friede*) und an. *griþ* ersetzt (1040), ebenfalls *cuntesse* und *justice* (1140), *curt* 'court' (1154). Die in die Zeit nach 1200 fallenden Legenden St. Margaret, St. Katharine und St. Juliane bringen Beispiele wie *dame* (Anredeform), *place, basin, furnace, doubt, miracle, grace, mercy, beast* und Verben von alltäglichem Gebrauch wie *serve, change, catch, save*. Bei einem Vergleich der beiden Versionen von Lagamons *Brut* (1. u. 2. Hälfte 13. Jh.) fällt auf, daß die jüngere Fassung eine Reihe augenscheinlich archaisch gewordener germ. Wörter gegen franz. austauscht, unter ihnen *hertoge* 'Herzog' (< ae. *heretoga*) gegen *cheueteine* 'chieftain' und *boc-rune* 'book-rune' gegen *lettre* 'letter'.

Je nach dem Publikum, das sie ansprechen wollen, sind die me. Texte unterschiedlich stark mit franz. Lehngut durchsetzt. So finden sich in der Evangelienparaphrase des Orrm (ca. 1200), die sich durch einfache Diktion auszeichnet, nicht einmal ein Dutzend unterschiedlicher franz. Lww, in der nahezu gleichzeitig entstandenen '*Ancrene Riwle*' sind es mehrere hundert. Dabei kann auch die Gegend, in der ein Werk entstand, von Belang sein: der franz. Einfluß wirkt im Süden und Westen zunächst stärker als in den nördlicheren Gebieten[35]. Weiter zeigt sich, daß die frühen Entlehnungen (*tower, beast, duke*) den einfachen Engländern eher zugänglich gewesen sein könnten als viele der späteren literarischen *mots savants* (wie *abominable, disparagement, disport, countenance*)[36].

Viele der neu eingeführten Wörter bezogen sich auf den Engländern zuvor unbekannte Begriffe (*baron, page; cathedral, pinnacle; joust, tournament; petticoat, tassel*), die meisten aber traten neben heimische Wör-

---

[35] Das ändert sich mit dem Auftauchen schott. Werke im 14 Jh. Nach K. Bitterling (a. a. O. S. 26) finden sich in Barbours '*Bruce*' 1328 franz. Lww (= 37,87 %). Für den um 1300 zu datierenden nordengl. '*Cursor Mundi*' gibt M. S. Serjeantson (a. a. O., S. 136) nur etwas mehr als 6 % an.

[36] Wir schätzen, daß etwa 70 % der ins Englische eingeflossenen franz. Wörter lat. Herkunft sind. Nicht unbeträchtlich ist die Zahl altfränkisch-germanischer Wörter (u. S. 57).

ter (*demand* : *ask*; *deliver* : *free*; *manger* : *crib*) oder anstelle von ihnen (*compose* für ae. *dihtan* [> dial. *dight*], *colour* für *blēo* [> dial. *blee*], *mercy/pity* für *miltse/ār*). Trotz der breiten Streuung der franz. Lehnwörter im engl. Wortschatz kristallisierten sich einige Bereiche heraus, die besonders stark von franz. Lehngut durchsetzt sind. Sie sind Spiegelbild des tiefgreifenden Einflusses der franz.-agn. Kultur und Zivilisation auf das spätmittelalterliche England. Einige Proben aus einer Vielzahl von Beispielen müssen genügen:

1. Staatswesen, Verwaltung, Adel: *state*[37], *empire, reign, rule, royal, authority, office, officer*; *county, country*; *assembly, council, counsellor, commoner*; *city, citizen, mayor*; *treaty, alliance, covenant, agreement*; *tax, revenue, subsidy, money, exchequer, tally*; *chancellor, minister, chamberlain, treasurer, marshal, constable*; *crown, sovereign, monarch, majesty, noble, nobility*, die Bezeichnungen für den Hochadel (*peers*) außer *earl* (< ae. *eorl* mit Lehnbedeutung von an. *jarl*): *baron/baroness*; *viscount/viscountess*; *countess*; *marquis/marchioness*; *duke/duchess* (germ. sind hingegen *king* [< ae. *cyning*] und *queen* [< ae. *cwēn*], franz. aber *emperor, empress*).

2. Rechtswesen: *judge, judgement, just, justice* (aber: ae. *dōm* 'Urteil, Gerechtigkeit' > ne. *doom* 'Schicksal, Verderben'; ae. *riht* > ne. *right*); *crime, vice, trespass* (ae. *synn* > ne. *sin*), *felony, fraud, adultery, perjury*; *court, bar, jury, evidence, charge, plea, suit, sentence, verdict* (< me. *verdit* + lat. *dictum* > ne. *verdict*; vgl. o. S. 47), *forfeit, ransom*; *defendant, advocate, attorney*; *prison, jail/gaol*; *patrimony, heir, heritage, estate*, (goods and) *chattels*.

3. Kirche, Religion, Geistlichkeit: *theology, religion, confession*; *lesson, prayer, sermon, sacrament* (< me. *sacrement* [< afr.] mit Angleichung an lat. *sacrāmentum*); *passion, faith, devotion, temptation, salvation, absolution, immortality*; *chancel, chapter, abbey, convent, cloister*; *preach, pray, repent, convert, sacrifice, adore, confess* (Chaucer); *mercy, pity, piety, sanctity*; *saviour* (doch: *god* [< ae. *god*] und *lord* [< ae. *hlāford* 'Herr']); die Mehrzahl der Bezeichnungen der 7 Haupt- und Todsünden: *pride* (< ae. *prȳd*, sb. zu *prūd* < afr. *prud* mit Umlautkennzeichnung analog zum germ. Typ *fȳlþ/fūl* > ne. *filth/foul*), *vainglory, avarice, cupidity, covetousness, luxury, lechery, fornication, envy, gluttony, ire*.

4. Militär- und Kriegswesen: *army, navy, arms, armament, armour, war*

---

[37] Ne. *state* setzt teilweise me. *estate* mit aphetischem (abgefallenem) *e-* (< afr. *estat* > nfr. *état*), teilweise direkt lat. *status* fort.

(< germ.), *castle, tower, ambush, assault, defend, defence, siege, retreat, guard* (< germ.), *garrison* (< germ.), *fortress, fort, artillery* (Chaucer), *company, regiment* ([14. Jh.] 'rule, government'; [16. Jh.] 'army unit = dt. Regiment'), *lieutenant, captain, general, marshal* (< germ.). Erst in ne. Zeit werden Wörter wie *troop, battalion, infantry, attack, combat* (sämtlich 16. Jh.) entlehnt.

5. Wissenschaft und Kunst: *university, college* (< afr. *college* oder lat. *collēgium*), *lecture, library* (Chaucer); *medicine, physic, physician, surgery, stomach, apothecary, pestilence, jaundice, palsy* 'paralysis' (< me. *palesi/parlesi* < afr. *paralisie* < rom. **paralisia* < lat. < griech.), *contagion; engineer; palace, chamber, column* (Lydgate hat *columpne* [< afr.], mit lat. *columna* gekreuzt); *story, romance, chronicle* (< agn.), *prose, comedy* und *tragedy* (Chaucer); *paper* (< agn.), *chapter, volume, title, page, preface* (Chaucer), *copy*.

6. Speisen, Mode: *beef, mutton, veal, pork* (im Engl. eingeschränkt auf Bezeichnung der Fleischsorte; Tierbezeichnungen sind germ.: *ox, sheep, swine/sow/pig* [*hog* 'castrated swine, barrow-pig' ist wahrscheinl. kelt. Herkunft; vgl. kymr. *hwch* 'pig']), *sausage, bacon* (< germ.), *loin* (< germ.), *haunch* (< germ.), *poultry; orange, grape* (< germ.); *confection; salmon, sardine, sturgeon* (< germ.), *mackerel, oyster; vinegar, mustard, spice, nutmeg; roast* (< germ.), *boil, fry, grate, mince; feast, dinner, supper* (< germ.); *gown, cloak, frock* (< germ.), *button, embroidery* (< germ.), *brooch; diamond, beryl, pearl*.

Häufig kam es zu Neuentlehnungen (Doppelentlehnungen; o. S. 35 ff.). So traten *money* 'Geld' (< agn. *muneie* < lat. *monēta*) neben *mint* 'Münzstätte' (< ae. *mynet* < lat. *monēta*), *vine* 'Weinrebe' (< afr. *vine* [> nfr. *vigne*] < lat. *vīnea* 'vineyard, vine') neben *wine* 'Wein' (< ae. *wīn* < lat. *vīnum*), *offer* 'anbieten' (< afr. *offrir* < lat. *offerre*) neben ae. *offrian* 'opfern' (< klat. *offerre* [> ne. Ø]). Bei ne. *rich* 'reich' handelt es sich offenbar um eine Kontamination (Kreuzung) von ae. *rīče* (mit [langem] *i:* und *tʃ*) und afr. *riche* (mit [kurzem] *i*) > ne. [ritʃ]. In Fällen wie ne. *sign, gem, giant, place, organ* 'Orgel' usw. verdrängten die me. [< afr.] Formen die ae. (vgl. ae. *segn, gim, gīgant, plætse, organa*).

Bisweilen bewahren franz. Lww im Englischen ältere Lautmerkmale als ihre neufranz. Entsprechungen. So zeigen *beast, feast, spine* 'Dorn', *haste, arrest, cloister, cost, coast, forest, tempest, hostel* (aber: *hotel* < nfr. *hôtel*, Erstbeleg 1644) usw. das im kontinentalen Französisch gegen 1200 vor stimmlosen Konsonanten verstummte *s* (vgl. franz. *bête, fête, épine, hâte, arrêter, cloître* usw.). In Fällen wie *chamber, chase, Charles, judge, just, justice, journey* hat sich der Dentalvorschlag erhalten, der im Französischen des 13. Jhs. aufgegeben wurde (vgl. franz. *chambre, chasser, Charles, juge, juste* usw.). Jüngere Entlehnungen haben ihn nicht: *machine* (1549), *chamois* (1560), *moustache* (1585), *beige* (1858). Das zuerst bei Robert of Gloucester (1297) belegte Lw *chivalry* 'cavalry; knighthood; knightliness' hat (wie das Adjektiv *chivalrous*) in ne. Zeit unter dem Einfluß von nfr. *chevalier* eine *t*-lose Aussprache entwickelt (= Lautsubstitution): [' ʃivəlri]. Auf ähnliche Weise hat das Englische Wörter erhalten, die auf dem Festland ausgestorben sind oder heute als Archaismen gelten. Hierher gehören z. B. ne. *barber* 'Barbier' < me. *barber* < agn. *barber/barbour* (< mlat. *barbātōrem*, zu *barba* Bart'); ne. *bargain* < afr. *bargai(g)ne* (zu germ. **borganjan* 'borgen'); ne. *certainty* < agn. *certainte*, im Franz. durch das gelehrte Wort *certitude* ersetzt; ne. *deface* < (a)fr. *defacer* < *desfacier* (> nfr. Ø, dafür *défigurer* < afr. *desfigurer* [> me. *disfiguren* > ne. *disfigure* 'entstellen']); ne. *able* < afr. *able* (< lat. *habilis* > nfr. *habile* 'geschickt, gewandt').

Nicht unbedeutend ist die Zahl der germanischen, zumeist ahd.-altfränkischen Wörter, die über das Agn./Afr. ins Englische einflossen (Entlehnungsvorgang: [w]germ./ahd. > [rom.] > afr./agn. > me. > ne.). So wurde *fresh* (Erstbeleg Orrm 1200) aus ahd. *frisc* (< wgerm. **friskaz*) über afr. *freis* m. / *fresche* f. (> nfr. *frais/fraîche*) ins Me. entlehnt. Das ae. *fersc* hatte die Bedeutung 'ungesalzen', setzt sich also nur mittelbar in me./ne. *fresh* fort. Zu dieser Gruppe gehören *war* (vgl. ahd. *werra* 'Streit, Wirrwarr'); *wardrobe, guard, guardian, warden* (alle zur Wurzel wgerm. **ward-* 'beobachten'); *warrant, guarantee* (zu ahd. *gaweri* 'Bürgschaft'); *blank, blue, brown*, vielleicht auch *blond*; *frank* 'aufrichtig, urspr.: frei' (Adj. zum Volksnamen der Franken 'die Freien', d. h. 'Herrenschicht im gallischen Frankreich'); *choice* (< afr. *chois*, zu germ. **kaus-* 'Wahl'; vgl. ae. *čēosan* > ne. *choose*), *beadle* (vgl. nhd. *Büttel*), *coat* (vgl. dt. dial. *Kotze*), weiter u. a. auch *flank, marshal, bargain, garnish, seize, spy, soup, guide, frock, helmet, rob, robe, haunch, hauberk* 'Harnisch' (< afränk. **halsberg* 'Halsschutz'), *grape, sturgeon* 'Stör'. Ne. *carouse* 'zechen' wurde 1559 aus franz. *carrousse* entlehnt, das auf württ.-schwäb., durch Landsknechte vermitteltes *garaus* (trinken) = 'Ruf zum Verlassen der Wirtschaft' zurückgeht. Wahrscheinlich aus dem an. *jól* 'yule, Weihnachtsfest > Festfreuden' stammt das über afr. *jolif* (> nfr. *joli*) ins Englische gekommene *jolly* 'lustig, fidel', ein Wikingerwort, das auf die Sprache der skandinavischen Eroberer der Normandie zurückgehen könnte.

Das franz. Lehngut im Englischen ist entweder nordfranz. (normannischer) oder zentralfranzösischer Herkunft[38]. Die Normannen, die gegen 911 in der Normandie Fuß faßten, erlernten den nordfranz. Dialekt ihrer neuen Heimat und brachten ihn mit der Eroberung der britischen Insel (1066) nach England, wo er sich unter geringer Beeinflussung durch das Englische zum Anglonormannischen weiterentwickelte[39]. Da sich an Wilhelms Invasion auch Sprecher anderer nordfranz. Mundarten beteiligten, finden sich im Agn. z. B. auch pikardische Einsprengsel. Erst seit dem 13. Jh. gewinnt das Pariser Französisch (das Franzische), die historische Basis der nfr. Schriftsprache, Einfluß auf das Mittelenglische und drängt das zum 'Provinzdialekt' herabgesunkene Agn. allmählich zurück. Während das Agn. vor allem Alltagswortgut stellte (*carpenter, carry, paint, pray, forest, lantern*), stammen zahlreiche gelehrte Ausdrücke aus dem Zentralfranz. (*affability, contumely* [Chaucer], *debility, disparagement*). Noch heute widerspiegelt das franz. Lg im Englischen mundartliche, bereits auf dem Kontinent vorgebildete Sonderformen. So weist die Erhaltung des *k*-Lautes in *catch* 'fangen' auf agn. Lautverhältnisse (< agn./anordfr. *cachier* < rom. *captiāre, zu lat. *captāre* und *capere* 'fassen, fangen'), während *chase* 'jagen' mit seiner Assibilata zfr. ist (< afr. *chacier* > nfr. *chasser*); ebenso bei *cattle* 'Vieh' und *chattel(s)* 'Besitz' (< mlat. *capitāle*). Agn. Herkunft sind auch *garden* (< germ.), *carpenter, car* (vgl. franz. *jardin, charpentier, char*), zfr. Herkunft *chapel, chair, jail* (die Schreibung *gaol* ist agn.). Das breite [ʃ] verweist *finish, polish, punish, accomplish, abolish* usw. in das Nordfranz.-Agn., ebenfalls *w* (für zfr. *gu*) in Wörtern germ. Herkunft wie *war, warden, warrant, wardrobe* (vgl. aber franz. *guerre* 'war'; ne. *guard, guaranty, guarantee* usw.). Agn. *rail* 'necken' und *soil* 'beschmutzen' stehen fast gleichbedeutendem zfr. *rally* und *sully* gegenüber.

Franz. Einfluß betraf auch die Schreibung ([Ortho]graphie). Beim Abschreiben (Abfassen) engl. Manuskripte übertrugen die agn. Schreiber ihre Schreibgewohnheiten auf die engl. Texte. So wurde der *ü*-Laut (ae. y)

---

[38] Provenzalische Lww, über den Weinhafen Bordeaux vermittelt, sind *funnel* 'Trichter' (< prov. *fonilh* < lat. *(in)fundibulum*, zu *infundere* 'hineingießen'), *cullender* (*colander*) 'Sieb', *spigot* 'Faßzapfen'.
[39] Im 14./15. Jh. erstarrt das Agn. zur Amtsschriftsprache und findet sich ne. nur noch in der Gerichtssprache, deren *Law Reports* bis 1731 auf französisch abgefaßt wurden. – Literatur zum Anglonormannischen bei H. Weinstock, *Mittelenglisches Elementarbuch*, Berlin 1968 (Göschen 1226/1226a/1226b), S. 50 und Brunner I, S. 131.

auch im Englischen durch *u* (ae. *cyssan* 'kiss' > me. *cussen* wie afr. *juste*
> me. *just* und afr. *duc* > me. *duke*), die Assibilata [tʃ] (ae. *c*) durch *ch*
(ae. *čild* > me. *child* wie afr. *chisel* > me. ne. *chisel* 'Meißel') wiedergegeben. Auch die *ou-*, *ie-* und *ea-*Digraphe beruhen auf afr./agn. Vorbild
(*soup/ house, fierce/ field, peace/ seat*). Vgl. hierzu Brunner I, 134 ff.,
F. Mossé, '*Mittelengl. Kurzgrammatik*' (München, 1973), S. 30 ff.

Da die franz. Wortbetonung anderen Gesetzmäßigkeiten folgt(e) als die
englische, aus dem Germanischen ererbte, kam es in zahlreichen Fällen
zur Akzentverlagerung. Keine Schwierigkeiten boten zweisilbige Wörter
mit dem Ton auf der ersten Silbe (*āble, āge, tāble*). Bei den Zweisilbern
mit dem Akzent auf der zweiten Silbe ergab sich entweder Verlagerung
des Tons auf die erste Silbe nach germ. Verfahren (z. B. in ne. *hónour*,
aber: franz. *honnéur*, agn. *anóur*, afr. *(h)onór* < lat. *honōrem*; so auch
bei *city, cattle, gentle, fury, pity, season, reason* usw.), oder die franz.
Druckverteilung wurde – spez. bei präfigierten Wörtern – beibehalten
(z. B. *devóut, renówn, accórd, assént, decrée, retúrn* sb. [< agn. *retúrn*]).
Ähnlich verhielten sich Dreisilber: Verlagerung des Tons auf die Anfangssilbe beim Typ afr. *natúre* (Akzent auf der Mittelsilbe) > me.
natúre > *nātiùr* > *nātir* > ne. *nature* ['neitʃə] (ebenso: *country, office,
parish, tavern*) oder Beibehaltung des Akzents auf der zweiten Silbe (nach
den stammbetonten afr. Präsensformen): me. *arríven* > ne. *arríve*, me.
inspíren > ne. *inspíre*, me. *retúrnen* > *retúrn* vb. Die Dreisilber mit
dem Hauptton auf der letzten Silbe und einem Nebenton auf der ersten
tauschten den Akzent aus (agn. *bàchelér* > me. *báchelèr*) und gaben den
Nebenton schließlich auf: > me. *bácheler* > ne. *bachelor* ['bætʃələ] (ähnlich: *officer, sovereign, patient, glorious*). Bei den Viersilbern stehen sich
die Typen ne. *mélody* < me. *mélodìə* und *felícity* < me. *felícitè* gegenüber. Ehemalige Fünfsilber tragen den Ton häufig auf der zweiten Silbe:
ne. *apóthecary* < me. *apótecàrie*. Vgl. hierzu die übersichtliche Darstellung bei R. Berndt, '*Einführung in das Studium des Mittelenglischen*'
(Halle, 1960), S. 78 ff., weiter: Brunner I, S. 280 ff.

Die Anglisierung des franz. Akzentsystems müssen wir uns – ähnlich die
lautliche Assimilierung – als einen langsamen und oft uneinheitlichen
Prozeß vorstellen, der volkssprachlich wohl schneller als in gebildeten,
des Französischen (Anglonormannischen) kundigen Kreisen vonstatten
ging. Mit dem Eintritt der großen Lautverschiebungen, die das Frühneu-
englische vom Mittelenglischen trennen, kann der Angleichungsvorgang
aber im großen und ganzen als abgeschlossen gelten. Sicher ist, daß die

unterschiedlichen Betonungsmöglichkeiten lange Zeit Doppelformen nebeneinander existieren ließen, was von me. Dichtern gern zu Reimzwecken
genutzt wurde[40]. Die Integration in das angestammte germ. Betonungs-
system ist bei zwei- bis viersilbigen Wörtern besonders deutlich: gewöhnlich fällt der Ton auf die Anfangssilbe (*cíty, óffice, málady*) oder wie bei
germ. Wörtern mit unbetonter Präfix (*abíde, behóld, forbíd*) auf die
zweite Silbe (*retúrn, devíse, condítion*). Die Druckverlagerung ermöglich-
te tiefgreifende, den Wortkörper im Laufe der Zeit oft stark verkürzende
lautl. Veränderungen, wie etwa bei: afr. *bataille = ba-táil-le* > me. *ba-
tái-le* > *bá- tail, bát-tel* > ne. *báttle* ['bætl].

Die seit dem 16./17. Jh. eingeflossenen franz. Lww unterscheiden sich
häufig von den spätma. (me.) Entlehnungen durch ihre Lautgestalt (auch
Betonung). Sie widerspiegeln den zivilisatorischen und kulturellen Einfluß Frankreichs auf England seit der Renaissance. Dem Bereich Militärwesen gehören z. B. an: *trophy* (1513), *pioneer* (1523), *pilot* (1530), *sally*
'Ausfall' (1542), *colonel* (1548; < it. *colonnello*), *cartridge* (1579), *fan-
fare* (1605), *parole* (1616), *dragoon* (1622), *brigade* und *platoon* (1637),
enfilade und *bivouac* (1706; letzteres vielleicht schweizerdeutsch *Bei-
wacht*), *corps* (1711), *espionage* (1793), *depot* (1794), *fusillade* (1801),
communiqué (1852), *franctireur* 'Freischärler' (1870), *camouflage* 'Tar-
nung' (1917). Den Gebieten Kunst, Kultur und Lebensweise entstammen
u. a. *promenade* (1567), *vogue* (1571), *esprit* (1591) *madame* (1599),
façade (1656), *début* (1751), *fête* (1754), *polonaise* (1773), *parquet* (1816),
café 'coffee- house' (1816), *atelier* (1840), *aperçu* (1882), *première* (1895);
politische Termini sind *bourgeois* (1564), *régime/regime* (1776), *émigré*
(1792), *guillotine* (1793), *socialist* (1833), *socialism* (1839), *communist*
(1841; eine Bildung E. Cabets), *entente* (1844), *militarism* (1864), *chauvi-
nism* (1870), *milieu* (1877), *détente/detente* 'Entspannung' (1908). Franz.
Mode widerspiegeln *portmanteau* 'Handkoffer' (1584), *velours* (1706),
toupet (1728), *rouge* 'Schminke' (1753), *lorgnette* (1820), *blouse* (1828),
crinoline (1830), *chiffon* (1890); Speisen usw. *fricassee* (1568), *champagne*
(1664), *casserole* und *croquette* (1706), *bonbon* (1818), *menu* (1837),
fondant (1877).

---

[40] In einer Reihe von Fällen hat (bei franz. wie lat. Lww) die Sprache die Existenz von solchen Doppelformen zur Wortartunterscheidung (*rébel* sb. und *rebél*
vb., ähnlich: *cónduct* sb. / *condúct* vb., *fréquent* adj. / *frequént* vb., *ábsent* adj. /
absént vb.) und Bedeutungsdifferenzierung genutzt (*désert* 'Einöde' / *desért*
'verlassen').

Zahlreiche der erst in ne. Zeit, besonders seit dem 18. Jh. übernommenen franz. Lww verraten ihre Herkunft durch Bewahrung franz. Laute und Phonem- bzw. Graphemfolgen, auch Akzente. Andere wiederum haben ihr fremdes Lautgepräge in unterschiedlichem Maße aufgegeben. Nfr. *détente* z. B. ergab, 1688 entlehnt, ne. *detent* 'Sperrhaken' [di'tent], in seiner 1908 neu entlehnten Form *détente* 'politische Entspannung' lautet es [de'tã:t]. Bei den Homographen (u. S. 122) *buffet* 'blow' (13. Jh.) und *buffet* 'refreshment bar' (19. Jh.) stehen sich die Aussprachen ['bʌfit] und ['bufei] gegenüber; *buffet* 'sideboard' (18. Jh.) hat auch die Aussprache ['bʌfit] angenommen. *Beau* 'Stutzer' (1687) wird [bəu] ausgesprochen, me. entlehntes adj. *beau* 'schön' (vgl. *'beautiful'*) und *beauty* sb. sprechen sich [bju:] aus. *Adieu* (14. Jh.) lautet [ə'dju:], *milieu* (1877) ['mi:ljə:] oder [miljø]. Vor allem haben Wörter mit Nasalvokal (etwa *rapprochement, en passant, détente*), solche mit der Graphemfolge Kons. + *ée* oder *é* (*née* [nei] 'geborene' [+ Mädchenname], *decolleté, écarté* 'Kartenspiel') und -*et* (*cabaret* ['kæbərei], *bouquet*) und Ableitungen auf -*age* (*camouflage* ['kæmuflɑ:ʒ], *sabotage*) ihre franz. Aussprache weitgehend bewahrt. Bei nachme. Entlehnungen fehlt der Dentalvorschlag (*machine* [1549], *moustache* [1585], aber *Charles, chair* [me.]). Typische Gallizismen sind auch *aperçu, façade, déshabillé/dishabille* 'Negligé' usw. Daneben stehen stärker 'eingeenglischte' Wörter wie *picnic* (1748), *complaisance* (1651), *brigade* (1637). Von besonderem Interesse sind jene Lww, wo Aussprachevarianten unterschiedlicher Integrationsstufe nebeneinander bestehen. Etwa *garage* (1902): ['gærɑ:ʒ > 'gærɑ:dʒ > 'gæridʒ] oder *restaurant* (1827): ['restərɔ̃:ŋ/-rɔ:ŋ > -rɔŋ > 'restərɔnt/-ənt]. An solchen Alltagswörtern vollzieht sich gewissermaßen vor unseren Augen ein Prozeß, der in me. Zeit und danach zur Assimilation von Tausenden von franz. Lehnwörtern führte, die zum unverzichtbaren Bestandteil der lebenden englischen Sprache geworden sind.

Für das AE typisch sind eine Reihe franz. Lww, die sich aus dem Einfluß des Mutterlandes, aber auch Kanadas und des Mississippi-Gebietes (Louisiana), das 1682 von de la Salle für Frankreich in Besitz genommen wurde, auf das englischsprachige Gebiet der heutigen USA erklären. Sie widerspiegeln die Erlebniswelt der *voyageurs*, der *coureurs de(s) bois*, einige auch das städtische Leben von New Orleans (1717 gegr.) als Abbild franz.-europ. Kultur und Zivilisation. Zu den ältesten Entlehnungen zählt *caribou* 'nordamerik. Rentier', das 1672 über das kanadische Französisch aus der Sprache der Micmac-Indianer (*khalibu*) vermittelt wurde. Auf gleichem Wege kam *toboggan* 'Rodelschlitten' (1829) aus dem Micmac in das AE[41]. *Pompion* (< fr. < lat. < gr.) war bereits 1647 in der Form *pumpkin* ('Kürbis') entlehnt worden. 1698 folgte *portage* 'Boots-transport'. Aus dem 18. Jh. stammen u. a. *bureau, prairie* (Erstbeleg 1773, von Southey 1815 als Amerikanismus zugunsten von *savanna(h)* < span. *zavana* abgetan, 1827 als Buchtitel bei Cooper), *rapids* 'Stromschnellen', die Münznamen *cent, dime, mill,* die unmittelbar aus dem europäischen Französisch übernommen sein könnten. *Praline* (nach dem Comte de Plessis-Praslin [† 1675], dessen Koch die Pralinen erfand) erscheint im BE bereits 1727, 1809 wurde es ins AE entlehnt. Franz. sind weiter *crevasse* 'break in a levee [of the Lower Mississippi]' (1814), *coulee* 'klei-nes Flußbett', *depot* 'railroad station', *chowder* 'Fischsuppe' < *chau-dière.*

Zum französischen Lehnwortgut: Brunner I, 112–143, 147–149, 278 ff.; Baugh, 200 ff., 272 f. et passim; Strang, 25 ff., 31 f., 92 f. et passim; Serjeantson, 104 ff.; Sheard, 194 ff.; McKnight, 122 ff.; Jespersen, 84 ff.; Koziol, 34 ff.; Aronstein, 8 ff., 16 f.; Weekley, 64 ff.; Groom, 27, 36 ff., 123 et passim; Potter, 34 ff.; Leisi, 47 f., 50; Bähr, 75 f.; *OPr.*, 124 ff.

K. Hoevelmann, *Zum Konsonantismus der afr. Lehnwörter in der me. Dichtung des 14. u. 15. Jhs.* (Diss. Kiel, 1903); R. E. Zachrisson, *A Contribution to the Study of Anglo-Norman Influence on English Place-Names* (Lunds Univ. Ars-skrift, 1909); R. Mettig, *Die franz. Elemente im Alt- und Mittelenglischen* [800–1258] (1910); O. Funke, 'Zur Wortgeschichte der franz. Elemente im Englischen', *Engl. Studien* LV (1921), 1–25; S. H. Bush, 'Old Northern French Loan-words in Middle English', *Phil. Quart.* I (1922), 161 ff.; E. Slettenger, *Contributions to the Study of French Loanwords in Middle English* (Örebro, 1932); R. Feist, *Studien zur Rezeption des franz. Wortschatzes im Mittelenglischen* (Leipzig, 1934); F. Mackenzie, *Les Relations de l'Angleterre et de la France d'après le vo-cabulaire,* 2 Bde. (Paris, 1939); K. Luick, 'Über die Betonung der franz. Lehn-wörter im Mittelenglischen', *GRM,* 9 (1921), 14 ff.; Bror Danielson, *Studies in the Accentuation of Polysyllabic Latin, Greek and Romance Loan Words in English* (Stockholm Studies in English III, Stockholm, 1948); H. Käsmann, 'Zur Rezep-tion franz. Lehnwörter im Mittelenglischen', *Anglia,* 76 (1958), 285–98; ders.: *Studien zum kirchlichen Wortschatz des Mittelenglischen 1100–1350. Ein Beitrag zum Problem der Sprachmischung,* Anglia Buchreihe 9 (Tübingen, 1961); A. Ksoll, *Die franz. Lehn- und Fremdwörter in der engl. Sprache der Restaurationszeit* (Diss. Breslau, 1933); P. Leidig, *Franz. Lehnwörter und Lehnbedeutungen im Englischen des 18. Jhs.* (Bochum-Langedreer, 1941); F. van Draat, 'Jüngstes franz. Lehngut', *Engl. Studien* (1938), 321 ff.; R. Berndt, 'The Linguistic Situa-

---

[41] Franz. Schreib- und Lautform zeigen auf indian. Wörter zurückgehende Orts-namen wie *Chicago* und *Michigan* mit [ʃ] und *Arkansas* mit stummem Schluß-s.

tion in England from the Norman Conquest to the Loss of Normandy (1066–1204)' in: R. Lass, ed. *Approaches to English Historical Linguistics* (New York, 1969), 369 ff.; A. A. Prins, *French Influence in English Phrasing* (Leiden, 1952); zum franz. Einfluß auf das AE: H. L. Mencken, *The American Language*, One-Volume Abridged Edition, 2.1.2., 104–07, 123 f., 190 f., 254, 648 f.; A. H. Marckwardt, *American English* (New York, 1958), 33 ff.

10. Das übrige romanische Lehnwortgut

Im Vergleich zum franz. Lehngut im Engl. spielt das der übrigen rom. Sprachen nur eine untergeordnete Rolle. Das *CED* registriert 788 (0,98 %) ital., 579 (0,72 %) span. und 117 (0,15 %) portug. Wörter; dieser Prozentsatz hält sich im *ALD* in nahezu gleicher Höhe (0,9 % : 0,6 % : 0,13 %). In die *GSL* sind nur *manage* und Ableitungen, *scenery* und *umbrella* aus dem Ital. und *tobacco* aus dem Span. (< karib.) eingegangen.

Die ältesten i t a l i e n i s c h e n Lww kamen über das Altfranz. ins Englische, unter ihnen aus dem 14. Jh. *alarm* (< afr. *alarme* < it. *allarme* 'zu den Waffen'), *brigand* 'Straßenräuber' und *million* (Langland, Chaucer), *race* folgte um 1500 (< franz. *race* < it. *razza*). In der Tudorzeit kam es zu den ersten unmittelbaren sprachlichen Kontakten, gefördert durch den regen Handelsverkehr mit Venedig, das die flandrischen Galeeren ansteuerten. Unter ihnen finden sich *scope* (1534), *ballot* urspr. 'ball used in secret voting' < it. *ballotta* 'Bällchen', *gondola, carnival* und *lazaretto* (sämtlich 1549), *cavalier* (1560), *manage* (1561) < it. *maneggiare* 'ein Pferd zureiten' (vgl. dt. *Manege* < franz. < it.), *mountebank* 'Marktschreier' < it. *montambanco* (1577), *duello/duel* (1588/1591), *bandit* (1593 Shakespeare). Aus dem 17. Jh. stammen u. a. *umbrella* eig. 'kleiner Schatten > Regenschirm', *ditto, volcano, granite, profile, vista, gusto*, aus dem 18. Jh. *imbroglio* 'Verwicklung', *lotto, torso, casino, tempo, influenza*, aus dem 19. und 20. Jh. *replica, risotto, spaghetti, piccolo, fiasco, tombola, inferno, pizza, fascist, autogiro*. Zahlreich sind die Bezeichnungen aus der ital. Musik, Kunst und Literatur, unter ihnen *sonnet* (1557 Surrey) < it. *sonetto, miniature* (1586), *stanza* und *madrigal* (1588), *motto* (1589), *canto* und *canzone* (1590), *opera* (1644), *sonata, solo, piano* adv. (1683), *presto, vivace, soprano, pianoforte* (1767), verkürzt zu *piano* (1803), *fantasia, pastorale, toccata, trio, adagio, piccolo, legato, prima donna, virtuoso, scherzo, loggia, studio, grotto, piazza* 'it. Stadtplatz' > engl. 'Arkade' und (AE) 'Veranda', *balcony*. Aus dem Bankwesen stammen u. a. *bankrupt* (1539) < it. *banca rotta* 'zerbrochene Bank', *bank* 'Bank' (< germ.), *dispatch* < it. *dispacciare*, *portfolio*. Viele weitere it. Wörter gelangten über das Franz. ins Englische, so *traffic, artisan, partisan, battalion, attack, risk, fugue, buffoon, grotesque* (zu it. *grotta*).

Erwähnenswerte Entlehnungen aus dem S p a n i s c h e n setzen nicht vor dem 16. Jh. ein, treten aber sofort in größerer Zahl auf. Das erklärt sich aus dem raschen Aufstieg Spaniens zur See- und Weltmacht und seinen Beziehungen zu England. Queen Mary († 1558) war Tochter Katharinas von Aragon und Gemahlin Philipps II. Aus den span. Kolonisationsgebieten stammen Wörter wie *cannibal* (1553) < span. *Canibal[es]* < Völkername der *Karibier, savanna[h]* (1555) < span.-karib. *zavana, canoe* (1555) < span.-haitisch *canoa, potato* (1565) < span. *patata* < hait. *batata, maize* (1565) < span.-kuban. *maiz, tobacco* (1577) < span. *tabaco* = karib. Bezeichnung für 'Tabakpfeife' bzw. eine Art 'Zigarre', *guano* (1604) < Quichua *huanu* 'Dünger', *ananas* (1613) < span.-peruan., *barbecue* (1697) < span.-hait. *barbacoa, pampa* (1704) < span.-peruan. Span. Herkunft sind auch *armada* (1533), *negro* (1555), *breeze* (1565) 'leichter Wind, Brise', *masquerade* (1587), *embargo* (1602), *condor* (1604), *guitar* (1621), *junta* (1623), *picaroon* (1624) 'pirate, rogue', *cargo* (1657),*vanilla* (1662), *demarcation* (1727), *cigar* (1735), *picaresque* (1810), *guerilla* (1809), *camarilla* (1839), *tango* (1913), *Caudillo* (1938) 'Titel Francos' (it. *Duce* und dt. *Führer* entsprechend) < lat. *capitellum*, Dim. zu *caput* 'Haupt'.

Zu den p o r t u g i e s i s c h e n Lww im Englischen gehören *marmalada* (1480), das über das Franz. vermittelt wurde (< port. *marmelada* zu *marmelo* 'Quitte'), *flamingo* (1565) < port. *flamengo, buffalo* (1588), *guinea* ['gini] (1598) 'Guinea' > 'Münze aus guineanischem Gold' (1663), *port* (1691) 'Portwein' < port. *O Porto* 'der Hafen' (Stadtname), *tapioca* (1707) 'Cassava-Mehl; arrowroot' [< indian.], *palaver* (vb. 1733, sb. 1735) < port. *palavra*, zu lat.-gr. *parabola* (vgl. franz. *parole*, it. *parola*), *commando* (1834), port. oder span. ist *caste* (1555, in der Bedeutung 'Kaste' 1613 belegt). Indisch-asiatische, über das Port. entlehnte Wörter sind z. B. *teak* 'Teakholz', *tank* (1616) 'Tank' (als Tarnwort für 'Panzer' erst 1915), *veranda[h]* (1711).

Die Begegnung mit der spanisch-mexikanischen Welt in den heutigen Südstaaten der USA führte seit dem 18. Jh. zur Übernahme von mehreren hundert span. Wörtern in das AE, darunter auch solchen indianischer Herkunft. Viele von ihnen sind auf die südlichen Sprachgebiete beschränkt. Hinzu kommen zahlreiche Ortsnamen, darunter so bekannte wie *Florida* (eig. 'blühendes Land', 1819 von den USA von den Spaniern erworben), *California, San Francisco, Los Angeles, San José (de Guadelupe), Santa Fé, Santa Monica, Sacramento*, auch *Nevada* und *Colorado*. Während ein Teil der span.-amerikanischen Wörter auch in das BE gelangten (so *potato* < span. *patata* < hait. *batata* 'Batatas edulis = sweet or Spanish potato [mit Übertragung auf Solanum tuberosum = Speisekartoffel]') oder gar internationale Geltung erhielten (wie etwa *chocolate* < span. *chocolate* < aztek. *chocolatl*), bewahrten andere ihren typisch amerikanischen Charakter. Zu ihnen gehören Bezeichnungen aus der Hacienda-Kultur: z. B. *hacienda* 'Gutshaus' (< lat. *facienda*, Gerundiv zu lat. *facere* 'machen' [1808]), *ranch/rancho* 'Viehfarm' (1808; urspr. 'Tischgemeinschaft von Matrosen'), *rodeo* 'Viehmarkt; Wildwest-Vorführung' (1851) < span. *rodeo* (zu lat. *rotāre* 'drehen'), *stampede* 'panikartige Flucht [von Vieh]' (1844) > vb. *stampede* < mex.-span. *estampida* 'Aufruhr' (letztlich germ. *stampjan 'stampfen'), weiter: *chaparral* 'Dickicht von Dornengebüsch', *lasso* (verwandt mit engl. *lace*), *corral* 'Viehpferch; Wagenring', *sombrero* 'breitrandiger Hut' (letztlich lat. *sub* 'unter' + *umbra* 'Schatten'), *poncho* 'Regenmantel' (< indian.). Span. Herkunft ist auch *cafeteria* 'coffee shop; Selbstbedienungsladen' (1839), das eigenwillige Analogiebildungen nach sich zog, wie *snacketeria, groceteria, smoketeria, bobateria* (zu AE *bob one's hair*). Vgl. weiter *pueblo* 'mehrstöckige Gemeinschaftshäuser der Puebloindianer; Stadt', *bonanza* 'Goldgrube; Glück(ssträhne)', *desperado, marijuana, coyote, creole* 'Kreole', *mulatto, octoroon, quadroon, Chicano* 'Spanish speaking immigrant in the USA' (1970), *mustang* 'wildes Präriepferd'.

Zum ital., span., port. und prov. Lehnwortgut: Brunner I, 157 ff.; Baugh, 274 f.; Strang, 30 ff. et passim; Serjeantson, 183 ff.; Sheard, 255, 273, 299 ff. et passim; McKnight, 140 ff.; Koziol, 38 f.; Weekley, 64 ff.; Groom, 174 ff.; Leisi, 50; OPr., 144 ff.; M. Praz, 'The Italian Influence in English', *Essays and Studies by Members of the Engl. Association XV* (1929), 20 ff.; H. W. Bentley, *A Dictionary of Spanish Terms in English, with Special Reference to the American Southwest* (New York and Oxford, 1932); A. H. Marckwardt, *American English* (New York, 1958, 5th printing 1965), 40 ff.

11. Das übrige europäische Lehnwortgut

Nennenswerte Entlehnungen aus den übrigen europäischen Sprachen stellte das Slawische, speziell R u s s i s c h e. Unmittelbare slawisch-englische Lehnbeziehungen setzen jedoch nicht vor dem 16. Jh. ein, ihnen voraus gehen zwei mittelbare Entlehnungen: russ. *tapór* 'Axt' taucht, von Wikingern mit nach England gebracht, in der ae. Chronik A 1031 auf (*an mann . . . habbe ane taper-æx on his hande*), russ. *sóbolj* 'Zobel' (= lit. *sàbalas*) ist im 15. Jh. als *sable* > ne. *sable* (< afr. *sable* < mlat. *sabelum*)belegt. Als Ergebnis wachsender Handelsbeziehungen wurden im 16. Jh. mehrere Lww übernommen, unter ihnen *kvass* 'russ. Bier' (in Chancellors 'Book of the Empire of Russia', bei Hakluyt), *rouble* (1554), *czar* (< lat. *Caesar*; vgl. dt. *Kaiser*) und *verst* 'russ. Längenmaß, Werst' < russ. *verstá* (beide 1555 in Edens 'Decades'), *beluga* (1591) 'Weißstör, Weißwal' (< russ. *belúga*, zu *bélyi* 'weiß'). Weitere russ. Lww sind u. a. *steppe* (1671), *ukase* (1729) 'Anordnung, Ukas', *vodka* (1802) eig. 'Wässerchen', *samovar* (1830) eig. 'Selbstkocher', *troika* (1842) 'Dreigespann', *pogrom* (1905), *soviet* (1917) 'Rat, Soviet', *bolshevik* (1917) 'Mehrheitsparteiler, Bolschewik', *intelligentsia/intelligentzia* (1920) 'Intelligenz als sozialer Stand', *sputnik* (1957), eig. 'Reisegefährte, Satellit'. Die Gesamtzahl russ. Lww wird im *CED* mit 77, im *ALD* mit 22 angegeben, hinzu kommen im *CED* 14 weitere Lww aus anderen slawischen Sprachen (4 im *ALD*), darunter *mazurka* (1818) aus dem Polnischen. Engl. *gherkin* 'Gewürzgurke' (1661) ist westslaw. (vgl. poln. *ogórek*), gelangte aber über das Ndl. ins Englische.

Zum slawischen Lehnwortgut: Brunner I, 160; Strang, 94 et passim; Serjeantson, 209 ff.; Sheard, 267; McKnight, 143 f.; Weekley, 70; Koziol, 39; OPr., 148.

12. Das außereuropäische Lehnwortgut

Das nicht-europäische Lehngut macht im *CED* 2 % aus (ca. 1600 Lww), im *ALD* 1,1 %. In der *GSL* finden sich nur drei indirekte Entlehnungen: *coffee* (< ndl. < türk. < arab.), *tobacco* (< span. < karib.) und *tea* (< ndl. < chin.). Den größten Einzelanteil stellt das Arabische mit 202 Lww (*CED*), 44 (*ALD*) und 1 (*GSL*)[42].

---

[42] W. Taylor (S. P. E. Tract 38) spricht von etwa 1000 arabischen Grundwörtern im historischen englischen Wortschatz. Von ihnen gelten aber über Zweidrittel als ausgestorben oder kommen nur sehr selten vor. Die meisten sind indirekte Entlehnungen.

Das zu den semitischen Sprachen gehörende A r a b i s c h verbreitete sich nach der Einigung Arabiens durch Mohammed († 632) über ganz Nordafrika bis tief nach Asien. 711 fiel Tariq ibn Ziad, der Gibraltar seinen Namen gab (*Gabal al-Tarik* 'Tariksberg'), nach Spanien ein; 732 wurden die Araber bei Tours in Frankreich geschlagen, hielten sich aber in Spanien bis 1492. Als Hauptträger des Islam wirkte ihre Kultur und Sprache über Spanien, Frankreich und Italien auf Europa ein. Seit dem 8. Jh. wurden die Werke der griech. Philosophen ins Arabische übertragen und an das Abendland vermittelt; ähnlich aufgeschlossen verhielten sich die Araber gegenüber der persischen und indischen Kultur. Viele ihrer Lww betreffen die Naturwissenschaften, spez. Mathematik, Chemie (Alchimie) und Astronomie.

Unter den wenigen bereits ae. nachweisbaren arab. Lww finden sich *mancus* 'eine Silbermünze' < ar. *mankūš* 'geprägt' und *ealfara* 'Packpferd' < span. *alfaraz* < ar. *al faras* 'das Pferd'. Gegen 1200 folgen *saffron* 'Safran' < afr. *safran* < ar. *zaçfarān, admiral* < afr. *a(d)miral* < mlat. *a(d)mirālis* < ar. *amīr-a'lā* 'Oberbefehlshaber'. Me. Belege sind u. a. *mattress, cotton* (< ar. *qutun*), *camphor, syrup, cipher, lemon, zenith* (1387 bei Trevisa), *alkali* und *elixir* < ar. *al-iksīr* (bei Chaucer), ebenfalls *alchemy* (Piers Plowman 1362) < afr. *alkemie* < mlat. *alchimia* < ar. *al-kīmīā*. Das ar. Wort beruht wohl auf griech. *chēmíā* 'Kunst der Metallverwandlung'; *chemist* (1562) und *chemic* (1576) sind Ableger von älterem *alchemist/alchemic*.

Zu den ne. Entlehnungen gehören so bedeutsame wie *assassin, alcohol, tariff, coffee, zero*. *Assassin* (1531) 'Meuchelmörder', urspr. 'moslemitischer Christenmörder' setzt franz. *assassin* oder mlat. *assassīnus* fort, das ar. *hashshāshīn* (Plur.) 'hashish-eaters' entlehnt ist. *Alcohol* (1543) 'feines Metallpulver > destillierter Alkohol' entspricht mlat. *alcohol* < ar. *al-koh'l* 'Kollyrium, Pulver zum Färben der Augenlider', *tariff* (1591) franz. *tarif* < it. *tariffa* < türk. *ta'rifa* < ar. *ta'ríf* 'Bekanntmachung'. *Coffee* (1598) geht auf türk. *kahveh* < ar. *qahwah* 'Wein' und 'Kaffee' (ob Name der abessinischen Landschaft *Kaffa*, der Heimat der Kaffeepflanze?) zurück. *Cero* (1604) wurde über it. *zero* und altspan. *zero* aus ar. *çifr* 'Null; leer' entlehnt, das auf anderem Weg (über mlat. *cifera* und afr. *cifre*) zu me. *sipher* > ne. *cipher/cypher* führte (Dubletten; s. u. S. 100 f.).

Weiter gehen auf das Arabische u. a. zurück: *albatros, alcove, algebra, algorism, arsenal, artichoke, average*, (vielleicht) *banana* eig. 'Finger' *crimson, cumin, damask, garble* '(Text usw.) entstellen', 'frisieren'

< ar. *gharbala* 'aussortieren', *hazard, jasmine* (< pers.), *kali, lemon, magazine, muslin, natron* (< griech.), *razzia, sandal* (< skr.), *sherbet* 'oriental drink', *sofa, tass* (< pers.); vgl. auch *Agol* und *Aldebaran* (Sternnamen), *arabesque, berber, cadi, calif, fellah, islam, mufti, sheikh, sirocco*.

Zu den t ü r k i s c h e n Lww (*CED*: 85, *ALD*: 14) gehören *caftan, jackal, khan, pasha, yogurt*; hebräisch (*CED*: 99, *ALD*: 15) sind *alleluia/halleluja, cherub, kosher, satan, shibboleth* 'Erkennungswort' (nach Richter XII, 4–6, Wyclifbibel ca. 1380). Aus dem P e r s i s c h e n (*CED*: 93, *ALD*: 24) stammen u. a. *bazaar, caravan, dervish, divan, magus* 'Weiser' (Plur. *magi*), *mussulman, pyjamas* (1800, zu pers. *pāē* = lat. *pēs, pedis* 'Fuß', also: 'Fußbekleidung'), *shawl* (1662), *turban* (1561), *check* (me.), das über afr. *eschec* (> nfr. *echec*) < mlat. *scaccus* < ar. *shāh* auf pers. *shāh* zurückweist (Bedeutung: 'König', also: Schach = 'königliches Spiel'); vgl. weiter: *shah, checkmate* (< pers. *shāh māt* 'der König ist hilflos'), *chess, exchequer*. Auf i n d i s c h e Sprachen (Hindi, Urdu, Bengali, Hindustani usw.) gehen 367 (*CED*) und 82 (*ALD*) Lww zurück, darunter aus dem Hindi *raja* (1555) 'rex, König', *maharaja* (1698) 'magnus rex', *bungalow* (1676), *jungle* (1776), *punch* (1632) < *panch* 'Zahl 5' (benannt nach den 5 Ingredientien: Arrak, Zucker, Zitronensaft, Wasser oder Tee, Gewürz), aus dem Urdu u. a.: *begum, khaki, nabob, typhoon* (1588), aus dem Tamil und Malayalam u. a. *curry* (1598), *pariah* (1613), *atoll* (1625). Hinzu kommen 53 (*CED*) bzw. 8 (*ALD*) Lww aus dem S a n s k r i t [43], unter ihnen *mahatma* (skr. *mahātman* aus *mahā* 'groß' und *ātmán* 'Seele', urverwandt mit lat. *māgnus* und dt. *Atem*), *nirvana, suttee* 'treues Weib; Frau, die nach dem Tod ihres Mannes durch Selbstmord endet', *swastika* 'Hakenkreuz'; eig. 'Fortuna, Glück'. I n d o c h i n a hat 79 (*CED*) bzw. 19 (*ALD*) Wörter gestellt, darunter

---

[43] Das Sanskrit (*samskrtam* 'das künstlich Gebildete, Geordnete'), auch Altindisch genannt, gehört zu den ältesten überlieferten indoeuropäischen Sprachen. In ihm ist die klassische indische Literatur tradiert (Veden usw.). Im 5. vorchr. Jh. wurde es durch Panini grammatisch fixiert. Unter den indoeurop., in Deutschland gewöhnlich indogermanisch (idg.) genannten Sprachen sind alle europ. Sprachen (mit Ausnahme des Finnischen, Estnischen, Ungarischen und Baskischen) sowie eine Reihe vorder- und zentralasiatischer Sprachen zu verstehen, darunter das Hethitische, Persische, Armenische, Altindische (Sanskrit) und das einst in Ostturkestan gesprochene Tocharische. Die vergleichend-historische nachweisbare Verwandtschaft läßt auf enge Zusammengehörigkeit wahrscheinlich in Form einer Ursprache vor 5–7 Jahrtausenden schließen. Vgl. dazu K. Brugmann, '*Grundriß der vergleichenden Grammatik der idg. Sprachen*' (1886–93), H. Krahe, '*Idg. Sprachlehre*' (Göschen 59 u. 64), M. Mayrhofer, '*Sanskrit-Grammatik*' (Göschen 1158).

sago (1555), *amuck/amok* (1663) in *to run amuck* 'Amock laufen', *cockatoo, orangoutan* wörtl. 'wild man'. C h i n e s i s c h e r Herkunft sind 58 (*CED*) und 16 (*ALD*) Lww, z. B. *ginseng* < chin. *jēn shēn* 'man image' (1878), *ketchup* eig. 'Fischlake' (1711), *kotow, pidgin* (1850, wohl aus engl. *business* verunstaltet). Dem J a p a n i s c h e n sind 30 (*CED*) bzw. 13 (*ALD*) Wörter zuzurechnen, u. a. *geisha* (1891), *kimono, mikado* 'jap. Kaisertitel' aus *mi* 'groß(artig)' + *kado* 'Tor', *rickshaw, sake* 'dessertweinähnliches jap. Nationalgetränk aus Reis' (bereits 1687 entlehnt), *tycoon, yen*. P o l y n e s i s c h ist im *CED* mit 14, im *ALD* mit 5 Lww vertreten, darunter *taboo* (1777, Captain Cook) und *ukulele* 'Hawaiigitarre' (1900). Dem A u s t r a l i s c h e n und N e u s e e l ä n d i s c h e n sind 42 (*CED*) bzw. 5 (*ALD*) Wörter entlehnt, unter ihnen *boomerang* (1827), *kangaroo* (1770), *wombat* 'Beuteltierart' (1798). Die E s k i m o s stellten 4 (*CED*) bzw. 3 (*ALD*) Wörter, darunter *igloo* 'Eskimohütte' (1856) und *kayak* (1757). Auch *anorak* ist der Eskimosprache entnommen (*OED*-Suppl. Bd. [1972]: Erstbeleg 1924).

A f r i k a n i s c h e r Herkunft sind 78 (*CED*) bzw. 12 (*ALD*) Wörter, z. B. *chimpanzee, drill, safari, gnu, tsetse, negus, zebra*. Im AE finden sich (z. T. ins BE übernommen) Beispiele wie *buckra* 'weißer Mann' (AE 1736/BE 1794) aus dem Ibibio oder Efik (< *mbakara*), *cuffy* 'Neger' (1713), *goober* 'Erdnuß' (1834), *gumbo* 'Okrapflanze' (1805), *voodoo* und *hoodoo* 'Zauberei' < *vodu* (Dahomey), vielleicht auch *banjo* 'Art Gitarre' (? < Kimbundu *mbanza*, falls nicht 'Southern Negro pronunciation of *bandore*'). Aus den süd-, mittel- und nordamerikanischen Sprachen fanden 275 Wörter ihren Weg in den engl. Wortschatz (*CED*), 38 finden sich im *ALD*. Die früheste Schicht von Lww im AE stellten die Algonkin-Indianer, die den nordamerikanischen Subkontinent zwischen den Rocky Mountains und dem Atlantik und von der Hudson Bay bis ins nördliche Tennessee besiedelten. Zu den ältesten 'A m e r i n d i a n w o r d s' gehören *rac(c)oon* 'Waschbär' (1608), *tomahawk* 'Streitaxt der Indianer' (1612) und *moccasin* 'Halbschuh' (1612). Sie finden sich in den Werken des Captain John Smith (1580–1631), der sich führend an der Kolonisierung Virginias beteiligte und sie beschrieb ('*The General History of Virginia* . . .' [1624]). Frühe Entlehnungen sind weiter *muskrat* 'Bisamratte' (1607), *totem* 'Totem' (1609), *opossum* 'Beutelratte', *wigwam* 'Indianerzelt', *skunk* 'Stinktier' und *squaw* 'Indianerfrau', *squash* 'Kürbis', alle aus der 1. Hälfte des 17. Jhs. Indian. Herkunft ist auch *caucus* (1762/2), das auf algonkin. *cau-cau-as-u* 'one who advises' zurückgehen könnte und im AE die Bedeutung 'Parteiausschußsitzung, Fraktionssitzung', im BE die Bedeutung 'Drahtzieher, Parteiklüngel' angenommen hat und in den Zusammensetzungen *caucusable, caucusdom, caucusser, caucusian, caucusified* und der Nullableitung *to causus* bekannt ist.

Zum außereuropäischen Lehnwortgut: Brunner, 160 f.; Serjeantson, 213 ff.; McKnight, 144 ff.; Sheard, 265 ff.; Weekley, 71 ff.; Groom, 43; Koziol, 39 f.; Leisi, 50; OPr., 149 ff.;

H. Yule and A. C. Burnell, *Hobson-Jobson, A Glossary of Colloquial Anglo-Indian Words and Phrases*, new ed. by W. Crooke (London, 1903); C. P. G. Scott, *Malayan Words in English* (American Oriental Society, 1897); W. Taylor, *Arabic Words in English*, S. P. E. Tract 38 (Oxford, 1933); A. A. Daryush, *Persian Words in English*, S. P. E. Tract 41 (1934); G. S. Rao, *Indian Words in English* (Oxford, 1969).

13. Auswertung: Numerisch-statistisches und funktionales Verhältnis zwischen Erbwort- und Lehnwortgut im Englischen

Zur Verdeutlichung des Größenverhältnisses zwischen den einzelnen Gruppen des Lehn- und Erbwortguts haben wir die Ergebnisse der Untersuchungen von Th. Finkenstaedt, D. Wolff und E. Leisi anhand des *SOED, ALD* und M. Wests *GSL* (s. o. S. 10 f.) in die einzelnen Kapitel eingearbeitet. Bei der Beurteilung dieser Zahlen, die in der weiter unten (S. 72 f.) folgenden Liste zusammengefaßt sind, müssen einige wichtige Gesichtspunkte berücksichtigt werden.

Die Berechnungen der Arbeitsgruppe Finkenstaedt, die in '*Ordered Profusion – Studies in Dictionaries and the English Lexicon*' (Heidelberg, 1973) [*OPr.*] zusammengefaßt sind, beruhen auf den 80 096 Haupteintragungen [ohne Addenda] des *SOED* (1964), die im *CED* ('*A Chronological Dictionary*') nach Erstbelegen und etymologischer Herkunft aufgelistet sind und im *CD* ('*The Computer Dictionary*'; vgl. OPr., 15 ff.) gespeichert wurden. Wir setzen sie in Vergleich zu den 27 241 Eintragungen des *ALD* ('*The Advanced Learner's Dictionary of Current English*' [1963]) und den 3984 Wörtern der Häufigkeitsliste von M. West *GSL* ('*A General Service List of English Words*' [1953]). Da nur die 2000 Haupteintragungen der *GSL* Wörter hoher Frequenz sind (die restlichen 1984 sind in der Mehrzahl Ableitungen und Zusammensetzungen von niedrigerer Häufigkeit), haben wir mit Hilfe des *ODEE* ('*The Oxford Dictionary of English Etymology*') eine zusätzliche Berechnung auf dieser Grundlage angestellt. Sie bestätigt im wesentlichen die Ergebnisse der Gesamtliste (*Germanisch*: 51 % [Gesamtliste] : 45 % [Teilliste]; *Franzö-*

sisch: 38 %/o : 38 %/o; *Lateinisch*: 9,5 %/o : 8 %/o; *Lateinisch* o d e r *Französisch* 2 %/o [Teilliste]; *Sonstige* (darunter *Null-Etymologien*) 7 %/o [Teilliste]).

Unabhängig vom hohen Genauigkeitsgrad der arithmetischen Auszählung im '*Computer Dictionary*' (*CD*) sind bei den statistischen Angaben einige wichtige Unsicherheitsfaktoren einzukalkulieren, die sich in erster Linie aus der lexikographischen Materie und Methode ergeben. Da sind zunächst die etym. nicht bestimmbaren Wörter, die unter dem Nenner Null-Etymologie zusammengefaßt und im *CD* mit 3235 (4,03 %/o), im *ALD* mit 3,84 %/o und in der *GSL* mit 0,98 %/o veranschlagt werden. Ein Teil von ihnen (spez. der Onomatopoetika) könnte dem heimischen (germ.) Wortgut zugerechnet werden. Hinzu kommen die unsicheren oder nicht eindeutig bestimmbaren Etymologien (wie etwa *clown*: probably of Low German origin [*SOED*]). Dazu rechnen auch Fälle, bei denen wegen morphologischer und semantischer Identität die genaue Zuweisung innerhalb einer Sprachenfamilie Schwierigkeiten bereitet. So könnte engl. *skipper* sowohl mndl. wie mnd. *schipper*, engl. *smile* mndl. *smilen oder an. *smila entstammen. Bei gelehrten Wörtern lat. Provenienz kann, falls Parallelformen im Französischen (*mots savants*) existieren, statt Direktentlehnung aus dem Lateinischen auch Entlehnung über das Französische in Frage kommen (so bei *legal, resume* oder *retract*; o. S. 46). Bei der Subsumierung unter den Sammelbezeichnungen Germanisch bzw. Romanisch-Lateinisch verlieren solche Fälle ihre Problematik.

Weiter bleibt zu berücksichtigen, daß bei hybriden Bildungen (Derivationen wie Komposita) ein Kompromiß unumgänglich ist. Ableitungen werden in der Regel nach dem Stammelement, Komposita nach dem ersten Element eingeordnet. So gilt *unhealthy* (*un- health-y*) als germ. (Stamm -health- entspricht ae. *hǣlþ*, ahd. *heilida*), *unimproved* (*un-improve-d*) hingegen als afr., da *improve* aus dem Afr. stammt. *Legharness* 'armour for the leg' zählt als an. (< an. *leggr* 'leg') trotz *harness* (< afr. *harneis*), *oil-nut* als afr. (trotz *nut* < ae. *hnutu*), *buttermilk* (< lat. *butyrum* + germ. > ae. *meolc*) als lat.

Im allg. werden Lww nach der sie zuletzt abgebenden Sprache eingestuft. Bisweilen wird dieser Grundsatz im *SOED* durchbrochen, was sich auch auf das *CED* auswirkt. So wird *bazaar* als pers. Lw (*SOED*: ult. a. Pers.) gezählt, obwohl es durch das Ital./Franz. vermittelt wurde (im Gegensatz etwa zu *tobacco*, das aus dem Haitischen stammt, aber unmittelbar aus dem Spanischen entlehnt wurde und deshalb als span. Lehnwort gezählt wird).

Etymologische Herkunft des englischen Wortschatzes (*OPr.*, 119 f.)

	CD 80 096 Wörter des CED (<SOED)	%	ALD 27 241 Wörter	%	GSL 3984 Wörter	%
I. Romanisch						
a) Französisch (Agn., Afr., Nfr.)	22 724	28,37	9 777	35,89	1514	38,00
b) Ital., Span., Port., Prov.	1 492	1,86	436	1,60	8	0,20
Romanisch gesamt:	24 216	30,23	10 213	37,49	1522	38,20
II. Lateinisch						
a) Latein	22 633	28,26	5 997	22,01	381	9,57
b) Anglo-Latein	25	0,03	11	0,04	1	0,02
Latein gesamt:	22 658	28,29	6 008	22,05	382	9,59
III. Griechisch	4 262	5,32	433	1,59	10	0,25
IV. Germanisch						
a) Inselgermanisch (Germ., Ae., Me.)	17 781	22,20	7 473	27,43	1876	47,08
b) Altnord., Skand.	1 729	2,16	683	2,51	124	3,11
c) Niederdt. (Ndl., Fläm., Fries., Plattdt.)	1 136	1,42	437	1,61	28	0,70
d) Hochdeutsch (Nhd., Mhd., Jiddisch)	401	0,50	77	0,28	—	—
Germanisch gesamt:	21 047	**26,28**	8 670	31,83	2028	50,89
V. Keltisch (Ir., Gäl., Wal., Korn., Bret., Altkelt.-Gall.)	274	0,34	58	0,25	—	—
VI. Anglo-Keltisch (Schott., Anglo-Ir.)	70	0,09	20	0,07	1	0,025
VII. Übrige europäische Sprachen	103	0,13	30	0,11	—	—
VIII. Außereuropäische Sprachen	1 599	2,00	306	1,12	2	0,05
IX. ∅-Etymologie	3 235	4,03	1 046	3,84	39	0,98
X. Eigennamen	2 632	3,29	457	1,96	—	—
	80 096	100 %	27 241	100 %	3984	100 %

Wichtig zu vermerken ist weiter, daß das *CED* nur die Haupteintragungen des *SOED* (80 096 bzw. 81 182 mit Addenda) umlistet; die nach unsrer Schätzung etwa 60–70 000 Nebeneintragungen bleiben unberücksichtigt. Doch dürfen die Haupteintragungen, wie wir stichprobenweise feststellen konnten, als im großen und ganzen für das gesamte *SOED* repräsentativ gelten, die etymologischen Relationen (Prozentsätze) würden sich wahrscheinlich nur unerheblich verändern.

Trotz der in den Schwierigkeiten der etymologischen Forschung und der lexikographischen Technik begründeten Unsicherheitsfaktoren zeigen die oben aufgeführten Zahlen, mit der notwendigen Vorsicht interpretiert, grundsätzliche Entwicklungstendenzen für den englischen Wortschatz auf und vermitteln einige für unsere Überlegungen bedeutsame Erkenntnisse[44]:
1. Der germanische Anteil am englischen Wortschatz, der in der bisherigen Forschung gewöhnlich mit 35 % (s. o. S. 10) angegeben wurde, erreicht im *SOED/CED* nur 26 % einschließlich der kontinentalgerm. Entlehnungen. Wenn man von den 27 241 Eintragungen des *ALD* ausgeht, das einen erweiterten Gebrauchswortschatz fast ohne archaische, obsolete und dialektale Beimischungen (sie betragen hier nur ca. 1,4 % einschließlich der 'rare words' gegenüber fast 17 % im *SOED/CED*) umfaßt, wächst der germanische Anteil auf knapp 32 % an. In der fast 4000 Eintragungen beinhaltenden Häufigkeitsliste von M. West (*GSL*) erreicht er nahezu 51 %, bei Zugrundelegung der 2000 häufigsten Wörter der Liste etwa 45 %.
2. Der Anteil des Lateinisch-Romanischen am Englischen übersteigt im *CED* 58 %. Bei einem Vergleich zwischen den drei Wörterbüchern ergeben sich erhebliche Verschiebungen. Während das franz. Lehngut im *CED* 28 % beträgt, steigt es im *ALD* auf 36 % und erreicht in der *GSL* 38 %. Umgekehrt fällt der Anteil des Lateinischen von 28 % (*CED*) auf 22 % (*ALD*) und in der *GSL* sogar auf 9,5 % ab. Zählt man das Romanische und Lateinische zusammen, so ergeben sich fast 59 % (*CED*), 60 % (*ALD*) und 48 % (*GSL*). Fügt man die griech. Lww hinzu, erhält man einen Block von 64 % (*CED*), 61 % (*ALD*) und 48 % (*GSL* Gesamtliste wie Teilliste).
3. Da das *SOED/CED* Wörter aller Frequenzstufen, das *ALD* im allg. nur die gebräuchlicheren und die *GSL* vornehmlich die gebräuchlichsten berücksichtigt, lassen sich bei einem Vergleich zwischen den drei Wörterbüchern zwei Gruppen von lexikalischen Elementen im englischen Wortschatz herausschälen:

[44] Vgl. in diesem Zusammenhang die scharfsinnigen, doch nach unserer Meinung in ihren Schlußfolgerungen zu negativen Rezensionen von Hans Käsmann in *Anglia,* 93 (1975), 470 ff. und *Archiv,* 127 (1975), 356 ff.

a) Sprachgut mit *steigendem* Prozentanteil bei steigender Durchschnittsfrequenz der Wörter in der Reihenfolge: SOED > ALD > GSL, die wir z e n t r i p e t a l e Elemente nennen wollen;

b) Sprachgut mit *fallendem* Prozentanteil bei steigender Durchschnittsfrequenz der Wörter in der Reihenfolge: SOED > ALD > GSL, die wir z e n t r i f u g a l e Elemente nennen wollen.

Zentripetal verhalten sich das Germanische mit rund 26 % (*CED*) : 32 % (*ALD*) : 51 % (*GSL*), ebenfalls das Romanische mit 30 % (*CED*) : 37 % (*ALD*) : 38 % (*GSL*). Zentrifugales Verhalten zeigen die übrigen Sprachen: das Lateinische, Griechische, Keltische, die anderen europäischen und die außereuropäischen Sprachen. Innerhalb des Germanischen ist das hochdeutsche Element (im Gegensatz zum an.-skand.) zentrifugal, innerhalb des Romanischen das italienische, spanische, portugiesische und provenzalische Element. Zentrifugale Gruppen sind auch die Ø-Etymologie und die Eigennamen.

Mit einem Lehnwortanteil von ü b e r 70 % (*SOED/CED*), rund 70 % (*ALD*) und über 50 % (*GSL*) steht das heutige Englisch innerhalb der germanischen – und wohl auch innerhalb des Gros der idg. Sprachen – einzigartig da. E s i s t d e r P r o t o t y p e i n e r g e m i s c h t e n S p r a c h e. Das inselgermanische Erbwortgut, das im Ae., soweit wir das nach den hauptsächlich in westsächsischer Sprachform überlieferten Dokumenten beurteilen können, etwa 97 % des Gesamtwortschatzes ausmachte[45], hat sich im Laufe eines Jahrtausends auf ca. 22 % (*SOED*) bzw. 27 % (*ALD*) reduziert.

Kann das heutige Englisch angesichts der Überfremdung seines Wortschatzes durch rom.-lat. Elemente überhaupt noch als germ. Sprache bezeichnet werden?[46] Sollten wir nicht vielmehr von einer romanisierten

---

[45] Von den schätzungsweise 24 000 bis gegen 1150 belegten ae. Wörtern sind maximal 725 Lehnwörter, das sind 3 %.

[46] Bei der Beantwortung dieser Frage sollte auch der Fremdeinfluß auf die engl. Syntax berücksichtigt werden. Doch läßt sich, wie im folgenden versucht wird, allein vom Blickwinkel der Lexis eine hinreichend überzeugende Antwort geben. – Fremder Einfluß betraf insb. die Infinitiv- und Partizipialfügungen. Schwierig und nicht überzeugend zu beurteilen ist die Fremdeinwirkung auf das engl. Flexionssystem. Insgesamt bleiben die Einwirkungen auf synt. Gebiet deutlich hinter denen auf lex. Ebene zurück. Vgl. hierzu Verfasser, '*Altenglische Lehnsyntax – Die synt. Latinismen im Altenglischen*' (Diss. Berlin, 1961), W. Behrens, '*Lateinische Satzformen im Englischen. Latinismen in der Syntax der engl. Übersetzungen des Humanismus*'. Universitas-Archiv, Bd. 74 (1937), E. Ein-

oder gar von einer romanischen Sprache mit einem zu einem Rudiment zusammengeschmolzenen germ. Wortkern sprechen?

Für die Beurteilung dieser Frage sind mehrere Gesichtspunkte von Bedeutung:

1. Die gegebenen Zahlen betreffen die (theoretische) Ebene des Wörterbuchs, nicht die der (praktisch) gesprochenen und geschriebenen Sprache, der *parole*. Wir haben in diesem Zusammenhang zwischen zwei Zählmethoden zu unterscheiden: der Einfachzählung und der Mehrfachzählung (s. o. S. 11 f.). Die Mehrfachzählung verdeutlicht die Verhältnisse des praktischen Sprachgebrauchs. Dabei kehren die in eng begrenzten Listen vorkommenden, das synt. Gerippe des Englischen abgebenden Synsemantika ihre strukturgebende Funktion hervor: Artikel, Pronomen, Präpositionen, Konjunktionen, andere synt. Partikel, Hilfsverben. Ihre Zahl ist gering, unter 1 % des Gesamtwortschatzes, ihre gram. Bedeutung und ihr zahlenmäßiges Vorkommen umso größer. Allein der definite und indefinite Artikel bestreitet im Durchschnitt 5–20 % des im praktischen Sprachgebrauch benötigten Wortmaterials.

Gerade dieses unabdingbare synt. Gerüstmaterial schöpfte das Englische weitgehend aus seinem germ. Erbgut. Die große Mehrzahl der Funktionswörter ist altererbt oder im Laufe der Entwicklung des Englischen aus heimischen Mitteln gebildet (wie z. B. der Artikel). Germ. sind außer den Artikeln die Hilfsverben *be, have, do,* sämtliche primären Modalverben: *can/could, may/might, shall/should, will/would, must, ought to,* auch *need* und *dare* (nicht hingegen Ersatzformen wie *to be permitted to, allowed to, able to* usf.), die Demonstrativ- und Relativpronomina, die Personal-, Possessiv- und Reflexivpronomina (deren 3. Pers. Plur. *they/them/their*) Entlehnungen aus dem verwandten An. sind. Von den 121 Präpositionen des *CED* sind 22 lat. (*circa, except, versus* usw.), 16 rom. und 83 (69 %!) germ. Herkunft. Ein ähnliches Bild bieten die Konjunktionen.

Unter den Autosemantika fällt die Liste der Zahlwörter mit ihrem fast ausschließlich germ. Wortmaterial auf; franz. sind lediglich *second* (statt ae. *ōþer* > ne. *other*; vgl. aber *every other day* 'jeder zweite Tag'), *million, billion* usw. Germ. sind auch fast alle der gewöhnlich als 'irregular verbs' bezeichneten ablautenden (*swim/swam/swum*) und ehemals redu-

enkel, '*Geschichte der engl. Sprache II*' (Syntax), Straßburg 1916, T. F. Mustanoja '*A Middle English Syntax*' (Helsinki, 1960), auch Brunner II, S. 29 et passim.

plizierenden Verben (*fall/fell/fallen*) sowie der schwachen Verben mit und ohne Stammvokaländerung des Typs *meet/met/met, teach/taught/ taught, put/put/put* usw. Von den 260 'irregular verbs', die im *ALD* (1974) aufgeführt und auch im *SOED* vertreten sind, lassen sich 186 (71,5 %) bis ins Ae. zurückverfolgen; me. kommen 43 (16,5 %) und nach 1450 31 (12 %) hinzu. Allein 143 (55 %) von ihnen sind in der *GSL* vertreten. Nur 28 (11 %) der 260 Verben sind entlehnt, davon 20 aus dem An., 7 aus dem Afr./Agn. und 1 aus dem Ndl. Unter ihnen sind 16 (aus insgesamt 176) Simplicia: *cast, fling, get, rid, rive, sling, take, thrive, thrust* aus dem An., *catch, cost, pay, prove, spoil, strive* aus dem Afr. und *split* aus dem Ndl. Wenn man das ndl. und die an. Beispiele zu den inselgerm. hinzuzählt, bleiben nur 6 nicht-germ. Verben, das sind nicht einmal 4 % der Simplicia.

Sämtliche 10 „Hauptverben" des Englischen, die G. Kirchner in seinem gleichnamigen Buch (Halle 1952) behandelt, sind germ., 3 davon an.: *be, come, do, get* (< an. *geta* für ae. – *ȝi(e)tan*), *give* (< adän. *give*), *go, have, make, put, take* (< an. *taka*). Sie sind aus der engl. Alltagssprache ebensowenig hinwegzudenken wie *say, tell, speak; listen, hear, watch, see, look, show; hope; fear; feel, think, know; forget, forgive, forbid; teach, learn; choose; stand, hang, fall; run, fly, leap, swim, creep; sit, set, lie, lay; keep, hold, hide; build; drink, eat; pull, tear, draw; play, laugh, kiss, love* und Hunderte andere.

Zu den Reservaten des germ. Wortschatzes gehören die Namen für Körperteile: *head, forehead, hair, nose, ear, eye, neck, breast, hand, foot, wrist, bone, heart, lung, belly* usw. (nicht aber *face* und *stomach* [< afr. < lat.], das ae. *maga* > ne. *maw* in der Bedeutung 'menschlicher Magen' verdrängt und auf 'tierischer Magen, Labmagen' eingeengt hat). Germ. sind die gebräuchlichsten Farbbezeichnungen wie *white, black, green, red, yellow*, auch *blue* und *brown* (o. S. 57), ebenfalls die Namen der Himmelsrichtungen: *east, south, west, north* und drei der vier Jahreszeiten: *spring, summer, winter* (dazu AE *fall*, das ae. *hærfest* > ne. *harvest* 'Ernte' [vgl. dt. *Herbst*] ersetzte und an dessen Stelle im BE hochsprachlich *autumn* [< afr. < lat.] trat)[47]. Unschwer läßt sich noch heute die Welt der germ. Bauern lexikalisch rekonstruieren: *cow, ox, calf, bull(ock)*;

---

[47] Die Monatsnamen gehen – wie im Deutschen – letztlich auf das Lateinische zurück. Bei den Bezeichnungen der Wochentage haben wir es mit Lehnübersetzungen ihrer lat. Entsprechungen zu tun. Dabei wurde der röm. Göttername gegen den germ. ausgetauscht: z. B. *dies Martis* 'day of Mars' >ae. *Tīwesdæg* 'day of Tiwas' > ne. *Tuesday*.

horse, steed foal; sheep, wether 'Widder', *ewe* 'Mutterschaf', *shepherd;*
goat; bee; dog, hound; goose, hen; mouse, louse; duck, drake, bird, fowl,
sparrow, finch, crow, wren 'Zaunkönig', *owl; fish; house; cowshed* 'Stall'
(dial. *byre, shippon*); *barn, yard; plough, sower, mower, rake, yoke; field,*
acre, meadow, wood; seed, leaf, spelt, sheaf; wheat, corn, barley, oats;
tree, oak, alder 'Erle', *willow, hazel, birch, beech, elder, apple* usw.

Wir haben hier den historischen Kern des germanischen Englisch vor uns.
Diesen Wörtern sind mehrere Eigenschaften gemeinsam: sie sind a) alt
(altererbt), b) von kurzem und einfachem Bau, c) ihr durchschnittliches
Vorkommen ist relativ hoch und d) auffällig viele von ihnen haben einen
großen Bedeutungsumfang.

a) Über 90 % der aus dem Ae. überkommenen Grundwörter sind in weiteren germ. Sprachen belegt (wie ae. *rāp* 'rope' : afr. *rāp*, as. *rēp*, ahd.
reif, an. *reip*, got. *raip*), nahezu 80 % haben urverwandte Parallelformen
in anderen idg. Sprachen (etwa ae. *dōn* 'do' [afr. *duā*, as. *dōn*, ahd. *tuon*]:
ai. *dhā-* (*dádhāmi*), griech. *tí-dhē-mi*, lat. *ad-de-re*, abg. *de-ti*, lit. *dé-ti*,
air. *do-ra-t*, alle gehörig zur idg. Wurzel **dhē/dhō-* 'setzen, stellen, legen').

b) Typisch für das germ. Wortmaterial ist sein Monomorphematismus.
Unter Monomorphemen (Monemen) sollen Wörter verstanden werden,
die im heutigen Sprachverständnis morphematisch nicht weiter zerlegbar
sind (auch wenn sie historisch auf Verbindungen von mehreren Morphemen [= kleinsten bedeutung*tragenden* Einheiten] zurückgehen). Gemeint
sind Fälle wie ne. *day*, das ae. *dæg* fortsetzt (*go, hand, great, tree* usf.),
oder ehemalige Zweisilber, die im Verlaufe des Reduktionsprozesses des
engl. Flexions- und Endungssystems einsilbig wurden, wie ae. *sunu* > ne.
son 'Sohn' (ae. *sunne* > ne. *sun*, ae. *macian* > ne. *make*), weiter als morphologische Einheit faßbare ehemalige Mehrsilber wie *meadow* (< ae.
mǣdwe, flekt. Form zu *mǣd* > ne. *mead* poet. 'Wiese'; *sorrow, marrow,*
furrow; auch *heaven* ['hevn] < ae. *heofon/heofenes, seven, oven, bundle*
usw.), Fälle wie *forehead* ['fɔrid] 'Stirn', *boatswain* ['bəusn] 'Bootsmann'
und viele verdunkelte Komposita wie *lord* [lɔːd] aus ae. *hlāfweard* 'Laibwart = Brotwart' > ae. *hlāford* > me. *loverd, lord* > ne. *lord*, ähnlich
steward/Stuart [Name], *lady, gospel, gossip, orchard, daisy* usw. Vgl.
u. S. 109.

c) Die hohe Frequenz der germ. Wörter wird bei einem Vergleich zwischen dem *CED, ALD* und der Häufigkeitsliste von M. West (*GSL*) deutlich. Während nur 5,4 % der Eintragungen des *CED* und 12 % des *ALD*
bereits ae. belegt sind, steigt der Anteil dieser Gruppe in der *GSL* auf über

28 %. Der Anteil germ. Wörter in der *GSL* beträgt insgesamt 51 %, darunter 47 % inselgermanische. Unter den 850 Wörtern des von Ogden zusammengestellten '*Basic English*' lassen sich 54 % auf das Germanische zurückführen.

d) Die ältesten und häufigst gebrauchten Wörter sind meist zugleich die mit dem ausgedehntesten Bedeutungsumfang. Nehmen wir z. B. *show*: das ae. in der Lautform *scēawian* in 9 Verwendungsarten (vgl. Verfasser, *Archiv* 1972, 357 ff.) belegte Verb hat laut *OED* im Laufe seiner Entwicklungsgeschichte zum Ne. 102 Bedeutungsvarianten (ohne präp. und andere Verwendungsarten) entwickelt. Das *SOED* registriert 49. Das engl. Wort mit dem größten (historischen) Bedeutungsumfang ist nach unserer Feststellung das Verb *set* mit 135 Einzelbedeutungen (*SOED*). Unter den 10 'Hauptverben' des Englischen (o. S. 76) erreicht *run* mit 132 Bedeutungsvarianten im *SOED* eine Spitzenstellung, ihm folgen *take* mit 117 und *go* mit 98, *make* mit 81, *put* 58, *give* 43, *get* 28, *have* 26, *do* 24 und *be* 13 Bedeutungen. Gerade ihre semantische Flexibilität hat diese Verben zu einer Art Bollwerk gegen die Überfremdung der englischen Alltagssprache werden lassen. Durch feste Verbindung mit adverbialen Elementen (*show off*, *get on*, *put up with*) entwickelten sie sich in großer Zahl zu Wortverbänden; auch sind sie häufig verbaler Kern von idiomatischen Ausdrücken (wie etwa *to go against the grain* 'jd. gegen den Strich gehen'). Bedeutsam ist gleichermaßen ihre Rolle als Bestandteil von synt. Konstruktionen; vgl. etwa *to be going to do s. th.* z. B. zum Ausdruck der fest beabsichtigten Handlung, *to have (got) to do s. th.* anstatt des modalen *must*, das anglo-ir. 'Conclusive Perfect': *have* + obj. + part. praet. (*Have you your tea taken?*), oder *have* und *be* allgemein in temporaler bzw. aspektualer Funktion.

Augenscheinlich haben wir es bei den germ. Wörtern mit Eigenschaften zu tun, die miteinander in ursächlichem Zusammenhang stehen. Besonders auffällig wird das an den 'Hauptverben' des Englischen. Sie waren von Hause einsilbige Wörter (ae. *bēon*, *dōn*, *gān*) oder verkürzten sich nach Verlust des infinitivischen Derivationsmorphems zu Wurzelwörtern: ae. *cuman* > ne. *come*, ae. *macian* > ne. *make*. Ihre Form weist sie als lautphysiologisch stabil aus; sie überdauerten die Zeiten, wobei ihnen ihre kurze Gestalt und günstige Lautkombination zustatten kam. Mit Ausnahme von *have* bestehen sie aus einer Kombination von Verschlußlaut (bzw. Nasal) + Vokal + Konsonant (meist Verschlußlaut): *get*, *put*, *take*; *make*; *give* bzw. aus Verschlußlaut + Langvokal: *be*, *do*, *go*. Ihre elementare Grundbedeutung ('sein, haben, tun, geben, gehen' usf.), die ihnen bereits ae. eine hohe Frequenz sicherte, prädestinierte sie zu einem überdurchschnittlichen semantischen Wachstum. In ihrer Frequenz werden sie höchstens von Funktionswörtern wie dem Artikel, einigen Präpositionen und Konjunktionen übertroffen. Die Sprache scheint hier dem Prinzip der höchsten Energieersparnis bei größtmöglicher Leistung besonders deutlich Nachdruck zu verleihen. An ihnen zeigt sich exemplarisch, daß die ältesten Wörter einer Sprache gewöhnlich zugleich die morphologisch kürzesten, meist auch die häufigst gebrauchten und semantisch umfangreichsten sind.

2. Die Beantwortung der Frage, ob und inwieweit das Englische angesichts eines überstarken Fremdeinflusses seine germ. Wesensart bewahrt hat, hängt auch davon ab, in welchem Maße es das fremde Sprachgut in sein System integrieren konnte. Integration setzt Anpassung des Fremden an die eigenen strukturellen Eigenarten voraus. Sie muß im Falle des lexikalischen Lehnguts mindestens auf vier Ebenen vonstatten gehen: a) auf der phonologisch-phonetischen, b) der morphologischen, c) der flexivischen und d) der semantischen Ebene.

a) Von den 44 Phonemen des heutigen Englisch erklären sich 41 aus innersprachlichen Entwicklungen. Lediglich bei drei Phonemen ist fremder, und zwar franz. Einfluß nicht auszuschließen: dem stimmhaften labiodentalen Reibelaut /v/, dem alveolaren stimmhaften /z/ und dem Diphthong /ɔi/. Die beiden Konsonanten waren im Ae. Allophone der Phoneme /f/ und /s/ und fanden sich nur in Mittelstellung in stimmhafter Umgebung, etwa in flektierten Formen wie *wīfes/wīfe* [wi:və/s] gen./ dat. von *wīf* 'Weib'. Erst nachdem afr. Wörter die beiden Laute auch in anderen Positionen einführten, war die Möglichkeit zur Phonemisierung gegeben. Hinzu kamen Einsprengsel aus dem südlichen Sprachgebiet, wo /f/ in Anfangsstellung in /v/ übergegangen war, ähnlich /s/ in /z/. Vgl. hierzu die in den Standard eingegangenen Dialektwörter *vat* 'Faß', *vane* 'Wetterfahne' und *vixen* 'Füchsin'. /ɔi/ setzt hauptsächlich afr./agn. [ɔi, oi, ui] fort, etwa in *choice, noise, boil, soil.* Fremdeinflüsse auf das Phonem- und Allophoninventar des Standard English lassen sich darüber hinaus nicht überzeugend nachweisen. Das betrifft auch den stimmhaften palato-alveolaren Frikativ /ʒ/ etwa in *usual* und *fusion.* Er entstand im 16. und 17. Jh. aus der Verbindung von stimmhaftem /z/ und /j bzw. i/; frne. ['mezjur] z. B. führte zu heutigem ['meʒə]. Allenfalls könnte an franz. Lww wie *prestige* (1656), *régime* (1776) oder *rouge* (1753) 'Schminke' gedacht werden, die jedoch zahlenmäßig sehr begrenzt sind und zeitlich spät liegen (*rouge* in der Bedeutung 'rot' wurde bereits 1485 entlehnt, hatte aber noch den Dentalvorschlag: *Rowdgecrosse* = *Rouge Croix* [*OED*]).

Bei der Aussprache von Nasalvokalen nach franz. Manier in modernen Lww wie *restaurant, en passant, penchant* 'Neigung' oder bei der Nachahmung des [ü]- und [ö]-Lautes in *tulle* oder *milieu* befinden wir uns außerhalb des engl. Lautsystems. Doch stehen auch diese Wörter unter dem Angleichungsdruck des engl. Phonemsystems besonders bei des Französischen unkundigen Engländern, wie etwa die Aussprachevarianten ['restərənt] oder [tju:l] beweisen.

Die lautliche Integration wird auch durch den Grad der lautlichen Angleichung fremdartiger Phonemfolgen bestimmt. So bewahrt die Aussprachevariante ['gæra:ʒ] mit der Lautfolge [a:ʒ] ihr fremdartiges Lautgepräge, während ['gæra:dʒ] teilweise und ['gæridʒ] vollständig 'eingeenglischt', d. h. an vorhandene Muster angeglichen ist (etwa an *porridge* ['pɔridʒ]). Zwischen *façade* [fə'sa:d] < franz., *da capo* [da:'ka:pou] < it., *ablaut* ['æblaut] < hd. einerseits und *pray* [prei] < agn., *take* [teik] < an., *tea* [ti:] < ndl. < chin. andererseits besteht ein deutlicher Unterschied hinsichtlich des Assimilationsgrads, die einen weisen sich nach wie vor als *foreigners* (*aliens*) aus oder bewahren zumindest ihr 'foreign flavour', die anderen sind nur für den Etymologen als (längst eingebürgerte) Entlehnungen (*denizens*) zu erkennen[48]. Alle bereits in me. Zeit gemachten Entlehnungen sind lautlich integriert, nicht hingegen ein Teil der nachme. Lww (vgl. o. S. 61 f.)[49].

b) Anpassung an das engl. Wortbildungssystem begegnet bereits in ae. Zeit, wenn z. B. lat. Verben mit ae. Infinitivmorphemen versehen werden: *lat.* offerre > ae. *offrian, praedicare* > ae. *prēdician*, oder wenn gr.-lat. *martyr* das subst. Ableitungsmorphem *-dōm* erhält: *martirdōm*. Mit der massenhaften Übernahme franz. Wörter in me. Zeit wuchs die Bereitschaft zur 'Hybridisierung' des engl. Wortschatzes durch Verbindung engl. Stämme mit fremden Suffixen und umgekehrt. Nehmen wir etwa *doubt* sb. [< afr. *dute*], das seit ca. 1225 belegt ist. In zeitlicher Reihenfolge finden sich *doubtless* (ca. 1340), *doubting* sb. (1375), *doubtful*

---

[48] Aus dem Franz. stammendes *bay, fay, gay, jay* 'Eichelhäher', *pay* und *shay* 'Chaise' klingen für den Engländer genauso englisch wie an. *nay* und heimisches *day, hay, lay, may, say* und *way*.

[49] Die Angleichung des Lehnguts an das Verfahren der germ. Wortakzentuierung bedeutete Verlagerung des Tons auf die Anfangs- bzw. Stammsilbe. Dies wird besonders bei 2- bis 4silbigen rom. (auch lat.) Wörtern aus me. Zeit deutlich. Vgl. o. S. 59 f.

(1388), *doubting* part. (1425), *doubtlessly* (1440), *doubtfully* (1483), *doubted* (ca. 1485), *doubtsome* (1513), *doubtfulness* (1526), *doubtedly* (1584), *doubter* (1603) und *doubtlessness* (1895). Die großzügige Verbindung von heimischem und/oder fremdem Morphemmaterial zu Neubildungen trug wesentlich zum Wortreichtum des Englischen bei. Sie ist zugleich Ausweis für seine enorme lexikalische Integrationskraft spez. seit me. Zeit. Auch die Ausdehnung des Wortbildungsverfahrens durch Nullableitung (sog. Konversion) auf Lww ist ein Zeichen für Integration. Vgl. etwa *robe* sb. (13. Jh.) > *robe* vb. (14. Jh.) oder *divide* vb. (14. Jh.) > *divide* sb. 'division' (1642), 'Wasserscheide' (1807).

c) Die Reduktion des engl. Flexionssystems auf wenige hochsprachlich stabile Reste (wie das -*s*/-*es* der 3. Pers. Sing. Präs. der Verben und des Plur. der Substantive) vereinfachte den Entlehnungs- und Angleichungsprozeß außerordentlich. Mit dem Zusammenfall des Artikels in der Einheitsform *the* bereits in frme. Zeit war eine weitere Barriere gefallen. Erst in ne. Zeit entlehnte Fremdwörter wie *crisis, criterion, focus* oder *nucleus* und *formula* bewahrten ihre angestammten Pluralformen: *crises, criteria, foci, nuclei, formulae*; doch findet auch hier Angleichung an das engl. Verfahren statt: *criterions, focuses, nucleuses, formulas*. Gelegentlich führte Analogiewirkung beim Verb zur Eingruppierung von Lww in starke engl. Paradigmata, so bei afr. *estriver* > me. *strive(n)*, das sich der 1. starken Klasse (Typ: *drive, drove, driven*) anschloß: *strive/strove/striven*. Catch (< agn. *cachier*) bildet sein Präteritum nach schwachem *teach/taught/taught* bzw. hochsprachlich ausgestorbenem synonymem *latch/laught/laught*.

d) Da Lww meist mit begrenztem Bedeutungsumfang (oft nur in einer Bedeutung) übernommen werden, ist ihr Bedeutungswachstum Gradmesser für ihre semantische Verwurzelung in der aufnehmenden Sprache. An. *taka* ist als ae. *tacan* 1072 das erste Mal belegt (ae. Chronik D), mit 117 in 9 Jahrhunderten entwickelten Bedeutungsvarianten (*SOED*, ohne präpositionale usw. Verwendungsweisen) nimmt es nach heimischem *set* und *run* eine Spitzenstellung ein. Für *labour* sb. (Cursor Mundi ca. 1300) < afr. *labour* registriert das *SOED* 8 Bedeutungen, von denen noch 5 gebräuchlich sind, für *labour* vb. (14. Jh.) < afr. *labourer* 16 Bedeutungsvarianten (davon noch 5 gängig). Das 1440 entlehnte *tegument* (< lat. *tegumentum* 'covering') hat seinen Bedeutungsumfang kaum erweitern können: als *hard word* und biologischer Fachausdruck wird es fast ausschließlich in der Bedeutung 'natural covering of (part of) an animal body' (so *ALD* 1974) angetroffen. *Temulent* (1628) < lat. *temulentus* 'betrunken, berauscht' gilt *heute* als 'rare' (*SOED*). Es hat keinen festen Zugang zum Bedeutungsfeld 'betrunken' gefunden; im Gegensatz zu heimischem *drunk(en)* und *groggy* und entlehntem *intoxicated* (< lat. 16. Jh.) und den Slangwörtern *blotto, canned, primed, sozzled* vermochte es seine lex. Isolierung nicht zu durchbrechen, es ist Außenseiter geblieben. Hier zeigt sich, daß semant. Integration auch vom Feldwert eines Wortes und seiner Partnerrolle im Bedeutungsfeld abhängig ist.

BACHELOR ['bætʃələ] sb. ───────
(verkürzter etym. Aufriß nach *OED/MED*)

heutige Hauptbedeutungen:

a) an unmarried man
b) a man who has taken his first univ. degree
c) a woman who has taken her first univ. degree
d) (hist.) a young knight, a novice
e) a fur seal in breeding time when without a mate

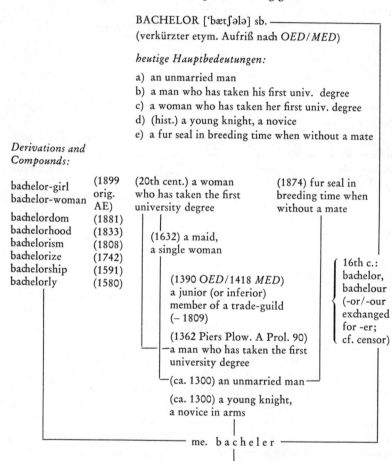

Derivations and Compounds:

bachelor-girl	(1899 orig. AE)	(20th cent.) a woman who has taken the first university degree	(1874) fur seal in breeding time when without a mate
bachelor-woman			
bachelordom	(1881)		
bachelorhood	(1833)	(1632) a maid, a single woman	
bachelorism	(1808)		
bachelorize	(1742)		
bachelorship	(1591)	(1390 OED/1418 MED) a junior (or inferior) member of a trade-guild (– 1809)	16th c.: bachelor, bachelour (-or/-our exchanged for -er; cf. censor)
bachelorly	(1580)		

(1362 Piers Plow. A Prol. 90)
—a man who has taken the first university degree

—(ca. 1300) an unmarried man—

(ca. 1300) a young knight, a novice in arms

── me. b a c h e l e r ──

Etym.: prob. medL. *baccalārius* 'labourer on an estate', conn. with medL. *baccalāria* 'area of plough-land' (cf. *bacca,* late form of Lat. *vacca* 'cow') > afr. *bacheler*

Gradmesser für die Intensität der Integration eines Lehnworts ist die von ihm im Laufe der Zeit entwickelte semantische und morphologische Produktivität wie seine Frequenz. Produktivität und Frequenz wiederum sind von der lautlichen Assimilation des entlehnten Wortes abhängig. Das Schaubild auf S. 82 soll den Integrationsprozeß des aus dem Agn. stammenden Wortes *bachelor* in Form eines 'etymologischen Aufrisses' nachvollziehen. *Bachelor* ist ein Wort relativ niedriger Frequenz, es ist in der *GSL* nicht verzeichnet.

3. Zu beantworten bleibt die Frage, welche Elemente des Lehnguts stärker, welche schwächer in das Englische integriert sind. Auskunft erteilt die quantitative Analyse des engl. Wortschatzes (o. S. 72 f.): zentripetale Elemente (wie das franz. Lehngut) zeigen einen höheren durchschnittlichen, zentrifugale (wie das lat. Lehngut) einen niedrigeren durchschnittlichen Integrationsgrad. Dies gilt auch, obwohl einzelne Wörter aus zentrifugalen Gruppen (wie *tobacco* oder *coffee*) eine hohe Frequenz erreichen können und umgekehrt. Entscheidend ist der Durchschnittswert.

Zentripetalität und Zentrifugalität sind nicht nur von sprachimmanenten Faktoren, sondern auch von außersprachlichen (historischen, geographischen und kulturellen) abhängig.

Die an der Peripherie des engl. Sprachgebiets gesprochenen keltischen Sprachen vermochten das historisch aus der Londoner Bürgersprache hervorgegangene Standard English nur sehr unerheblich zu beeinflussen. Das keltische Adstrat ist im *CED* mit lediglich 274 und im *ALD* mit 58 Wörtern vertreten. Der an. Einfluß wirkte in ae. Zeit kaum über das anglische Gebiet hinaus. Mit dem Machtabtritt des letzten der drei Dänenkönige auf dem englischen Thron (Harthaknut † 1042) war die dänische Vorherrschaft gebrochen; die im anglischen Raum ansässigen Skandinavier gaben spätestens im 12. Jh. ihre völkische und sprachliche Eigenständigkeit auf. Dank seines volkstümlichen Charakters stellt das nordische Adstrat heute immerhin 2,16 % (*CED*) > 2,5 % (*ALD*) > 3,1 % (*GSL*) der engl. Wörter. Das lat. Lehngut ist zahlenmäßig stark repräsentiert; als vorwiegend literarisches Superstrat ist seine Frequenz in der Alltagssprache niedrig (ca. 9,5 % *GSL* gegenüber 28 % *CED*). Eine Ausnahme bilden frühe, kontinentale, durch völkischen Kontakt zu erklärende Entlehnungen (wie *wall, street, wine, butter*), gewisse kirchenlat. Lehnwörter (*monk, paper, beer*), aber auch eine Reihe späterer Entlehnungen, die sich durch hohe Frequenz auszeichnen (wie *direct, difficult, divide, introduce, produce*). Ihnen stehen Tausende von Hard Words gegenüber, denen sich die Alltagssprache weitgehend entzogen hat (wie *sesquipedalian* 'andert-halb Fuß lang > übermäßig lang' [von Wörtern], *longevity* 'Langlebig-keit', *incondite* 'ill-constructed', *exasperation* 'Verbitterung', *inebriate* 'berauschen'). Einziger ernst zu nehmender Konkurrent im Wettstreit um die führende Rolle im lexikalischen Haushalt des Englischen war das Französische mit einem Anteil von 38 % in der *GSL* (gegenüber fast 51 % Wörtern germanischer Herkunft). Dank der auch in der Zeit der norman-nischen Herrschaft intakt gebliebenen Volkssprache vermochte das Eng-lische seine germanische Eigenart insbesondere im Kernbereich seines Wortschatzes zu bewahren, wenn auch das französische Superstrat tief-greifende, bis weit in die Alltagssprache reichende lexikalische Spuren hin-terlassen hat. Wie im Falle des Anglonordischen fand auch hier der Sprachwechsel zugunsten des autochthonen Englisch statt: das Anglonor-mannische starb im Übergang zum Neuenglischen aus.

II. Der gemischte Wortschatz:

Ursachen, Erscheinungsformen und Folgen der Sprachmischung

A. 1. Zum Sprachmischungsprozeß

Es gibt keine ungemischte Sprache. Das Neben-, Mit- und Gegeneinander der Völker und Menschen hat zu allen Zeiten zur Vermischung der Sprachen geführt. Dabei kann es, wie wir am Beispiel des Englischen sahen, zu einer so starken Durchmischung des Wortschatzes mit fremden Wörtern kommen, daß im lexikalischen Haushalt einer Sprache mehr Lehn- als Erbwortgut gespeichert ist (im Englischen im Verhältnis von etwa 7:3). Solange im praktischen Sprachgebrauch die führende Rolle der Erbwörter gesichert ist, wobei den einheimischen Funktionswörtern besondere Bedeutung zukommt, ist die Gefahr des Sprachwechsels nicht gegeben. Erst wenn eine fremde Sprache neben die angestammte tritt und dieser als der überlegenen Verkehrs- und Kultursprache der Vorzug gegeben wird, vermag die fremde nach einem Zeitraum des Bilingualismus (der Zwei- oder Mehrsprachigkeit) in die Rolle der ererbten einzurücken. Dabei führt der Sprachkontakt zu I n t e r f e r e n z e n , die sich als fremdes S u b s t r a t in der neu erworbenen und als S u p e r s t r a t in der zurückgedrängten Sprache niederschlagen. So erklären sich die Keltismen im Anglo-Irischen und schottischen Englisch bzw. die Anglismen im Kymrischen und Gälischen. Doch auch wenn sich die fremde Sprache gegenüber der heimischen nicht durchsetzt, erfolgt im Zeitraum der Sprachberührung ein gegenseitiger Austausch von sprachlichen Elementen, wie etwa das franz. Lehngut im Englischen und das engl. Lehngut im Anglofranzösischen deutlich machen[1]. Die Intensität der gegenseitigen Beeinflussung wird dabei sowohl von linguistischen Faktoren (wie strukturel-

---

[1] Sprachwechsel setzt nicht unbedingt eine kontinuierliche Anreicherung der angestammten Sprache mit fremden Elementen bis zu einer Mindestmenge von 50 % voraus. Vielmehr scheidet die vernachlässigte Sprache allmählich als aktiv gesprochene aus und kann nach einem Stadium des passiven Weiterlebens etwa beim Generationswechsel völlig aufgegeben werden.

len und lautlichen Affinitäten) als auch extralinguistischen Kräften (wie kultureller und politischer Über- bzw. Unterlegenheit) bestimmt[2]. Außer zwischenvölkischem (zwischenmenschlichem) Kontakt führt auch die schriftsprachliche Begegnung mit einer anderen Geisteswelt zur Sprachmischung. Die lat. Lww im Englischen verstehen sich in ihrer Mehrzahl als literarisches Superstrat, ebenfalls die gelehrten franz. Lww *(mots savants)*.

Zur Sprachmischung: Görlach, 129 ff.; Bähr, 39 ff. et passim; H. Schuchardt, *Slawo-Deutsches und Slawo-Italienisches* (Graz, 1885), erste wissenschaftl. Darstellung des Sprachmischungsprozesses; U. Weinreich, *Languages in Contact* (New York, 1953); H. Käsmann, *Studien zum kirchlichen Wortschatz des Mittelenglischen 1100–1350. Ein Beitrag zum Problem der Sprachmischung.* Anglia Buchreihe 9 (Tübingen, 1961); E. Haugen, 'The Analysis of Linguistic Borrowing', *Language*, 26 (1950), 210 ff.; M. Wandruszka, *Interlinguistik. Umrisse einer neuen Sprachwissenschaft* (München, 1971).

A. 2. Ursachen der Wortentlehnung

Die Gründe für die Entlehnung von fremdem Wortmaterial können sehr unterschiedlicher Art sein und lassen sich selbst bei Berücksichtigung aller innersprachlichen und außersprachlichen Gegebenheiten nicht in jedem Fall überzeugend nachweisen. Oft sind mehrere Ursachen gleichzeitig wirksam. Wichtig ist die Existenz für den Entlehnungsvorgang günstiger Voraussetzungen, wie Bilingualismus, kulturelles Vorbild, zivilisatorischer Austausch u. ä. Einige der augenfälligsten Ursachen sollen hier genannt werden:

1. Lehnwörter füllen Lücken im heimischen Wortschatz.

a) Mit einer fremden Sache wird die Bezeichnung übernommen: *potato* (< span. < hait.), *tea* (< ndl. < chin.), *punch* (< ind.), *banana* (< span. < ? arab.); *baron, viscount, marquis, duke* (< afr.), *sauerkraut, veronal* (< dt.).

---

[2] Der relativ geringe Mischungsgrad des Anglo-Irischen erklärt sich sowohl aus den disparaten Strukturen des Gälischen und Englischen wie aus der rigorosen Machtpolitik der Engländer gegenüber den Iren, die das Englische in Irland zur überlegenen Verkehrssprache machte. Für die Romanisierung des engl. Wortschatzes waren in erster Linie historische und kulturelle Gesichtspunkte ausschlaggebend.

b) Für eine fremde Sache wird die Bezeichnung übernommen: *Cortes* (< span.), *nirvana, swastika* (< skr.), *mikado* (< jap.), *weltanschauung* (< dt.).

c) Für einen Begriff ist noch keine feste heimische Bezeichnung gefunden. So wurden z. B. *clergy* 'Klerus' und *sacrament* 'Sakrament' während des Frme. aus dem Afr. (*clergie, sacrement*) entlehnt, da das Altenglische noch keine festen Ausdrücke für beide Begriffe kannte. Vgl. dazu Käsmann, 199 und 313 f.

In den genannten Fällen empfiehlt sich die Wortentlehnung, wenn ein treffender heimischer Ausdruck fehlt oder die fremde Sache nur durch umständliche Umschreibung erklärt werden kann. Vgl. etwa *suttee* (< skr.): 'A Hindu widow who immolates herself on the funeral pile with her hushand's body' (SOED). Häufig handelt es sich um Fachausdrücke *(termini technici)*, so bei *resurrection* 'Auferstehung' (< afr.), *kindergarten* (< dt.), dt. *Badminton* (< engl.).

d) Mangelnde semantische (inhaltliche) Differenzierungsfähigkeit heimischer Wörter wird durch Entlehnung fremder beseitigt. So trat *charity* 'caritas, Barmherzigkeit' (< afr. *charite*) an die Stelle von mehrdeutigem ae. *lufu* (> me. ne. *love*). Vgl. Käsmann, 247 ff.

2. Ein bereits entlehntes Wort zieht die Entlehnung (oder Neubildung) weiterer Wörter nach sich (Wirkung von *Konsoziation*: der 'paradigmatische Druck' bewirkt Auffüllung des lexikalischen Paradigmas): *prove, approve, reprove, approval, approbation* usw.; *able, ability, enable, disability* usw.; *judge, judgment, just, justice* usw.

3. Bereits vorhandene Wörter können die Entlehnung etymologischer Dubletten begünstigen: ae. *segn* (< vlat.) + *sign* (< afr.), ae. *torr* (< lat.) + *tur* (< agn.) > ne. *tower*; ae. *engel* (< vlat.) + *angel* (< afr.); ae. *blāc* > ne. Ø + an. *bleikr* > ne. *bleak*; ae. *eȝe* > ne. Ø + an. *agi* > ne. *awe*. Dabei kann es zur lautlichen Angleichung (meist) der älteren Form an die jüngere bzw. zur Aufgabe einer der beiden Dubletten (meist der älteren) kommen. Vgl. etwa *segn* > *sign, blāc* > Ø (< *bleak*).

4. Bequemlichkeit der Übersetzer oder mangelhafte lexikographische Hilfsmittel können dazu verleiten, das fremde Wort einfach stehen zu lassen. Dies läßt sich besonders in Texten älterer Sprachstufen (spez. des Mittelalters) feststellen.

5. Wesentliche Impulse für die Wortentlehnung können von außersprachlichen Kräften ausgehen, so von der Rolle, die eine fremde Sprache als

stilistisches oder sprachliches Vorbild spielt. Unter diesem Aspekt sind z. B. die Renaissancelatinismen zu beurteilen. Wissenschaftliche und technische Ausdrücke erlangen oft internationale Verbreitung. Das 1802 von Gottfried Reinhold Treviranus gebildete *Biologie* findet sich im selben Jahr bei Lamarck im Französischen (*biologie*) und wird von dort ins Englische entlehnt (1813). *Communist*, eine Wortschöpfung des franz. Sozialisten Etienne Cabet aus dem Jahr 1840, erscheint ein Jahr später bei Heine im Deutschen und bei Barmby im Englischen. Eine bedeutsame Rolle spielt die Mode. Zahlreiche (der in die Hunderte gehenden) engl. Lww im Deutschen sind (z. T. langlebige) Modewörter. Vgl. österr.-dt. *fesch* < engl. *fashionable* (durch Fürst Pückler nach 1800 verbreitet), weiter neue Entlehnungen wie *Sex (Appeal)*, *Teenager*, *Team*, *Drink*, *Song*, *Show (Talk Show)*. Hinzu kommt der 'Nutzeffekt' der Lehnwörter. Da sie gewöhnlich mit begrenztem Bedeutungsumfang übernommen werden, sind sie semantisch klarer umrissen, eindeutiger. Vgl. franz. *détente* 'Losdrücken; Drücker, Abzug; Nachlassen der Spannung (auch in der Politik)' > engl. *détente/detente* (1908) 'politische Entspannung'; dt. *Show, Management, Manager* (< engl.).

6. Schwierig ist die Beantwortung der Frage, inwieweit der Wortschwund in ursächlichem Zusammenhang mit der Entlehnung neuer, Ersatz leistender Wörter steht. Wahrscheinlich besteht in vielen Fällen eine nur durch genaue Untersuchung der Wortgeschichte zu begründende Interrelation zwischen Wortschwund und Neuentlehnung. Dabei können z. B. Polysemie, Homophonie und mangelnde Produktivität von Wortbildungsklassen eine bedeutsame Rolle spielen (vgl. u. S. 117 ff.). Sicher trägt das Aussterben vorhandener Wörter zur Integration synonymer Lww (und Stärkung heimischer, Ersatz leistender Wörter) bei.

Zu den Ursachen der Wortentlehnung: Görlach, 140 ff.; Käsmann, *Studien zum kirchlichen Wortschatz des Mittelenglischen* (1961), besonders wichtig dort die Seiten 31 ff.; B. Carstensen, *Englische Einflüsse auf die deutsche Sprache nach 1945* (Heidelberg, 1965); B. Carstensen u. H. Galinsky, *Amerikanismen der deutschen Gegenwartssprache* (Heidelberg, ²1967); E. Haugen, *Language*, 26 (1950), 210 ff.

A. 3. Formen des lexikalischen Lehnguts

a) Das Lehnwort

Die am häufigsten vertretene Form des lexikalischen Lehnguts ist das L e h n w o r t[3]. Unter Lehnwort ist ein in Form wie Inhalt (Bedeutung) aus einer fremden Sprache häufig unter gewissen Veränderungen seiner phonetisch-phonologischen, morphologischen, graphischen und semantischen Eigenschaften übernommenes Einzelwort zu verstehen.

a) P h o n o l o g i s c h - p h o n e t i s c h e Angleichung an die entlehnende Sprache liegt z. B. bei der entnasalierten Aussprache franz. Lww im Englischen vor (*basin, cousin, county*), bei der deutschen Aussprache ['trɛːnər] für engl. *trainer* ['treinə], bei der Verlagerung des Wortakzents nach heimischem Muster bei engl. *city* oder *conduct* (vgl. franz. *cité*, lat. *condúctus*).

b) M o r p h o l o g i s c h e Veränderungen ergeben sich z. B. bei der Angleichung von Lehnwörtern an das heimische Flexionssystem. Me. *refreshen* (> *refresh*) [< afr. *refreschier/refreschir*] erhielt die Infinitivendung -*en* (-*e* > Ø) und bei der Konjugation die entsprechenden englischen Flexionsmorpheme (wie -*eth* [-*es*] in der 3. Pers. Sing.). Engl. *dope* wurde in der Form *dopen* ins Deutsche übernommen (*ich dope, du dopst, wir dopen, du hast gedopt* usw.). Franz. Lww im Deutschen bilden ihren Infinitiv auf -*ieren* (franz. *raser* > dt. *rasieren*), im Russischen auf -(*ir*)*ovatj* (franz. *interner* > russ. *internírovatj*).

c) G r a p h i s c h e Veränderungen liegen z. B. bei der Großschreibung von Lehnwörtern im Deutschen vor. Vgl. *Countdown* (< engl. AE *countdown*), *Business* (< engl. *business*), *Teenager* (< engl. AE *teenager*). Fremdes *c* oder *ss* werden im Deutschen oft durch *K/k* und *ß* ersetzt (dt. *Komputer* < engl. AE *computer*, dt. *Boß* < engl. AE *boss*, dt. *Kognak* < franz. *Cognac*), *c* in *Publizity* durch *z* (< engl. *publicity*)[4].

d) S e m a n t i s c h bedeutet Entlehnung oft eine Einengung des Bedeutungsbereichs des entlehnten Wortes. So wurde das vieldeutige engl. *run* ('Lauf, Dauerlauf, Laufschritt; Laufmasche; Passage [Musik]; Reihe,

---

[3] Das dt. Wort findet sich zuerst bei Ebel 1856. Engl. *loan word* ist eine Lehnübersetzung des deutschen Wortes (Erstbeleg *SOED* 1861).

[4] Graphische Veränderungen ergeben sich notwendigerweise bei der Übernahme von Wörtern aus Sprachen mit unterschiedlichem Schriftsystem, so z. B. bei Entlehnungen aus dem Russischen. Vgl. dazu Verfasser, *Die Neueren Sprachen*, 72 (1973), 20.

Folge; Ansturm auf etwas, große Nachfrage nach etwas' usw.) nur in der letztgenannten Bedeutung ('great demand') ins Deutsche übernommen: *der Run auf Warenhäuser, auf Neubauten* usw. Mit der voranschreitenden Integration von Lehnwörtern wächst gewöhnlich auch deren Bedeutungsbereich, wobei es auch zu 'Nachentlehnungen' kommen kann (so etwa bei engl. *integrity,* das seit 1450 in der Bedeutung 'material wholeness', in der Bedeutung 'soundness of moral principle' aber erst seit 1548 belegt ist; lat. *integritas* hatte beide Bedeutungen).

Von M i s c h l e h n w ö r t e r n spricht man, wenn mindestens ein Glied des entlehnten Wortes durch ein heimisches Element ausgedrückt wird (dt. Grape*frucht* < engl. grape*fruit*). Um Scheinentlehnungen handelt es sich bei dt. *Dressman, Showmaster, Twen.* Vgl. hierzu Carstensen (1965), 252 f.

Im weiteren Wortsinn schließt der Begriff Lehnwort jedes aus einer fremden Sprache übernommene Wort, auch die (noch) nicht assimilierten F r e m d w ö r t e r (*foreign words*) mit ein. Im engeren Sinn bezieht er sich auf das integrierte fremde Wortmaterial. Die Grenzen zwischen beiden Kategorien freilich sind fließend und für die einzelnen Sprachen unterschiedlich zu ziehen. Dt. *Basin* z. B. (< franz.) ist mit seiner Aussprache und der Pluralform auf *-s* (*Basins*) ein Fremdwort, engl. *basin(s)* ein voll integriertes Lehnwort. Zur Definition von *foreign word* vgl. u. S. 140.

Von den Lehnwörtern zu unterscheiden sind N e u b i l d u n g e n aus fremdem Morphemmaterial. Eine Fundgrube für solche Wortprägungen sind die wissenschaftlichen Fachsprachen, die sich lat. und griech. Wortbildungsmittel und -muster bedienen. Vgl. *biology, photography, telegraphy, phoneme, semanteme, semantics* (s. o. S. 50 f.).

b) V e r g l e i c h : E r b w o r t – L e h n w o r t , F r e m d w o r t – H a r d W o r d

Das Zusammenwachsen germ. und rom. Elemente im Englischen verleiht dem Englischen einen hohen Grad an 'lexikalischer Internationalität'. Ein Großteil des franz. und lat. Wortschatzes findet sich im Englischen wieder, darunter das Heer der internationalen Fachtermini lat.-rom. Provenienz. Hinzu kommt, daß zahlreiche außereuropäische Lww über das Französische (so *cipher* aus arab. *çifr, check/cheque* aus pers. *shāh*) oder andere rom. Sprachen (haitisch *tobacco* über das Spanische oder indisches *teak* 'Teakholz' über das Portugiesische) vermittelt wurden. Dem lockeren Nebeneinander von germ. Erbwort- und rom. Fremdwortgut im Deutschen steht im Englischen ein engeres Miteinander des heimischen und des entlehnten Wortguts gegenüber. Da im Englischen neben dem entlehnten Wort oft kein heimisches zur Verfügung steht, ist der Engländer auf das Lehnwort angewiesen, will er nicht umständlich umschreiben. So z. B. bei *absurdity, restoration, difference, detail, fricative, sentimental* oder *confiscate*, wo der Deutsche zwischen fremdem und ererbtem Wort, etwa zur Erreichung unterschiedlicher Stil- und Ausdrucksabsichten, wählen kann: *Absurdität/Widersinnigkeit*; *Restauration/Wiederherstellung*; *Differenz/ Unterschied*; *Frikativ/Reibelaut* usw. Dabei ist das Fremdwort im Deutschen nicht unbedingt Ausdruck gehobener oder spezieller (etwa wissenschaftlicher) Ausdrucksweise, wie Beispiele wie *Kino, Telefon, Adresse, Taxi, Auto, passieren, gratulieren* zeigen, die sich eher umgangs- als schriftsprachlich finden. Die deutsche Verwaltungssprache zieht *Lichtspielhaus, Fernsprecher, Lichtbild, Anschrift* usw. vor. Umgekehrt greift die engl. Verwaltungssprache, das *officialese*, zum Latinismus oder Gräzismus, so bei *dehydrated vegetables* für 'Trockengemüse', *exterminator* für *weed killer* 'Unkrautbekämpfungsmittel', *dentifrice* für *tooth paste* 'Zahnputzmittel', *refuse* für *trash* usw. 'Abfall' oder *sensitivity* für *speed* 'Empfindlichkeit' (eines Films).

Der deutsche Sprachgebrauch zeigt eine deutlich größere Distanz zum schriftsprachlichen Fremdwort als der englische. Der Satz *The principal characteristic of this unique dictionary is a vocabulary of general contemporary English* bietet ein gängiges, wenn auch lexikalisch anspruchsvolles Englisch. Die wörtliche deutsche Entsprechung *Das prinzipielle Charakteristikum dieses unikalen Diktionärs ist ein Vokabular von generellem kontemporärem Englisch* wäre zumindest stilistisch nicht akzeptabel. Nehmen wir als Beispiel *disengagement*: Die Engländer entlehnten das Wort in der Bedeutung 'Entpflichtung' im 17. Jh. aus dem Französischen, wir nach 1945 in der politischen Bedeutung '(Truppen- [usw.]) Entflechtung' aus dem Englischen. Wir würden es als Fremdwort, die Engländer eher als Hard Word, als schwieriges, schwer zugängliches Wort bezeichnen. Gerade die oft langen, polymorphemischen Lww aus dem Lateinischen und Französischen, von denen zahlreiche internationalen Wortstatus haben, sind für den Engländer Hard Words, etwa *longitude, longevity, longanimity, odoriferous, interdependence, intractability, extravagance*. Unter *foreign words* versteht der Engländer gewöhnlich lautlich (noch) nicht assimilierte Wörter wie franz. *ingénue* [ˌɛ̃ːnʒei'njuː] 'an artless innocent girl', *bourgeois* ['buəʒwɑː] 'bürgerlich' oder *melee* ['melei] 'an irregular fighting', aber auch rom. und andere Lww mit einem 'foreign or exotic flavour', wie *scenario, generalissimo, crescendo* (< ital.), *major-domo* 'Hausmeier', *guava* 'Guavabaum', *hidalgo* 'Spanish gentleman' (< span.), *mango* 'Mangofrucht', *dodo* 'Dronte' (< port.), *festschrift* (AE), *kindergarten, ablaut, meerschaum* (< dt.), *caftan* (< türk.), *algebra* (< ar.), *juggernaut* 'Moloch, Götze' (< Hindi). Viele von ihnen bezeichnen der engl. Kultur fremde Begriffe (*exotisms*). Daß sie auch *foreigners* einbürgern, zu *denizens* werden, beweisen so überzeugende Beispiele wie *tobacco, coffee, banana, tea, bungalow, shampoo.* Entscheidend ist offensichtlich hier der Bekanntheitsgrad der vom Wort 'bedeuteten' Sache; mit wachsendem Bekanntheitsgrad steigt auch die Frequenz des Wortes, es verwurzelt und wird integriert. Seltener Gebrauch verhindert oder verzögert den Einbürgerungsprozeß. Das betrifft auch fremde Funktionswörter wie *re, versus, circa, via, sub, vice versa.*

Zum Begriff Lehnwort, Fremdwort usw.: Görlach, 136 et passim; Leisi, 46 ff., 196 ff., 215 ff.; Bähr, 20 f.;

E. Kaufmann, 'Der Fragenkreis ums Fremdwort' *JEGPh* 38 (1939), 42 ff.; G. Holz, 'Fremdwort oder Lehnwort', *Muttersprache* 63 (1953), 253 ff.; V. Blanár, 'Die Einbürgerung entlehnter Wörter in graphischer Darstellung', *TLP* 3 (1968), 155 ff.; M. Scheler, 'Zur Struktur und Terminologie des sprachlichen Lehnguts', *NSpr* (1973), 19 ff.

c) Lehnbildungen und Lehnbedeutungen

Neben dem L e h n w o r t , dem allein wegen seines zahlenmäßigen Gewichts bei der Darstellung des engl. Wortschatzes breiter Raum zugestanden werden muß, wirkte fremder Einfluß auch in Form von L e h n - b i l d u n g e n und B e d e u t u n g s e n t l e h n u n g e n auf das Englische, wenn auch in weniger auffälligem Maße, ein.

Während es sich beim Lehnwort um Übernahme eines fremdsprachlichen Wortes in Form und Bedeutung handelt, haben wir es bei der Lehnbildung mit der Nachahmung fremder Wörter mit heimischen Mitteln zu tun. Sie tritt in drei Formen auf:

1. Unter L e h n ü b e r s e t z u n g (Lüs) ist die semantisch kongruente Glied-für-Glied-Wiedergabe des fremden Vorbilds bei einem relativ hohen Maß an formaler Übereinstimmung zu verstehen. Sie ist die häufigste Form der Lehnbildung.

Engl. *chainsmoker* < dt. *Kettenraucher*, AE *standpoint* (1829) < dt. *Standpunkt, gospel* < ae. *gōdspel* < lat. *bona annūntiātio* < griech.

evangelium 'gute Verheißung' (nach Kürzung des [o:] im ersten Element mit *god* 'Gott' gleichgesetzt: also 'Gottesbotschaft'), *byword* 'Musterbeispiel' < ae. *bīwyrde* < lat. *prōverbium, bywork* 'work done by the way' (Golding 1587) < griech. *párergon, embody* < lat. *incorporāre* (1548), *a freak of nature* < lat. *lūsus naturae,* AE *Christmas tree* (1838; doch im BE schon 1829 belegt) < dt. *Weihnachtsbaum,* AE *thick milk* < dt. *Dickmilch, airship* < dt. *Luftschiff, thing-in-itself* < dt. *Ding an sich, folksong* < dt. *Volkslied, overmorrow* < dt. *übermorgen* (Coverdale, *Tobit VIII,* 4 [1535]).

Lehnübersetzungen liegen auch dann vor, wenn keine völlige morphologische Kongruenz gegeben ist. So ist franz. *gratte-ciel* Lüs, obwohl es sich in der Bildungsweise erheblich von seinem Vorbild, AE *skyscraper,* unterscheidet. Entscheidend ist die semantische Übereinstimmung: franz: *gratter* und engl. *scrape* sind bedeutungsgleich ('kratzen'). Ähnlich zu beurteilen sind franz. *coup de main* > dt. *Handstreich,* franz. *gros de conséquences* > dt. *folgenschwer* – trotz der (grammatikalisch bedingten) Unterschiede in der Bauweise.

2. Die L e h n ü b e r t r a g u n g (Lüt) ist die freiere Nachahmung der fremdsprachigen Wortform. Bei teilweiser formaler Kongruenz weicht mindestens ein Glied der Nachbildung von der Vorlage – semantisch – ab. Ae. *unsceþful* (un-sceþ-*ful*) < klat. *innocēns* (in-noc-*ens*) 'unschuldig' ist Lüt, *unsceþþende* hingegen Lüs; AE *beer-hall* < dt. *Stehbierhalle* (das erste Element des dt. Wortes [*Steh-*] ist nicht wiedergegeben); ae. *leorningcniht* < klat. *discipulus*; ae. *restedæg* < klat. *sabbatum* (< hebr. *schabbāth* 'ruhen'); engl. *lance-knight* < dt. *Landsknecht* (1523; volksetym. umgedeutet); engl. *wishful thinking* < dt. *Wunschdenken* (20. Jh.); dt. *Wolkenkratzer* < AE *skyscraper*; dt. *luftgekühlt* < AE *air-conditioned.*

3. Die L e h n s c h ö p f u n g (Lsch) ist eine durch ein fremdes Wort ausgelöste, im Gegensatz zur Lehnübersetzung und Lehnübertragung formal jedoch von diesem unabhängige Neuschöpfung, bei der sich auch semantisch keines der Einzelglieder mit denen des fremdsprachlichen Gegenstücks deckt[5].

---

[5] Trotz der unterschiedlichen Motivation bei Vorbild und Nachschöpfung (Automobil = 'Selbstbeweger' : Kraftwagen) läßt sich häufig eine gewisse – wenn meist auch nur geringe – Bedeutungsähnlichkeit wenigstens zwischen einem der Teilglieder von Vorlage und Kontrafaktur nachweisen. Vgl. Auto*mobil* : Kraft*wagen* (beweglich : *Wagen*), blue *jeans* : Nieten*hosen* (*jeans* = 'geköperter Baumwollstoff' : Hosen). Nicht so bei Cognac : Weinbrand.

Ae. *cwildeflōd* 'Sintflut' < klat. *dīluvium* (< ae. *cwild* 'Zerstörung, Tod' + *flōd* 'Flut' für 'Sintflut' [wörtl. 'gewaltige, alles bedeckende Flut']; lat. *dī-* 'auseinander' + *luvium* zu *luere* = *lavare* 'waschen, spülen'); ae. *čiričmangung* wörtl. 'Kirchenhandel' < *simony* (< klat.; nach *Simon Magus*, Apostelgesch. VIII, 18 f.); dt. *Kraftwagen* < *Automobil; Mundart* (Zesen 1640) < *Dialekt; Weinbrand* < *Cognac; vollklimatisiert* < AE *air-conditioned*.

Bei der Unterteilung der Lehnbildungen in Lehnübersetzung, Lehnübertragung und Lehnschöpfung arbeiteten wir hauptsächlich mit dem Kriterium der semantischen Differenzierung zwischen den Einzelteilen der fremdsprachlichen Vorlage und ihrer Nachbildung[6]. Eine solche semantische Differenzierung ist bei der Lüs so gut wie nicht (dt. *brandneu* < engl. *brandnew*), bei der Lüt nur teilweise (dt. *luftgekühlt* < *air-conditioned*), bei der Lsch für alle Teile (*vollklimatisiert* < *air-conditioned*) gegeben.

Lehnbildungen sind in ihrer überwiegenden Mehrheit Zusammensetzungen, meist Komposita, und damit 'motiviert' (*Weinbrand* < *Cognac*). Von Lehnbildungen kann nur dann gesprochen werden, wenn nachgewiesen ist, daß es sich um Nachbildungen fremder Vorlagen und nicht um unabhängige Neubildungen handelt. Was bei einem Fall wie engl. *homesickness* < dt. *Heimweh* (OED: 1756 tr. 'Keysler's Trav.' (1760) I. 174 The *heimweh*, i. e. 'homesickness' with which those of Bern are especially afflicted) überzeugend wirken kann, bleibt in Fällen wie etwa AE *back country* oder *cookbook* [= BE *cookery-book*] zweifelhaft (? Eigenbildung oder Nachbildung des dt. *Hinterland* bzw. *Kochbuch*). Sprachen oder Sprachstufen mit hohem Lehnwortanteil neigen nur wenig zu Lehnbildungen (so das Neuenglische), solche mit geringem Lehnwortanteil zeigen eine stärkere Neigung zur Nachahmung fremder Vorbilder mit eigenem Morphemmaterial (das Altenglische [s. o. S. 39] und Deutsche). Das gilt auch für die Lehnbedeutung.

---

[6] Morphologische Unterscheidungsmerkmale in den Vordergrund zu stellen, wie das in der bisherigen Forschung gewöhnlich geschah, erweist sich häufig als unangebracht, wie etwa die Beispiele franz. *gratte-ciel* ('kratz den Himmel!' [Imperativbildung] bzw. 'kratz-Himmel' [juxtaposition des radicaux]) < *skyscraper* ('Himmelskratzer') und dt. *Handstreich* <*coup de main* ('Streich von Hand') zeigen. Dann wäre letztlich der Bereich der Lüs auf den Typ *brandneu* für *brandnew* eingeengt, und bei deutsch *Atombombe* handelte es sich um Lüs, falls man von *atom bomb*, um Lüt, falls man von *atomic bomb* ausginge.

Bei der L e h n b e d e u t u n g (Lbed) wird die Bedeutung fremder Wörter auf heimische übertragen. Der Entlehnungsvorgang kann den gesamten Bedeutungsumfang des abgegebenen Wortes, aber auch nur Teile davon umfassen. Die Neuerung besteht dabei nicht in einer zahlenmäßigen Vermehrung des Wortschatzes durch Entlehnung oder Neubildung wie beim Lehnwort und der Lehnbildung, sondern in der Erweiterung des Bedeutungsumfangs (= Bedeutungsveränderung) bereits vorhandener Wörter.

Me. ne. *knight* entlehnte seine Bedeutung 'Ritter' agn. *chevaler,* ne. *arrive* seine Bedeutung 'Erfolg haben' franz. *arriver* (Erstbeleg 1889), AE *fresh* seine Bedeutung 'unverschämt' von dt. *frech* (Erstbeleg 1848). Ae. *dryhten* und *hlāford* 'Gefolgsherr' sind Lbedd von klat. *dominus,* das seine christliche Füllung ('Herrgott') von kgriech. *kýrios* erhielt; ae. *hālig* 'heilig' ist Lbed von klat. *sanctus,* ae. *ēadig* 'glückselig' von klat. *beātus.* Dt. *herumhängen* verdankt seine Bedeutung 'herumlungern' engl. *to hang about,* dt. *füttern* (von Komputern) seine spezielle Bedeutung engl. *to feed,* dt. *hassen* die Bedeutung 'etwas nicht gern tun' (z. B. *Ich hasse es dich zu fragen*) engl. *to hate* (*I hate to ask you*). Vgl. o. S. 40.

Lehnbildungen und Lehnbedeutungen lassen sich unter dem Begriff L e h n p r ä g u n g e n zusammenfassen. Die folgende Skizze versucht eine schematische Darstellung des *lexikalischen Lehnguts*[7].

	Lehnprägungen			
	Lehnbildungen			
Lehnwort	Lehn- übersetzung	Lehn- übertragung	Lehn- schöpfung	Lehn- bedeutung

Zu den Lehnbildungen und Lehnbedeutungen: Leisi, 58, 60, 216; Bähr, 20 f.; Görlach, 136 ff.

W. Betz, '*Der Einfluß des Lateinischen auf die ahd. Sprachschatz, I. Der Abrogans*' (Heidelberg, 1936); ders.: '*Deutsch und Lateinisch. Die Lehnbildungen der ahd. Benediktinerregel*' (Bonn, ²1965); H. Gneuss, *Lehnbildungen und Lehnbedeutungen im Altenglischen* (Berlin, 1955); B. Carstensen, '*Engl. Einfl. auf d. dt. Sprache nach 1945*' (Heidelbg., 1965), 213 ff.; M. Scheler, *NSpr* (1973), 19 ff.

[7] Auch das phraseologische und syntaktische Lehngut läßt sich in Lüss, Lütt und Lbedd unterteilen. Die Lsch ist beiden Kategorien allerdings fremd. Vgl. dazu Verfasser, *NSpr* (1973), 19 ff.

B. 1. Der Synonymenreichtum des Englischen

Die Verschmelzung von germanischem mit romanisch-lateinischem Wortgut im Englischen führte zu dem überdurchschnittlichen Wortreichtum des Englischen. Wortreichtum wiederum äußert sich hauptsächlich in S y n o n y m e n r e i c h t u m. Die Sprache stellt für einen (außersprachlichen) Begriff gewöhnlich mehrere (sprachliche) Ausdrucksmittel zur Verfügung, die sich durch Bedeutungsnuancen unterscheiden und in gleichem Kontext bedingt austauschbar sind. Wir wollen dies am Beispiel des Wortfelds 'befreien' im Englischen klarzumachen versuchen.

Die Funktion des Archilexems, des Wortes, das als gemeinsamer Nenner die Gesamtbedeutung des Feldes abdeckt, wird von *free* wahrgenommen, das germ. Herkunft ist und schon ae. belegt ist (ae. *frēogan*). Archisem, das allen Feldgliedern gemeinsame semantische Markmal, ist (adj.) *frei* erweitert durch [kausatives] (vb.) *machen* + (präp.) *von*. Die divergierenden (differenziellen) Bedeutungskomponenten (Seme) werden durch das Objekt mitbestimmt, von dem jemand/etwas 'befreit' wird. Außer der Herkunft sollen das Jahrhundert der Entlehnung (in röm. Ziffern) angegeben und eine grobe Einteilung nach der Bedeutung (dem semantischen Stellenwert im Feld) versucht werden[8].

Als Bedeutungsvarianten finden sich u. a. *f r e e from sth./sb.* (a) *general meaning*, (b) *politically*, (c) *sociologically (from slavery, bondage)*, (d) *from imprisonment (custody)*, (e) *captivity by payment of money*, (f) *obligation, duty*, (g) *pledge, promise, vow*, (h) *encumbrance, burden*, (i) *distress; fear*, (j) *embarrassment*, (k) *restraint*, (l) *difficulty, entanglement*, (m) *danger*, (n) *guilt*, (o) *accusation, penalty, charge*, (p) *suspicion*, (q) *trouble, affliction*, (r) *pain*, (s) *sin*, (t) *doubt; blame*, (u) *attendance*, (v) *vermin*, (w) *undo, untie*.

GERM.: ae. *free* (a), XIII: an. *rid* (h/i/q/v), an. *loose* (w); FRANZ.: XIII: *acquit* (n/o/p), *deliver* (c/f/k/m/q/r), *excuse* (u), *ransom* (e), *release* (d/f/h/m/s), *save* (m); XIV: *discharge* (d/f/h/o), *dispense* (f), *clear* (t/v), *relieve* (f/h/i/q/r), *rescue* (m); XV: *disfranchise* (b/c), *exempt* (f); XVI: *disencumber* (h); XVII: *disengage* (f/g), XVIII: *disembarrass* (h/j).

---

[8] Zu den Begriffen Wortfeld, Archilexem und Archisem vgl. H. Geckeler, 'Strukturelle Semantik und Wortfeldtheorie' (München, 1971; mit umfangreichen Literaturangaben), auch Görlach, 116, 126 ff.

LAT.: XVI: *absolve* (f/o), *exonerate* (f/h), XVII: *extricate* (j/l), *emancipate* (c), *liberate* (b/c/d).

FRANZ. oder LAT.: XV: *redeem* (e/g/s). Hybride Bildungen GERM. (Stamm) + LAT. (Präf.): XVI: *disburden* (h), *disentangle* (l), XVII: *disenthrall* (c).

Neben dem Archilexem *free* lassen sich mindestens 27 Synonyme mit speziellen Bedeutungswerten finden, von denen einige einen breiteren (z. B. *rid, deliver, release, relieve*), andere einen engeren Anwendungsbereich (z. B. *loose, ransom, disenthrall*) besitzen. Wenn man die drei hybriden Bildungen zu den germ. Wörtern zählt, stehen 6 germ. 22 rom.-lat. gegenüber (Verhältnis 1:3,7): eine geradezu verschwenderische Fülle von lexik. Ausdrucksmitteln für einen einzigen Begriff!

Der Engländer empfindet das heimische Wort gewöhnlich als das persönlichere, lebendigere und stärker gefühlsbeladene, das romanische als das nüchternere, unpersönlichere, gewähltere und schwerere. Vgl. etwa das Gegenüber von *cold : frigid; hearty : cordial; green : virid; manly : masculine, male, virile; drunk(en), groggy, sozzled* (slang) *: intoxicated, inebriate; dullness : stupidity; to be glad to hear : to rejoice to hear; to come true : to be realized.* Die Wahl zwischen dem germ. und rom.-lat. Wort hängt von verschiedenen Faktoren ab: so von Inhalt, 'Textsorte', Darstellungsabsicht und Gesprächssituation, Sprachschicht; dabei können auch soziologische Gesichtspunkte (> Sozioliguistik) eine Rolle spielen. (Fach)wissenschaftliche Texte, anspruchsvolle belletristische Literatur, der Amts- und Pressestil (*officialese* und *journalese*) z. B. zeigen sich gegenüber den Romanismen und Latinismen aufgeschlossener als die leichte Unterhaltungsliteratur (wie Kriminalromane), die Umgangssprache, die Mundarten, nicht zuletzt niedere Sprachschichten (Substandard, Slang, Cockney, Cant). Der Arbeitersprache ist der (gehobene) Latinismus weitgehend fremd, ganz im Gegensatz zur feierlich-poetischen Sprache der älteren Bibelversionen, etwa zur Authorized Version (1604–11), die dank ihrer Autorität manchem lat. Lehnwort zur Einbürgerung verhalf und ihm das Tor zur engl. Dichtersprache öffnete[9]. Auf der Ebene des Registers (u. S. 143) konzentrieren sich die rom.-lat. Wörter im Bereich der

---

[9] Vgl. etwa Römerbrief 5, 1 ff.: 'Therefore being *justified* by *faith*, we have *peace* with God through our Lord Jesus Christ: By whom also we have *access* by *faith* into this *grace* wherein we stand, and *rejoice* in hope of the *glory* of God. And not only so, but we *glory* in *tribulations* also; knowing that *tribulation* worketh *patience*; and *patience, experience*; and *experience*, hope.' (Rom.-lat. Wörter kursiv). Luther hat dafür ausschließlich germ. Vokabeln: 'Nun wir

formellen Ausdrucksweise. Hier stehen sich Wörter wie *adult* (formal speech) und *grown-up* (informal speech), *reflect* und *think*, *grateful* und *thankful* oder *I regret* und *I am sorry* gegenüber. Schließlich widerspiegelt die Wortwahl die persönliche Stilgestaltung: manche Autoren neigen zu einer schwereren, mit Romanismen und Latinismen beladenen, andere zu einer einfacheren, leichteren und mehr germanischen Ausdrucksweise. Zur ersten Gruppe gehören Schriftsteller wie Herbert Spencer, Thomas Huxley, Th. Hardy und G. Meredith, zur zweiten Gruppe Ch. Dickens, H. G. Wells, A. Tennyson, H. Pinter, David Storey (Arbeitersprache), A. Christie (Kriminalromane).

Neben stilistischen u. ä. Gesichtspunkten spielen bei der Wahl von Synonymen fast immer Bedeutungsunterschiede, oft subtiler Art, eine Rolle. So bedeutet *loneliness* (germ.) 'Einsamkeit im wehmütigen', *solitude* (rom.) eher 'im erbaulichen Sinn'. *Feeling* (germ.) bezeichnet das 'wirkliche, unmittelbare Gefühl', *sentiment* (rom.) das 'vorgestellte, im Bewußtsein vorhandene' (*SOED: mental feeling*); *sensation* (rom.) steht *feeling* näher als *sentiment* (rom.), *sense* schließlich bedeutet 'das richtige Gefühl für etwas' (etwa: *he has no sense of humour* 'ihm geht der Sinn für Humor [das Gefühl für das Wesen des Humors] ab'); doch auch *sense of pain* 'Schmerzgefühl'. *Speech* (germ.) ist 'Sprache u. a. im Sinne de Saussures parole' (= 'praktischer Sprachgebrauch'), *language* (rom.) 'Sprache eines Volkes', *tongue* (germ.) so viel wie *language*, aber auch 'Sprachvermögen' etwa in *to find one's tongue* 'seine Sprache wiederfinden, sich erholen', *diction* (rom.) ist 'Sprache im stil. und gram. Sinn' (*poetic diction, correct d.*). *Work* (germ.) bedeutet 'arbeiten' im allg. Wortsinn, bei Maschinen so viel wie *operate, run, go*; *labour* (rom.) 'schwer arbeiten, sich abmühen' (auch 'Wehen haben'), *toil* (rom.) 'sich abplacken' (z. B. *to be toiling on a lesson*), *function* (rom.) 'funktionieren = richtig arbeiten'. *Think* (germ.) steht für '(nach)denken' im allg. Wortsinn, die rom. Lww *medidate/ruminate/muse/ponder/reflect* implizieren die Bedeutungskomponente des 'intensiven' Nachdenkens. Während im Deutschen bei *braten, schmoren, kochen, backen* hauptsächlich nach der Substanz der zuzubereitenden Speisen unterschieden wird, steht im Englischen das Mittel der Zubereitung im Vordergrund der lex. Differenzierung. Vgl. *roasted meat* = *meat cooked by dry heat*, *fried meat* = *m. cooked in hot fat*, *broiled m.*

denn sind gerecht geworden durch den Glauben, so haben wir Frieden mit Gott durch unsren Herrn Jesus Christus, Durch welchen wir auch den Zugang haben im Glauben zu dieser Gnade, darin wir stehen, und rühmen uns der Hoffnung der zukünftigen Herrlichkeit, die Gott geben soll . . .'

= m. *cooked on fire or heated iron, grilled m.* = m. *cooked on a grill* usw.[10]

Bei den Entsprechungen für dt. *groß* trägt *great* (germ.) das spezielle Merkmal des Abstrakten, *large* (rom.) der räuml. Ausdehnung (*a large room*), *vast* (rom.) der unermeßlichen Ausdehnung (ähnlich *immense* [rom.] und *spacious* [rom.]), *huge* (rom.) des Riesigen, *tall* (germ.) des Hohen, *broad* (germ.) des Breiten (*broad beans* 'große Bohnen'), *long* (germ.) des Langen (*long vacation* 'Große Ferien', *to go on a long tour* 'auf große Fahrt gehen'), *grand* (rom.) des Vornehmen, sozial Überlegenen (*grand people* = *great p.*), *grandiose* (rom.), *excellent*, auch *magnificent* (rom.) des Großartigen usw.

Außer Unterschieden in der denotativen (begrifflichen) Bedeutung spielen bei Synonymen oft konnotative Bedeutungsunterschiede (wie Gefühlswert, Stimmungsgehalt, Wortethos) und unterschiedliche Restriktionen hinsichtlich der lexik. und synt. Kombinierbarkeit (Selektionsrestriktionen, unterschiedliche sem. Kompatibilität [= Verträglichkeit]) eine Rolle. Nehmen wir die Adjektive *little* und *small*: *Little* bedeutet 'dem Wesen nach klein' (*a little child*), *small* 'vergleichsweise klein' (*a small child*). Neben diesen denotativen Unterschied tritt ein konnotativer: *little* hat einen Gefühlston, *small* nicht. Weiter unterliegt *little* einer synt. Restriktion: es wird nur attributiv verwandt (*the little house*, nicht aber **the house is little* [> *small*]). Als auffällige lexik. Kombination findet sich *little* z. B. bei Familiennamen (*the little Smiths* 'die Kinder der Schmidts'), *small* bei *beverage* 'leichtes, dünnes Getränk' oder bei *beer* (*small beer* fig. 'unbedeutende Person oder Sache').

Der beispiellose Wortreichtum, der sich als Synonymenreichtum realisiert, bietet dem Engländer die Möglichkeit zu subtilster semantischer und stilistischer Nuancierung, erschwert aber dem *non-native speaker* das Erlernen eines idiomatischen Englisch. Großen englischen Sprachmeistern boten die reichen lexikalischen Ausdrucksmittel ihrer Sprache in Vergangenheit und Gegenwart die Möglichkeit zu höchster sprachlicher Kunstentfaltung.

Zur Synonymie: Görlach, 112, 115 et passim; Leisi, 39, 53 ff. et passim; Baugh, 225 f.; Strang, 251, 279 et passim; McKnight, 393, 395 ff.; Aronstein, 67 ff.; Arnold, 224 ff.; Fowler, 611 ff.; Jespersen, 49 ff., 98 ff., 133 ff.;

St. Ullmann, *Semantics – An Introduction to the Science of Meaning* (Oxford, 1970), 141 ff. et passim; F. St. Allen, *Synonyms and Antonyms* (New York,

---

[10] Vgl. K. Wächtler, *'Das Studium der engl. Sprache'* (Stuttgart, ²1972), 196 f., weiter: E. Leisi, *'Der Wortinhalt'* (Heidelbg., ⁴1971), 67.

1920); J. Lyons, *Introduction to Theoretical Linguistics* (Cambridge, 1968), 405 ff. et passim; H. W. Klein, *Englische Synonymik* (Leverkusen, 1951); V. H. Collins, *The Choice of Words* (London, ²1953); *Roget's Thesaurus of English Words and Phrases* (seit 1852 immer wieder aufgelegt; vorbildliche Darstellung des Wortschatzes nach Sachgruppen); J. Taylor, *Sinnverwandte Wörter im Englischen* (Iserlohn, 1956); *Webster's New Dictionary of Synonyms* (Springfield, Mass., 1968); R. Meldau und R. B. Whitling, *Synonymik der engl. Sprache* (Frankfurt, 1964); S. I. Hayakawa, *Modern Guide to Synonyms and Related Words* (Darmstadt, o. J.); E. Leisi, *Praxis der englischen Semantik* (Heidelberg, 1973), 105 ff.

B. 2. Urverwandtes idg. Wortgut im Englischen

Das Zusammenwachsen von germanischem, rom.-latein. und anderem idg. Wortgut im Englischen hatte zur Folge, daß häufig einunddasselbe idg. Wort, auf unterschiedlichem Wege ins Englische gelangt, in unterschiedlicher lautlicher und semantischer Ausprägung vertreten ist. Gemeint ist etwa folgender Fall: Ne. *yard* 'Hof(raum)' geht auf ae. ȝeard 'enclosure, court' zurück und wurde von den Angelsachsen vom Kontinent mitgebracht. Die Skandinavier stellten *garth* (< an. *garþr*), das heute nördliches und östliches Dialektwort ist und gewöhnlich in Komposita wie *church-garth, apple-garth* u. ä. vorkommt. Dem Agn. entstammt *garden,* das auf westgerm. **gardon* zurückweist. Schließlich wurde 1852, im Todesjahr seines Erfinders (August Fröbel), kinder*garten* aus dem Deutschen ins Englische entlehnt. Nimmt man in Kauf, daß in lat. *co-hort-em* (acc. zu *cohors* 'eingefriedeter Ort > dort stationierte Truppe > Kohorte') eine präfigierte Form von idg. **ghortos* (> lat. *hortus*) vorliegt, so gehören auch *court* 'Hof' (< agn. *curt/cort* < rom.-lat. *curtem/cortem*), das im 15. Jh. entlehnte *cohort* 'Kohorte' und *Cortes* (1668 < span.) hierher. Allen sechs Wörtern gemeinsam ist der idg. Stamm **ghort-* 'umfriedet[er Ort]' zur Wurzel idg. **gher-/ghor-* 'einfrieden', zu der auch griech. *chorós* 'Chorreigen, Tanzplatz' gehören könnte, das sich im Englischen als *chorus* 'Chor(werk)' [< lat. < gr.] und *choir/quire* 'Kirchenchor' [< afr. < lat. < gr.] wiederfindet.

Fälle dieser Art lassen sich, meist in Dubletten- und Triplettenform, in großer Anzahl finden. Wir konnten etwa 50 (!) Kombinationsmöglichkeiten mit Hunderten von Beispielen feststellen. Unter ihnen finden sich Dubletten wie (ae.: an.) *shirt* 'Hemd' (< ae. *scyrte*) : *skirt* 'Rock' (< an. *skyrta*), weiter: *rear/raise, whole/hail, church/kirk*; (ae : ndl.) *wain* 'Wagen' [dial.] (< ae. *wægen*) : *waggon* (< ndl. *wagen*), weiter: *thatch/ deck*; (ae. : kelt. [gall.]) wie *town* 'Stadt' (< ae. *tūn* 'Einfriedung, Garten, Ort') : *down, the Downs* (< ae. *dūn* 'Hügel', *of dūne stīgan* 'vom Berg herabsteigen' < gall. **dūnom* in Ortsnamen wie *Noviōdūnum* 'Neustadt'); (ae. : afr.) wie *wise* 'Weise' (< ae. *wīse*) : *guise* 'Gestalt' (< afr. < germ.); (ae. : lat.) wie *naked* 'nackt' (< ae. *nacod*) : *nude* 'bloß' (< lat. *nūdus* < idg. **nogvedos*); (agn. : afr.) wie *catch* 'fangen' (< agn. *cachier* < rom. **captiare*) : *chase* 'jagen' (< afr. *chasser* < rom. **captiare*), weiter: *warden/guardian, launch/lance*; (agn. : lat.) wie *caitiff* 'feiger Lump' (< agn. *caitif*) : *captive* 'Gefangener' (< lat. *captīvus*). Vgl. weiter *fashion* : *faction* = agn. : nfr., *feat* : *fact* = afr. : lat., *charge* : *cargo* = afr. : span., *repel* : *repulse* = lat. : lat., *troop* (16. Jh.) : *troupe* (19. Jh.) = nfr. : nfr., *cipher* : *zero* = letztlich arab. : arab., *employ* : *imply* : *implicate* = afr. : afr. : lat., *chattel(s)* : *cattle* : *capital* = afr. : agn. : afr. (< mlat.), *lair* 'Tierlager' : *laager* 'Lager' : *leaguer* 'Militärlager' : *lager* (beer) = ae. : ndl./Africaans : ndl. : dt., *gentle* 'noble' : *genteel* 'stylish, elegant' : *gentile* 'non-Jewish' : *jaunty* 'sprightly' = afr. : nfr. : lat. : nfr. (alle zu lat. *gentīlis* [*gens* = 'Stamm, Volk'] gehörig) usw.

Die Vielfalt der Kombinationsmöglichkeiten und die große Zahl der Einzelfälle illustrieren auf ihre Weise die etym. Vielschichtigkeit des Englischen. Da idg. Wortgut über sehr verschiedene Kanäle in den engl. Wortschatz eingeflossen ist, ist die Zahl miteinander urverwandter Wörter besonders hoch. Von großem sprachgeschichtlichem Interesse ist das Studium der unterschiedlichen 'lexikalischen Wanderwege'. So gelangte germ. **bank-* 'Erhöhung' auf vierfachem Weg ins Englische: über das Inselgermanische (ae. *benč* > ne. *bench* 'Sitzbank'), das Altnordische (an. *banki* > ne. *bank* 'Ufer'), das Altfranzösische (afr. *bank* > ne. *bank* 'Ruderbank') und Neufranzösische bzw. Italienische (fr. *banque* bzw. direkt it. *banca* > ne. *bank* 'Sparkasse, Bank').

Etymologische Wörterbücher: *'The Oxford Dictionary of English Etymology',* ed. C. T. Onions (Oxford, 1966); J. Pokorny, *'Indogermanisches etymologisches Wörterbuch'* (Bern/München, 1959). Weitere etym. Wörterbücher: u. S. 170 f.

B. 3. Breiten- und Tiefenwirkung des Lehnguts

Die Integration einer geradezu unbegrenzten Menge fremden Wortmaterials in den engl. Wortschatz führte notwendigerweise zu einer sehr breiten Streuung der entlehnten Wörter, selbst in der Alltagssprache. Dabei erreichen – ähnlich wie beim Erbgut – Wörter von kurzem Bau meist eine hohe Frequenz. Zu ihnen gehören aus dem Franz. Beispiele wie *cost, crime, declare, defeat, defend, degree, example, explain, express, labour, paint, pass, point, post, power, praise, precious, preserve, press, price, receive, refuse, regret, remain, remark, remove, rely, reserve, safe, save, sort,* aus dem Lat. *direct, dish, except, mill, picture, port, post, solve, street, wall, wine.* Fast sämtliche ae. existenten lexikalischen Paradigmata (Wortfelder, Wortlisten) wurden bereits me. von Lehngut durchsetzt, darunter selbst minimale Listen wie die der Namen der Jahreszeiten (*lent*[11], *summer, winter* [< germ.], aber *autumn* [< afr. *autompne*/lat. *autumnus*]). Häufig lebte das aus einem Paradigma ausgeschiedene (verdrängte) Wort in verschobener Bedeutung fort, oder es wurde auf spezielle Gebrauchsweisen (z. B. archaische, poetische, fachsprachliche) bzw. bestimmte Sprachschichten (wie die Mundarten) eingeengt. *Harvest* z. B. entwickelte die Bedeutung 'Ernte' (Tyndale 1526), hat aber mundartlich seine alte Bedeutung 'Herbst' bewahrt. Ae. *lǣce* 'Arzt' kommt heute mundartlich in der Bedeutung 'Tierarzt' [*horse-leech, cow-leech*] vor, sonst wurde es durch *physician* und *doctor* (< afr. < lat.) ersetzt. Völlig aus der Sprache verdrängt wurden z. B. ae. *leax* 'Lachs', an dessen Stelle *salmon* (< afr.) trat, ae. *hornungsunu* wörtl. 'Februarsohn' = 'Bastard', das afr. *bastard* (13. Jh., aus *bast* [> nfr. *bât*] 'Sattel' + *-ard*, also 'packsaddle child') wich, ae. *ēagþyrel* und *ēagduru* 'Augenloch bzw. Augentor = Fenster' und ae. *ǣg* 'Ei', die sich gegenüber *window* < an. *vindauga* und *egg* nicht behaupten konnten. Die Übernahme der afr. Wörter *beef, mutton* und *veal* bewirkte eine semantische Zweiteilung: die germ. Wörter wurden auf die Tierbezeichnungen (*ox, sheep, calf*), die franz. auf die Fleischsorten bezogen, was einer Verdoppelung der Ausdrucksmittel gleichkam, zugleich aber eine Bedeutungsverengung der germ. wie rom. Wörter bedeutete.

Nicht immer ist die Einflußnahme von Lehngut auf den heimischen Wortschatz so eindeutig wie z. B. bei ae. *dēor*, das anfänglich die allg. Bedeutung 'Tier', dann 'Vierbeiner' hatte. Nach dem Aufkommen von *beast* (im 13. Jh. aus afr. *best* [> nfr. *bête*] entlehnt) wurde es auf die spezielle Bedeutung 'Rotwild' eingeengt, *beast* selbst trat die allgemeine Bedeutung an *animal* (< lat. 14. Jh.) ab, die jedoch noch mundartlich und in Wendungen wie *man and beast* und *wild beast* überlebte. Fremder Einfluß

---

[11] Me. *lent* < ae. *lencten* wörtl. 'länger werdende Tage' (zu germ. **lang-* + **tīn-* 'Tag') wurde im 16. Jh. in der Bedeutung 'Frühling' von heimischem *spring* 'Quelle > Anfang > Frühjahr' verdrängt.

spielt oft nur eine sekundäre Rolle und läßt sich erst bei genauer diachronischer Untersuchung ganzer Wortfelder feststellen, wobei gegebenenfalls auch synt. Komponenten berücksichtigt werden müssen. Der Untergang von ae. *witan* 'wissen' seit dem 14./15. Jh. z. B. könnte u. a. mit der Entlehnung von *perceive* aus dem Afr. gegen 1300 zusammenhängen: Während *know* (< ae. *-cnāwan*) dank seiner Überlegenheit in der synt. Kombinierbarkeit die Bedeutung 'wissen' von *witan* übernahm, trat es seine ursprüngliche Bedeutung 'erkennen' weitgehend an *perceive* (und Synonyma) ab. *Witan* selbst verkümmerte zu formelhaftem *to wit* 'nämlich'[12].

Wie tiefgreifend der Fremdeinfluß wirken konnte, verdeutlicht die Besetzung eines so zentralen Terminus wie des von 'Bauer' im Englischen. Während die Masse der mit dem bäuerlichen Leben zusammenhängenden Wörter germ. geblieben sind (s. o. S. 76), traten *peasant* (< agn. *paisant* 15. Jh.) und *farmer* (< afr. 16. Jh. 'farmer' < 14. Jh. 'steward, bailiff' < 'collector of revenue') an die Stelle des ae. *gebūr* 'Bauer' und seiner Synonyma (wie *čeorl* 'Mann; freier Bauer' > ne. *churl* 'Grobian; Geizhals' [mit Bedeutungsverschlechterung]).

Außer der Breitenwirkung fällt die Konzentration des rom.-lat. (griech.) Lehnguts in bestimmten Bereichen des engl. Wortschatzes auf. Onomasiologisch widerspiegeln sie Schwerpunkte des franz. und lat. Kultureinflusses auf Kirche, Kunst, Justiz, Wissenschaft, allgemein auf das geistige und politische Leben, auf Technik und Militärwesen Englands (s. o. S. 55 f.). Lexikographisch konzentrieren sich die Lehnwörter unter den Buchstaben a, c, d, e, i, n, o, p, r, s, v, x, z, wobei vor allem produktive lat.-franz. Vorsilben zum Tragen kommen (z. B. *ad-* in *accuse, adduce, affirm, aggression, ascribe* usw., *de-* in *debate, depart/ure, depend/ence, deport/ation, deplane* usw., *ob-* in *observe, occupy, offer, oppose*). Geht man von Endungssuffixen aus, schlagen Derivationen auf *-ate* (< lat. *-ātus/a/um*; *desperate, designate, legate*), *-tion* (*nation, affirmation, occupation*), *-ary* (< lat. *ārius/a/um* in *adversary, contrary*), *-able/-ible/-ble* (< lat./afr. in *capable, tolerable, audible, feeble, noble*), *-ment* (< (a)fr. *-ment* < lat. *-mentum* in *achievement, assignment, astonishment*), *-or* (*creator, actor, doctor*) und viele andere zu Buche. (Zu den Präfixen vgl. H. Marchand, '*The Categories of Present-Day English Word-Formation*' [München, ²1969], 129 ff., zu den Suffixen Marchand, 209 ff. und M. Lehnert, '*Reverse Dictionary of Present-Day English*' (Leipzig, 1971).

[12] U. Kiener, *Ae. -cnāwan, cunnan, witan – ne. know* (Diss. Berlin, in Bearbeitung)

B. 4. Die Hard Words als sprachliches und soziales Problem

Bei allen negativen Begleiterscheinungen, die die Überfremdung des englischen Wortschatzes durch die massenhafte Entlehnung rom.-lat. Wörter mit sich bringen mußte, bedeutete die Aufnahme fremden Wortguts in erster Linie eine Bereicherung und Verfeinerung der sprachlichen Ausdrucksmittel. Der Latinismus trug wesentlich zur hohen Kunst der englischen Literatursprache bei. Wenn Shakespeare in *'As You Like It'*, III, 3, 6 ff. Touchstone sagen läßt: *I am here with thee and thy g o a t s , as the most c a p r i c i o u s poet, honest Ovid, was among the Goths,* setzt er außer dem Verständnis des Wortspiels *goats : Goths* voraus, daß der Zuschauer in *goat* lat. *caper* 'Ziegenbock' mitversteht, da er diesem *capricious* folgen läßt. Zwar begeht Shakespeare den Irrtum einer Volksetymologie – *capricious* gehört nicht zu lat. *caper*, sondern zu lat. *caput* 'Kopf' + *ēricius* 'Igel' und bedeutet deshalb eigentlich 'so widerspenstig wie das Stachelfell eines Igels' –, die Ausdeutung der Stelle in Shakespeares Sinn bleibt jedoch dem des Lateinischen Kundigen vorbehalten. Eine solch hohe Anforderung an das Publikum sollte in einer Zeit nicht verwundern, da die englische Monarchin (Elisabeth I. 1558–1603) nicht nur Latein, Französisch, Spanisch und Italienisch verstand, sondern selbst des Griechischen mächtig war *'in which language she used to read more every day than some prebendaries of the church read of Latin in a whole week'* (zitiert nach Roger Ascham aus V. Grove, *'The Language Bar'*, S. 19).

Das Problem der *hard words* oder *dark words*, wie sie George Puttenham, der gegen 1600 verstorbene Verfasser von *'The Arte of English Poesie'*, nannte, hat seit über vier Jahrhunderten Literaten und Sprachwissenschaftler beschäftigt. Trotz aller Bedenken gegen eine Überfremdung des engl. Wortschatzes konnten sich selbst die Puristen dem Zug der Zeit nicht gänzlich entziehen[13]. Den meisten von ihnen ging es um eine sinnvolle

---

[13] Den Bestrebungen der Sprachreiniger (Puristen, zu lat. *pūrus* 'rein') waren allein durch die größere Disposition des Englischen zur Aufnahme von fremdem Wortgut engere Grenzen gesetzt als den deutschen, hatte doch das Englische durch die Integration eines Großteils des franz. Wortschatzes während der me. Zeit die Voraussetzung für die Entlehnung auch der artverwandten lat. Wörter während der Renaissance bereits geschaffen. Während sich Zesens *Mundart* (für *Dialekt*), Schottels *Zahlwort* (für *Numerale*), Gottscheds *Hörsaal* (für *Auditorium*), Wielands *Heldentum* (für *Heroismus*), Goethes *Tragweite* (für *portée*) und Hunderte anderer Lehnbildungen erfolgreich einbürgerten, erwiesen sich die meisten *Saxonisms* als Versuch der Wiederherstellung heimischer Formen im Eng-

Begrenzung des fremden Einflusses in einer Zeit, die geistesgeschichtlich
weitgehend von der wiederentdeckten Kultur der Antike bestimmt war
(vgl. o. S. 42 f.). Das klassische Bildungsideal trug zur Ausprägung des
englischen Gentleman Ideal bei und beeinflußte auch in den Jahrhunderten nach der Renaissance Geist und Erziehung an den führenden englischen Schulen (Public und Grammar Schools) wie den alten Universitäten. Auch über die Zeit einer geradezu krankhafte Züge annehmenden
Vorliebe für den Latinismus hinaus, wie er sich z. B. in den oft grotesk an-
mutenden lat. Wortprägungen Thomas Brownes († 1682), H. Cockerams
(† gegen 1660) und Th. Urquardts († 1660) äußerte, galt das Lateinische
als wegweisende sprachliche Autorität: Vorbild bei dem Versuch einer
vom Geist des Rationalismus geprägten Festlegung der englischen Sprache in Grammatiken und Lexika. Man denke an Dr. Samuel Johnsons
(† 1784) Hochschätzung des etymologisch durchschaubaren Latinismus,
an dessen Stelle das inselgermanische Element im heutigen Englisch kaum
noch Vergleichbares setzen kann: *apt* (< lat. *aptus* 'passend'), *adapt,
adaptable, adaptability, inadaptability, adaptation, adaptitude, adaptativeness, adaptor, disadapt*[14].

In diesem Zusammenhang sei darauf aufmerksam gemacht, daß die Re-
naissance-Latinismen (wie auch schon ihre mittelalterlichen Vorgänger)
den lateinischen Quellwörtern bedeutungsmäßig meist näher standen als
ihre heutigen Entsprechungen. Bedeutungsveränderungen, die zugleich
Ausweis für voranschreitende Integration sind, haben auch hier für Wandel gesorgt. Ne. *ignore* (< lat. *ignorare*) wurde 1611 in der Bedeutung
'nicht wissen' übernommen und entwickelte erst Anfang des 19. Jhs.
seine heutige Bedeutung 'nicht beachten, ignorieren'. *Pious* hat seine Be-

---

lischen wenig erfolgreich. Dazu war die Stellung des Lehnworts im Englischen zu
gefestigt. Angenommen wurden (mit leichter semantischer Variation) *betterment*
für *improvement, happening* für *event, foreword* für *preface, forebear* für *ancestor* und wenige andere. Nicht durchzusetzen vermochten sich V. Barnes' († 1886)
folkwain für *omnibus* (vgl. dt. *Volkswagen!*), *fourwinkle* für *quadrangle* oder
yeargyld für *annuity* (vgl. dt. *Jahrgeld*).
[14] Ist in diesem Fall auch das Simplex (*apt* < lat. *aptus*) entlehnt, fehlt es in
anderen Wortfamilien, vor allem bei lautlicher Divergenz zwischen Simplex- und
Kompositalstamm, so bei *perceive, perception, perceptible, perceptibility* usw.,
wo weder **-cipere* noch das Verbalsimplex *capere* übernommen wurden. Die Entlehnung bzw. Neubildung dieser Wortfamilie aus lat. bzw. griech. Morphemmaterial beanspruchte oft längere Zeiträume, bisweilen Jahrhunderte, bis das
heute übliche Paradigma aufgebaut war. So registriert das *OED apt* zum Jahr
1398, *adapt* zum Jahr 1611 und *adaptativeness* erst 1881. Das *DNE* zitiert
disadapt 'to make unable to adapt' (1970).

deutungsvariante 'pflichtgetreu' (1626 Massinger) so gut wie aufgegeben (< lat. *pius* 'pflichtgetreu' + 'fromm'), *secure* (gegen 1530 entlehnt) heißt nicht mehr 'sorglos' (< lat. *sēcūrus* 'sorglos + sicher'), Shakespeares Neubildung *militarist* (< lat. *mīlitāris*, zu *mīles* 'Soldat') hatte die Bedeutung 'Soldat', *emergency* 'Notfall' die Bedeutung 'das Auftauchen' (wie *emergence*, zu lat. *emergere* 'auftauchen').

Die Nichtbeherrschung der Latinismen hat die Hard Words für den Engländer zu einem sozialen Problem werden lassen. Wer des Lateinischen bzw. Griechischen nicht mächtig ist, findet nur schwer Zugang zu Wörtern wie *perceptibility, perspicuity, promiscuity, retrospection, resuscitate, panegyrize* oder *recalcitrant: sesquipedalian words*, d. h. 'anderthalbfußlange, überlange Wörter' (nach Horaz, *Ars Poetica* 97: *sesquipedalia verba*). Die Lösung kann nicht in dem Versuch bestehen, eine Sprachform anzustreben, die das Lehngut generell ausklammert. Das hieße, eine tausendjährige Entwicklung ignorieren, die Ererbtes und Entlehntes zu einer Sprache zusammenwachsen ließ. Trotz einer unverkennbaren sozialen Neuorientierung Englands seit dem letzten Krieg vermag mangelhafte oder fehlende Beherrschung der Muttersprache auch heute noch höhere soziale Schranken als in vielen anderen Ländern aufzurichten.

Allein um Zugang zu den anspruchsvolleren Bereichen der englischen Literatur zu finden, wird der ungeschulte Engländer um Verbesserung seiner muttersprachlichen Fähigkeiten bemüht sein müssen, sei es durch nachschulische Weiterbildung oder autodidaktisches Lernen etwa mit Hilfe geeigneter Wörterbücher (wie dem *'The Englishman's Pocket Latin-English and English-Latin Dictionary'* von S. C. Woodhouse). Der gebildete Gesprächspartner sollte seine sprachliche Überlegenheit nicht durch absichtliche Bevorzugung schwieriger Latinismen Ausdruck verleihen. Durch die forcierte Wahl von feinen, aber deplazierten, Gesprächsgegenstand und Gesprächssituation nicht angemessenen Ausdrucksmitteln könnte er sich ohnehin leicht der Lächerlichkeit preisgeben[15].

---

[15] Der Ungebildete oder Halbgebildete wiederum läuft Gefahr, schwierige Wörter falsch zu gebrauchen oder zu verwechseln, eine Erscheinung, die *Malapropismus* genannt wird – nach der komischen Gestalt der Mrs. Malaprop in Sheridans *'The Rivals'* (1775), die z. B. *accomodation, allegory, epitaph, felicity* oder *orthodoxy* meint und *recommendation, alligator, epithet, velocity* und *orthography* sagt. Im Malapropismus, der bereits in vorshakespearescher Zeit nachgewiesen ist und sich häufiger bei Shakespeare findet, stellt sich weniger die sprachliche Fehlleistung als das zu Fall gebrachte Protzertum bloß.

Die Hard Words als sprachliches und soziales Problem

Die affektierte Wortwahl zum Zwecke der sozialen Abhebung bezeichnet der Engländer als *Genteelism*. Genteelisms sind z. B. *perspire* für *sweat*, *expectorate* für *spit*, *retire* für *go to bed*, *serviette* für *table napkin*, *scholar* für *schoolboy* und *schoolgirl*, *bosom* für *breast* oder *odour* für *smell*. Im Deutschen lassen sich *transpirieren, expektorieren* oder *retirieren* für *schwitzen, spucken* und *zu Bett gehen* vergleichen: Wahl des gespreizt wirkenden Fremdworts anstelle des nüchtern-einfachen Erbworts ohne euphemistischen Beigeschmack. Allerdings kann dieselbe Wirkung auch durch die Wahl eines deplaziert wirkenden Erbworts erreicht werden (etwa *Busen* für *Brust*, *bosom* für *breast*).

Zu den Hard Words: Leisi, 55 ff., 67 ff. (eingehende und überzeugende Behandlung des Problems); Görlach, 105, 133; Bähr, 74; Baugh, 240 ff. V. Grove, *The Language Bar* (London, 1949/50); E. L. Johnson, *Latin Words of Common English* (London u. New York, 1931); P. C. Berg, *A Dictionary of New Words in English* (London, 1953);

Malapropisms, Saxonisms, Genteelisms: Leisi, 67, 71, 74; 70; 55; Fowler, 350; 537; 222; G. Dugdale, *W. Barnes of Dorset* (London, 1953); H. Stallmann, *Malapropismen im englischen Drama von den Anfängen bis 1800* (Diss. Berlin, 1938);

Purismus: Görlach, 139 f.; Baugh, 392 ff., 451 ff.

W. Prein, *Puristische Strömungen im 16. Jahrhundert* (Wanne-Eikel, 1909); W. A. Craigie, *The Critique of Pure English from Caxton to Smollet*, S. P. E. Tract 65 (1946); L. P. Smith, *Necessary Words*, S. P. E. Tract 31 (1928).

C. 1. Strukturwandel durch Dissoziierung und Entmotivierung

Der tiefgreifende Strukturwandel des englischen Wortschatzes seit ae. Zeit wird am Schicksal der Wortfamilien besonders deutlich. Die ae. existenten Wortfamilien sind entweder gänzlich untergegangen oder durch das Eindringen fremden (entlehnten) Wortguts aufgerissen und somit d i s s o z i i e r t worden. Ae. *tungol* und seine Wortfamilie z. B. überlebte die ae. Zeit nicht, *star* (< ae. *steorra*) und *planet* (< afr.) übernahmen die Rolle des Wortes mit. Die ae. Komposita *tungolcræft* 'starcraft', *tungolgescēad*, *tungolcræftwīse* und *tungolsprēc* wurden durch afr. *astronomy* und *astrology*, *tungolcræftiga* und *tungolwītega* durch *astronomer* und *astrologer* ersetzt. Ae. *mūþ* lebt in ne. *mouth* fort, *mūþa* hingegen entspricht im Ne. *estuary* (< lat.) 'Flußmündung'. Für ae. *mūþbona* wörtl. 'mouthkiller' (Beowulf 2079) würde man heute *devourer*, für *mūþcoþu mouth-disease*, anstatt *mūþfrēo* 'mouthfree' *free to speak*, für *mūþberstung* 'mouthbursting' *eruption of the mouth* sagen. *Mūþhrōf* wörtl. 'mouthroof = Munddach' machte *palate* (< lat. *palatum*) Platz.

Das Beispiel ae. *mūþ* zeigt, daß einige Vertreter der Wortfamilie überlebten, andere wiederum durch heimische oder entlehnte Wörter ersetzt wurden. Dabei traten häufig analytische Bildungsweisen an die Stelle ererbter synthesischer Wortgebilde (*mūþfrēo* 'mouthfree' > *free to speak*, *mūþsār* 'Mundschmerz' > *pain in the mouth*). Das aus dem Germanischen übernommene Verfahren zur Wortbildung und Wortkomposition wurde in seiner Produktivität geschwächt, jedoch nicht grundsätzlich aufgegeben, wie noch im Ne. lebendige synthetische Bildungen wie *mouthless* aus ae. *mūþlēas* und Neubildungen wie *mouthful* (1530), *mouthy* (1589), *mouth-organ* (1668), *mouth-piece* (1683) und *mouther* 'a declamatory speaker' (1822) beweisen. Das 1625 hinzugekommene *oral* (< lat.), das 1400 belegtes *mouthly* ersetzte, nimmt sich in seiner isolierten Stellung gegenüber *mouth* und seinen Zusammensetzungen als Sonderling aus. Ihm fehlt, wie *palate*, die morphologische Verbindung zum Stammwort ae. *mūþ* (> ne. *mouth*). Engländer, die keine lat. Sprachkenntnisse haben, könnten in ihm ein *hard word* sehen; hingegen war ae. *mūþhrōf* 'Munddach = Gaumen' für die Angelsachsen ein sprechendes, da durchsichtiges, mit der Wortsippe morphologisch verbundenes Wort.

Gerade an solchen 'motivierten' Komposita von oft großer Bildhaftigkeit war der ae. Wortschatz besonders reich. Man denke an die oben zitierten Wörter für Astrolog, Astronom, Astronomie: *tungolwītega* 'Sternweise' usw., *tungolgescēad* 'Sternscheidung' oder an Bildungen wie *hlāfgang* 'Laibgang, Brotgang = Teilnahme am Abendmahl', *stæfcræft* 'Buchstabenkraft = Buchstabenkunde' für *ars grammatica* 'grammar', *eorþtilþ* 'Erdbebauung = agricultura' oder *rǣdgifa* 'Ratgeber' und die (o. S. 14 f.) behandelten Kenningar (wie *lārsmiþ* 'Lehrschmied = Lehrer' oder *woruldcandel* 'Weltenleuchte = Sonne').

Wenn in der jüngeren Fassung von Lagamons *'Brut'* (nach 1250, Erstfassung nach 1200) *hertoge* (< ae. *heretoga* 'Heerführer = Herzog') durch afr. *cheveteine* 'chieftain', *wi-æx* (< ae. *wīg-æcs* 'Kampfaxt') durch *gisarme* oder *boc-rune* durch *lettre* 'letter' ersetzt wird, deutet sich ein Wandel zugunsten der 'aktuelleren' Lehnwörter afr. Provenienz an. Dan Michel (1340) nennt seinen Traktat über die 7 Todsünden *'Agenbit of Inwit'* = 'Gegenbiß des Gewissens' und noch nicht *'Remorse of Conscience'*, das erst seit Chaucer (2. H. 14. Jh.) belegt ist. *Bookcraft* (< ae. *bōccræft*) 'book-learning' klingt heute archaisch, ähnlich *warlock* 'Zauberer' (< ae. *wǣrloga* 'Verräter'). Lebendig (geblieben) sind Bildungen wie *warfare* (< me. *war* [< agn.] + me. *fare* [< ae. *faru*]) 'Kriegsfahrt > Kriegsführung', *starboard* 'Steuerbord', *starfighter, war-leader, warehouse, walnut, ladybird* 'Marienkäfer', *hunchback* 'Buckliger', *sunrise* und viele andere, deren prozentualer Anteil am heutigen engl. Wortschatz jedoch deutlich unter dem des altenglischen liegt.

Häufig haben lautliche Veränderungen, die zur Kontraktion des Wortkörpers führten, ehemalige transparente Komposita 'verdunkelt', entmotiviert, so *lord* (< ae. *hlāfweard > hlāford* 'Laibwart'), *lady* (< ae. *hlǣfdige* 'Laibkneterin'), *stirrup* (< ae. *stigrāp* 'Stegreif = Steigseil'), *steward* (< ae. *stigweard* 'Hauswart'), *bridal* (< ae. *brȳdealu* 'Brautbier > Hochzeitsbier > Hochzeit[sfeier]'), *gossip* (< ae. *godsibb* 'Taufpate, eig. Gottsipp[schaftsvertreter] > Vertrauter > Schwätzer > Geschwätz'), *daisy* (< ae. *dæges ēage* 'Tagesauge = Gänseblümchen'), *orchard* (< ae. *ortgeard* 'Wurz[el]garten'), *cockney* (< me. *cokene eie* 'Hahnenei > Weichling > Städter > Londoner'). Vgl. o. S. 77. Bei *breakfast* 'Frühstück' (< *break one's fast* 'sein Fasten aufgeben'), *blackguard* 'Schuft', *cupboard* 'sideboard to hold cups > Schrank', *boatswain* 'Bootsmann', *forecastle* ['fəuksl] 'Vorderdeck' verrät das Schriftbild noch die (historische) Zweiteiligkeit der Wortbildung[16].

---

[16] Vgl. hierzu D. Götz, *'Studien zu den verdunkelten Komposita im Englischen'* (Nürnberg, 1971). – Ein ähnliches Zusammenschmelzen von mehrgliedrigen Komposita zu Monomorphemen, die man auch 'ex-compounds' nennen könnte, findet

Trotz der verlorengegangenen Motivation lassen sich diese verdunkelten Komposita nicht auf eine Ebene mit den entlehnten *hard words* stellen. Sie gehören zum angestammten Wortschatz, finden sich hauptsächlich umgangssprachlich und werden bereits in der Kindheit mit der Muttersprache erworben. Sie brauchen also nicht erst wie Fremdwörter gelernt zu werden. Anders etwa *rhinocerus, appendicitis, psittacosis* oder *cortex.* Während der Engländer z. B. bei *hippopotamus* auf *river-horse* (wörtl. Übersetzung des griech. Wortes) ausweichen kann, ist er hier auf die schwierigen Gräzismen und Latinismen angewiesen. Sie stehen, mit keinen oder nur mit wenigen lexikalischen Verwandten, im englischen Wortschatz so gut wie ungestützt da: sie sind dissoziiert. Einfacher hat es der Deutsche. Ihm stehen neben den gleichermaßen schwer zu erlernenden Fremdwörtern *Rhinozerus, Appendicitis, Psittakose* und *Kortex,* die in erster Linie Fachausdrücke (wissenschaftliche Termini) sind, heimisches *Nashorn, Blinddarmentzündung, Papageienkrankheit* und *Großhirnrinde* zur Verfügung. Im täglichen Umgang wird er sich der sprechenden, eine bildliche Vorstellung vermittelnden muttersprachlichen Wörter bedienen, ja den meisten Deutschen werden die fremden Ausdrücke überhaupt unbekannt bleiben. Ähnlich verhält es sich mit Beispielen wie *Herzbeutelentzündung, Erdkunde, Gesteinskunde, Sauerstoff, Wasserstoff, Kohlenstoff, Gebärmutter* und vielen anderen, wo das Englische nur den Fachausdruck besitzt (*pericarditis, geography, geology, oxygen, hydrogen, carbon*) oder das neben dem Fremdwort vorhandene heimische Wort unmotiviert ist (*womb : uterus* 'Gebärmutter'). Wie weit das Englische von der ursprünglichen, im Deutschen noch lebendigen 'durchsichtigen' Bildungsweise abgerückt ist, verdeutlicht die wörtliche Wiedergabe der dt. Wörter: *parrot-disease* 'Papageienkrankheit', *nose-horn* 'Nashorn', *blindgut-inflammation* 'Blinddarmentzündung' usw.

Zum Begriff der Dissoziierung und semantischen Motivation:

Leisi, 57 ff., 77 ff.; Görlach, 82 ff., 103 ff.;

St. Ullmann, *Semantics,* 80 ff.; ders.: *The Principles of Semantics* Oxford, [3]1963), 82 ff. et passim; V. Grove, *The Language Bar* (London, 1949/50); für das Deutsche: L. Weisgerber, *Vom Weltbild der deutschen Sprache,* 1. Bd. (Düsseldorf, [2]1953), 158 ff.

sich bei einer Großzahl von Ortsnamen. Alltäglicher Gebrauch und Drang zur Energieersparnis waren für den Kontraktionsprozeß entscheidend. Vgl. etwa *Worcester* ['wustə] für ae. *Wigorna čeastre, Brighton* für ae. **Beorhthelmes tūn* oder *York* für ae. *eofor+wīc.* Hierzu E. Ekwall, '*The Concise Oxford Dictionary of English Place-names*' (OUP).

C. 2. Von der Synthese zur Analyse: Die Entstehung des Wortverbands

Verfolgen wir den Strukturwandel des Englischen nun am Beispiel eines Verbs: ae. *gān* (*gangan*) und seiner Präfixableitungen und Verbalkomposita[17]. Von ihnen lassen sich außer *gegān* und *gegangan* mindestens 20 finden, die fast alle im heutigen Deutsch noch eine Parallele haben: *āgān* 'ergehen' > ne. *go by, pass;* *ætgangan* > ne. *go to, approach;* *begān* 'begehen' > *go over, traverse;* *foregān* 'vorgehen' > *go before, precede;* *forgān* 'vergehen' > *go or pass over, by or away;* *forþgān* 'fortgehen' > *go forth, advance, proceed;* *ingān* 'eingehen, hineingehen' > *go in(to), enter;* *niþergān* 'niedergehen' > *descend;* *ofgān* 'abgehen' > *start from, begin; demand, require* usw.'; *ongān* 'angehen' > *enter into, approach;* *ofergān* 'übergehen' > *go over, traverse;* *oþgān* 'entgehen' > *go away, escape;* *tōgān* 'zugehen' > *go to, happen;* *tōgān* 'zergehen' > *go or pass away;* *þurhgān* 'durchgehen' > *go or pass over;* *undergān* 'untergehen' > *undermine;* *ūpgān* 'aufgehen' > *go up, rise,* *ūtgān* 'ausgehen' > *go out;* *wiþgān* **'widergehen'* > *go against, oppose;* *ymbgān* 'umgehen' > *go around, surround.* Da präfigierte Substantive wie *æftergenga* 'Nachfolger', *hindergenga* 'one who walks backwards' usw. belegt sind, muß mit der Existenz weiterer zusammengesetzter ae. Verben (**æftergān* usw.) gerechnet werden. Heute finden sich lediglich das sehr lebenskräftige Simplex *go*, das Part. Prät. *ago* (< ae. *āgān* 'vergangen), *forego* 'vorübergehen', spez. als Part. *foregoing*, *forgo* 'verzichten', seltenes *forthgoing*, *outgo* 'übertreffen', *undergo* 'durchmachen, erleben', *ongoing* 'voranschreitend' und *thoroughgoing* 'extrem, kompromißlos, durch und durch'. Auffällig ist der Bedeutungswandel bei *forgo* ('vergehen > vorbeigehen an > vernachlässigen > verzichten auf'), das seine ursprüngliche intransitive Bedeutung 'vergehen' aufgegeben hat (Letztbeleg *SOED* 1563), der Funktionswandel bei *ago*, das seit dem 14. Jh. als Zeitadverb (*ten years*

---

[17] Unter den präfigierten Verben lassen sich zwei Gruppen unterscheiden: Verben mit Präfixen, die ausschließlich als gebundene Morpheme auftreten, nicht trennbare Vorsilben wie *be-, ge-, for-* 'ver-', und Verben mit 'Präfixen', die selbständigen Wortstatus haben können, trennbare Elemente wie ae. *ūt* > ne. *out,* ae. *under* > ne. *under* usw. Diese meist als Präpositionen oder Adverbien fungierenden Morpheme haben gewöhnlich lokalen oder temporalen Wert und treten bereits ae. bei der Flexion mitunter hinter das Verb, wie im heutigen Deutschen (*ūtgān : he ūtgāþ* oder *gāþ ūt* = dt. *áusgehen,* aber er *gèht áus*). Das Ne. kennt auch im Infinitiv nur die analytische Form (im Gegensatz zum ae. Zustand): *to go out, he goes out,* aber ae. *ūtgān, hē ūtgāþ* oder *gāþ ūt.* Verbalkomposita liegen beim Typ *ūtgān,* Präfixderivationen beim Typ *begān* vor.

ago) vorkommt. *Outgo* 'übertreffen' ist eine Neubildung des 16. Jhs. (*SOED* 1553), Neubildungen sind auch *undergo* 'erleiden' (seit ca. 1300 belegt) und *thoroughgoing* 'out-and-out' (1819).

Noch radikaler erwies sich der Abbau z. B. bei ae. *faran* 'fahren, gehen reisen', von dessen (mindestens) 14 zusammengesetzten Formen keine überlebte. Das Simplex selbst trat aus der 6. ablautenden Verbklasse in die schwache über: ne. *fare/fared/fared*, aber ae. *faran/fōr/fōron/gefaren* = dt. *fahren/fuhr/gefahren*.

Von den aufgeführten Vorsilben, die nur einen Teil des ae. Bestandes ausmachen, sind *æt-, ge-, niþer-, oþ-, tō-* 'zer-' und 'zu-' wie *ymb-* nicht mehr vertreten. Ae. *ge-* > me. *i-/y-* findet sich restweise noch im Frühneuenglischen, so als *yslaked, ycleped* und *yclad* als Part. Prät. bei Shakespeare (zu ae. *geslacian* 'slacken', *gecleopian* 'call' und *geclāþian* 'clothe'). *æt-* überlebt in dem initialen *t-* in *twit* 'taunt, find fault with' < me. *atwite* < ae. *getwītan* 'tadeln'; *tō-*'zer-' ist zuletzt in der Form *tobreak* 1688 belegt ('zerbrechen'); *tō-*'zu-' findet sich noch mundartlich etwa in schott. *to-cum* 'hinzukommen', *niþer-, oþ-, of-, ymb-* starben spätestens im Me. aus. Die übriggebliebenen sind in der Mehrzahl unproduktiv. *A-* z. B. findet sich außer in *ago* in *abide* 'bleiben', *alight* 'absteigen' und wenigen anderen, *be-* in *beget, begin, behold, benumb, beseech, beset* usw., *for-* z. B. in *forbid, forgive, forsake, forswear*; *fore-* in *forebode, forejudge, foreknow* usw., *in-* in *indwell, income (incoming)*; *over-* in *overhear, overleap, overload, overrate* usw., *out-* in *outdo, outface, outpace* u. a., *under-* in *underbid, undercut, underestimate* usw., *up-* in *upbraid* tadeln', *uphold, upraise, upsurge* usw., *with-* in *withhold, withstand, withdraw, withgo* 'zuwiderhandeln' und einigen dial. Bildungen wie *withcall, withtak* (schott.). Z. T. handelt es sich auch hier um erst me. oder ne. Neubildungen (auch mit rom.-lat. oder an. Stamm), in einigen Fällen ist der semantische Bezug zwischen Vorsilbe und Stamm im Laufe der Zeit verloren gegangen.

Der Vergleich der ae. Verben mit ihren ne. Entsprechungen ergibt folgendes Bild: Soweit nicht – in wenigen Fällen – die alte Bildungsweise erhalten ist (*forgo, ago*), zusammengesetzte Formen neu gebildet wurden (*undergo, outgo*) oder Lehnwörter an die Stelle der Erbwörter traten (*undergān* > *undermine, forþgān* > *proceed, advance*), wurde die angestammte synthetische Wortstruktur durch eine analytische ersetzt. Dabei trat das – trennbare – Präfix als Präposition bzw. Adverb (als selbständiges, aber semantisch auf das engste mit dem Verbalsimplex verbundenes

Element) hinter das Verb: *ūtgān* > *go out, upgān* > *go up* oder *ymbgān* > *go around* (mit Ersatz von untergegangenem *ymb-* durch *around*). Aus (synthetischen) Verbalkomposita wurden (analytische) verbale Wortverbände.

Von diesem Prozeß, der zeitlich in das Me. und Frne. fällt, betroffen war in erster Linie jene kleine Gruppe von Verben, die sich noch heute durch ihr auffällig häufiges Vorkommen in der Alltagssprache und durch ihre ungewöhnliche semantische Mobilität auszeichnen: Verben wie *come, do, fall, get, give, go, lay, look, make, put, run, see, send, set, show, shoot, shut, stand, take, tell* und andere von ähnlich kurzem Bau und hohem Alter (s. o. S. 76 ff.). Ihnen schlossen sich im Laufe der Entwicklungsgeschichte des Englischen weitere Verben an, darunter auch solche romanischer Herkunft wie *move, pass, push, turn* usw. Wählen wir *go*. Allein von ihm lassen sich Dutzende von Kombinationen mit bis zu 15 und mehr Einzelbedeutungen zitieren, darunter z. B. *go about a work* 'sich an die Arbeit machen', *go against* 'widerstehen' usw., *go at* 'losfahren auf; in Angriff nehmen', *go into* 'eintreten; teilnehmen an', *go out of (business)* '(Geschäft) aufgeben', *go over* 'überprüfen' usw., *go through* 'erörtern; durchgehen (Text); erleben' usw., *go with* 'begleiten; es halten mit; zu etwas passen' usw., *go under* 'zugrundegehen' usw. Diese W o r t v e r - b ä n d e haben Wortstatus im Englischen. Sie bieten vor allem den Engländern, die keinen rechten Zugang zu den schwierigen Latinismen finden, einen unkomplizierten Ersatz in der Alltagssprache. Freilich bereitet ihr oft idiomatischer Gebrauch mitunter dem *non-native speaker* Schwierigkeiten. Vgl. etwa *I wonder what he is getting up to now* 'Ich frage mich, was er nun anstellt' oder *What can I do you for?* 'Womit kann ich Sie hineinlegen?' im Gegensatz zu *What can I do for you?* 'Was kann ich für Sie tun?'.

Die Bedeutung der Simplicia ist oft sehr allgemein und ohne feste Konturen. Was heißt z. B. *do*? Aber gerade dieser Mangel an semantischer Plastizität macht sie in ihrem Gebrauch äußerst flexibel. Dabei kommt dem Kontext bei der Festlegung der Einzelbedeutung besondere Bedeutung zu. *To go from one's word* heißt 'sein Wort brechen', *to go into holes* 'Löcher bekommen'. Ähnlich bedeutsam ist ihre synt. Rolle, viele von ihnen sind feste Bestandteile von syntaktischen Konstruktionen. Man denke besonders an *have, be, do, get* usw., ohne die das Gebäude der engl. Syntax undenkbar wäre. Sie gehören in ihrer Mehrzahl zur Urschicht des engl. Wortschatzes und bilden noch heute dessen Kern.

Verb und Partikel gehen in eine Sinneinheit (*semantic unity*) über (vgl.
John called up the man; *call up* = [telef.] *anrufen*) und stehen in solch
enger lautlicher Verbindung zueinander, daß sie in Fällen wie *don* (<
do on) 'anlegen' (Kleider usw.) und *doff* (< *do off*) 'ablegen' zu einem
Wort kontrahiert wurden. Für die Einheit von Verb und Partikel spricht
ebenfalls die Verwendung im Relativsatz und Passiv, wo die Partikel
nicht vom Verb getrennt wird: *The man John had called up* / *The man
was called up*[18].

Die Ausbildung des Wortverbands im Englischen kann nicht (allein) als
Reaktion auf die Überfremdung des englischen Wortschatzes durch Hard
Words gesehen werden. Man sollte ihn in den größeren Rahmen des
Strukturwandels stellen, der das Englische seit dem Ausgang der ae. Zeit
Schritt für Schritt aus einer vorwiegend synthetischen in eine vorwiegend
analytisch gebaute Sprache überführte. Dabei spielten innersprachliche
Entwicklungstendenzen eine eher auslösende, Fremdeinflüsse eine eher
fördernde Rolle. Sicher ist, daß die Übernahme von großen Mengen fremden Wortmaterials die Rolle des Erbwortguts schwächte, wobei auch altererbte Wortbildungsverfahren an Produktivität einbüßten. Bei der Entwicklung des Wortverbands wurden im System der englischen Sprache
ansatzweise vorhandene Möglichkeiten genutzt (= q u a l i t a t i v e r
Aspekt). Vgl. ae. *hē ūtgāþ* '*er ausgeht' und *hē gāþ ūt* 'er geht aus': Vernachlässigung des synthetischen und Stärkung des analytischen Verfahrens.
In der ungewöhnlich starken Ausbildung des Wortverbands im Englischen (= q u a n t i t a t i v e r Aspekt) könnte eine Art Abwehrhaltung
des autochthonen Englisch gegen eine existenzgefährdende Überfremdung
gesehen werden.

Die große Variabilität des Wortverbands im Englischen zeigt sich in der
Möglichkeit, ihn durch ein Suffix zu erweitern (*to get at* > *get-at-able* >
get-at-ability), an ihn ein Genetiv-s antreten zu lassen (in Gruppengeni-
tiven wie *the Queen of England's budget*), er kann als Ganzes 'konvertiert' werden (*to turn over* > *the turn over*, *to make up* > *the make
up*, *to know how* > *the know how*, *to touch and go* > *the touch and go*, *to
face off* 'confront an oppenent in a test of strength' (*DNE* 1968) > *the
face-off* (*DNE* 1970). Überhaupt findet sich der Wortverband vielfach in
wortartübergreifender Funktion, meist als Verb und Substantiv zugleich,
wobei gewöhnlich das Verb die Ausgangsform ist, so auch bei modernen

---

[18] Vgl. hierzu Quirk/Greenbaum/Leech/Svartvik, '*A Gram. of Contemp. English*', § 12.19 (Phrasal and prepositional verbs).

Bildungen wie *skinny-dip* 'to swim in the nude' (AE Slang *DNE* 1970) >
skinny-dip 'a swim in a nude' (1971).

Der Wortverband, in der Umgangssprache besonders beliebt und nicht
zuletzt als Reaktion auf die soziale Barrieren schaffenden Hard Words
gebraucht, findet im AE ein noch ausgeprägteres Experimentierfeld als im
BE. So geht das AE weiter als das BE bei der Suffigierung ganzer Wortverbände, indem die Endung nicht an das Verb, sondern an das Adverb
gehängt wird: nicht *comer-out (wie bei *looker-on*), sondern *come-outer*.
Wie neben (fremdes) *dissent* ein (heimisches) *to come out* (of s. th.) tritt,
stellt sich neben *dissenter* ein *come-outer* (AE *He is a come-outer by natural temperament* vs. BE *He is a born dissenter*). Durch die Suffigierung
des Gesamtausdrucks erhält der Wortverband die Züge des Einzelworts:
go-getter 'skrupelloser Geschäftsmann' mit einfacher Suffigierung, *waker-
upper, dropper-inner, lobby-drifter-througher* sogar mit doppelter Suffigierung. Typisch für das AE sind auch Wortverbände wie *teach-in, sit-in,
go-in*, Ausdrücke aus dem amerikanischen Campusslang, die ins Deutsche
entlehnt wurden, *hide-out, show-down* 'Aufdecken der Karten', weiter
Bildungen wie *take-home pay* 'Nettogehalt', *drive-in-theater, go-go*
'relating to the music performed at discothèques; lively, energetic' usw.,
no-no 'something forbidden', *go-aheadness, go-aheadativeness*, auch *go-
aheadism* 'Unternehmungslust'.

Zum Wortverband: Leisi, 102 ff., 200 f.; A. G. Kennedy, *The Modern English
Verb-Adverb Combination* (Stanford Press, 1920); G. Weber, *Der Bau der englischen Sprache*, Palaestra 192 (Leipzig, 1934); G. Kirchner, *Die zehn Hauptver-
ben des Englischen* (Halle, 1952); D. Müller, *Anticipatory Word-Order – Defer-
ment of the Preposition* (Winterthur, 1957); B. Carstensen, 'Zur Struktur des
engl. Wortverbandes', *NSpr* (1964), 305 ff.; D. Bolinger, *The Phrasal Verb in
English* (Cambridge/Mass., 1971); H. Galinsky, *Amerikanisches und britisches
Englisch* (München, 1975), mit umfassender Arbeitsbibliographie; vgl. auch P.
Kunsmann, *Verbale Gefüge. Transformationsgrammatische Untersuchungen im
Deutschen und Englischen* (München, 1973); H. Marchand, *The Categories and
Types of Present-Day English Word-Formation* (München, [2]1969), 108 ff. et
passim; H. Koziol, *Handbuch der englischen Wortbildungslehre* (Heidelberg,
[2]1972), 91 ff. (zu den engl. Präfixen); L. Lipka, *Semantic Structure and Word-
Formation* (München, 1972); F. R. Palmer, *A Linguistic Study of the English
Verb* (London, 1965), ersetzt durch *The English Verb* (London, 1974).

C. 3. Volksetymologie

Als Reaktion auf die fehlende Transparenz entlehnter Wörter kam es häufiger zu volkstümlichen Wortumprägungen in Form von V o l k s - e t y m o l o g i e n. Sie entstammen dem Urbedürfnis des Menschen nach Deutung und Stützung der Wörter, die sich durch fehlende Motivation seinem Verständnis entziehen. *Gooseberry* 'Stachelbeere', wörtl. 'Gänse- beere' z. B. könnte durch Umdeutung des völlig unverständlichen afr. *groseille* (> engl. dial. *groser, gozell*) entstanden sein. Volkstümliche Re- motivierung von *[a]sparagus* [< mlat.] ergab *sparrow-grass* 'Spargel', von franz. *boulli* 'boiled beef' *bully (beef)* 'tinned beef', von afr. *crevice* (< ahd. *krebiz* 'Krebs') *crayfish* (AE *crawfish*) 'Flußkrebs', von afr. *rosmarin* (< lat. *rōs marīnus* 'Rosmarin') *rosemary = rose [of] Mary* (!); *geneva*, das zu *gin* verkürzt wurde, wurde an den Stadtnamen *Genf* angeglichen (das Wort stammt aus dem Ndl.: *genever* < afr. *genevre* < lat. *jūniperus* 'Wacholder'; *gin* demnach 'Wacholderschnaps'). Aus dem indianischen Namen *wuchak* bzw. *ochak,* einem Wort mit der Bedeutung 'Fischer' oder 'Wiesel' für das 'Waldmurmeltier', machten die Amerikaner *woodchuck* (*wood* 'Wald' + *chuck* 'schnalzen', also 'Waldschnalzer').

Volksetymologie ist (nach Leisi, S. 64) Worterklärung auf eigene Faust. Sie betrifft nicht nur etym. unverstandenes Lehngut, sondern gleicher- maßen Erbwortgut, das seiner Motivation verlustig gegangen ist. So ist *wormwood* 'Wermut' eine Umdeutung des ae. *wermōd, sandblind* (dial.) 'halbblind' (vgl. *purblind*) von ae. **sāmblind* (ae. *sām-* 'halb') und dt. *Sündflut* von ahd. *sinvluot* 'Allflut, Großflut' (ahd. *sin-* 'immer, all, ge- waltig'). Zwar werden bei diesen Umbildungen gerade die etym. Bande endgültig durchtrennt, das neu geschaffene Wort ist aber durchsichtig und hat die Aussagekraft des sprechenden Wortes. Dabei spielt es keine Rolle, daß die volksetym. Bildungen, nimmt man die Einzelbestandteile wört- lich, oft keinen Sinn ergeben, ja unsinnig oder gar widersinnig sind. Man vgl. etwa engl. *leghorn* (> dt. *Leghorn* 'Hühnerrasse'), nach dem ital. Stadtnamen *Legorno* (heute: Livorno), volksetym. gedeutet als *leg + horn* = engl. 'Bein + Horn', dt. 'Leg + Horn'! Dennoch wäre der Verzicht auf diese Bildungen ein Verlust für die Sprache, sind gerade sie von urwüch- sig-ursprünglicher Bildhaftigkeit[19].

[19] Morphologisch handelt es sich bei der Volksetymologie fast immer um zwei- gliedrige Bildungen, deren Bestandteile sich gegenseitig motivieren. Entweder sind beide Glieder umgedeutet (*sparrow-grass*) oder nur eines (*bridegroom* für ae. *brȳdguma* 'Bräutigam' mit Angleichung an *groom* 'Reitknecht' usw.). Ge-

Zur Volksetymologie: Leisi, 64, 76; Görlach, 83 f.; Sheard, 90 ff.; McKnight, 180 ff.; E. Weekley, *The Romance of Words* (London, 1912), 104 ff.; J. Gilliéron, *Les étymologies des étymologistes et celles de peuple* (Paris, 1922); E. Mayer, *Sekundäre Motivation. Untersuchungen zur Volksetymologie und verwandten Erscheinungen im Englischen* (Diss. Köln, 1962); H. Koziol, *Grundzüge der englischen Semantik* (Wien und Stuttgart, 1967), 117 ff.; St. Ullmann, *Semantics*, 101 ff. et passim; Fowler, *Dict. of Mod. Engl. Usage* (unter 'true and false etymology', S. 650 ff.).

C. 4. Wortschwund

Sprachen sind ständigem Wandel unterworfen. Im Bereich des Wortschatzes äußern sich diese Veränderungen durch die Entstehung und Entlehnung neuer Wörter und Wortbedeutungen und das Aussterben alter (W o r t - und B e d e u t u n g s s c h w u n d).

Stärker als in den meisten europäischen Sprachen hatte der Wortschwund im Englischen strukturverändernde Wirkung. An die Stelle der ausgestorbenen heimischen Wörter traten, durch die besondere historische und sprachliche Situation Englands bedingt, in großer Zahl lateinisch-romanische Lehnwörter von andersartiger Wortstruktur und (für die Mehrzahl der Engländer) mangelnder semantischer Motivation.

Wortschwund kann – ähnlich wie Bedeutungsschwund – sehr unterschiedliche Gründe haben. Oft wirken mehrere Faktoren zusammen. Im folgenden sollen einige wichtige Ursachen genannt werden:

1. P o l y s e m i e (Mehrdeutigkeit). Semantische Überlastung gefährdet die Eindeutigkeit und Klarheit im Wortgebrauch und kann zum Abstoßen von Bedeutungen und allmählichen Untergang des betreffenden Wortes führen. Ae. *þēod* (vgl. got. *þiuda*, ahd. *diot[a]*, weiter ahd. adj. *diutisc* > nhd. *deutsch* wörtl. 'völkisch'; cf. o. S. 26) hatte die Bedeutungen 'Volk,

wöhnlich wird die Umbildung durch äußere (lautliche) Ähnlichkeit bestimmt (*Charterhouse* für *Chartreuse*) oder – seltener – (zusätzlich) durch semantische Analogie (so etwa bei *wormwood* < ae. *wermōd*, da im Mittelalter Wermut als Wurmmittel Verwendung fand). Der Volksetymologie vergleichbare Versuche zur (Re)motivierung gab es bereits im Altertum besonders bei (gelehrten!) Grammatikern, so bei Quintilian, Stilo, Varro u. a. Varro z. B. deutete lat. *cūra* 'Sorge' aus *quod cor urat* 'weil sie das Herz (ver)brennt' und *bellum* 'Krieg' (< *duellum* 'Zweikampf') aus *quod res bella non sit* 'weil es keine schöne Sache ist' (sog. *progressio ad contrarium*).

Stamm, Nation, Land, Gegend, Provinz, Leute, Kriegstruppe usw., Sprache', die zum großen Teil noch me. nachweisbar sind. Es wich franz. Wörtern wie *tribe* (13. Jh.), *nation, country, people* (*Cursor Mundi* ca. 1300), *region, province* (14. Jh.) usw. Letztbeleg: me. *thede* (15. Jh.).

2. Eine ähnliche Wirkung zeigt die H o m o p h o n i e (Vorhandensein mehrerer gleichlautender Wörter; vgl. u. S. 122 ff.). Ae. *mǣle* 'Becher, Schale' wurde durch synonymes *cuppe* (< lat. *cuppa*) verdrängt, da es lautlich mit ae. *mǣl* 'Mal, Zeichen; Schmuck', *mǣl* 'Maß, Zeit; Mahlzeit' und *mǣl* 'Rede, Streit' zusammenfiel. Erhalten hat sich lediglich ne. *meal* 'Mahl(zeit)' und *piecemeal* 'stückweise'.

Da Homophonie aus synchronischer Sicht Polysemie einschließt, wirken beide Komponenten als Ursache des Wortschwunds und der damit verbundenen Wegbereitung für fremde und heimische Ersatzwörter zusammen, so etwa bei ae. *tēon*, ein kontrahiertes Verb, in dem drei Infinitive zusammenfielen: a) *tīhan* > *tēon* st. Vb. 1. Kl. 'zeihen' (zur idg. Wurzel **deik-* 'zeigen'; vgl. lat. *dīcere* 'durch Worte zeigen > sprechen'); *tēohan* > *tēon* st. Vb. 2. Kl. 'ziehen' (zu idg. **deuk-* 'ziehen'; vgl. lat. *dūcere* 'ziehen > führen'); c) *teohhian* > *tēon* schw. Vb. 2. Kl. 'bereiten' (zu dt. 'zechen'). Da im Präsenssystem weitgehend Homophonie bestand, kam es zu Verwechslungen im morphologisch divergierenden Präteritum. Die sprachliche Unsicherheit wurde durch Polysemie vergrößert, da in ae. *tēon* u. a. folgende Bedeutungen zusammengefallen waren: a) anklagen, zeihen; b) ziehen, zerren, schleppen; rudern; anreizen, verleiten; führen; bringen; gehen; c) vorbereiten, arrangieren; liefern; schmücken; arbeiten, schaffen; festsetzen, bestimmen. Homophonie und Polysemie wirkten als Störfaktoren zusammen und führten zum 'kollektiven' Untergang der gesamten Verbgruppe: *tēon* > *tee* 'zeihen' hielt sich bis 1440, *tēon* > *tee* 'ziehen' bis gegen 1500; *tēon* 'bereiten' war bereits vor ihnen untergegangen. Die Bedeutungen wurden von entlehnten bzw. heimischen Wörtern (mit) übernommen: a) *accuse* (< afr. 13. Jh.); b) *drag* (< an.), *pull, draw, tug, row* (< inselgerm.); *entice* (< afr. 13. Jh.), *allure* (< afr. 15. Jh.) usw.; c) *prepare* (< afr. oder lat. 15. Jh.), *furnish* (< afr. 15. Jh.); *adorn* (< afr. 14. Jh.); *produce* (< lat. 15. Jh.), *work, do* (< inselgerm.); *establish* (< afr. 14. Jh.), *constitute* (< lat. 15. Jh.), *ordain* (< afr. 13. Jh.), *settle* (< inselgerm.) usw.[20]

---

[20] Im Gegensatz zum Englischen durchliefen die Verben im Deutschen eine unterschiedliche Lautentwicklung, was störende Homophonie und Polysemie ausschloß und ihr Überleben garantierte: a) *zeihen*, b) *ziehen* und c) *zechen*.

3. L a u t p h y s i o l o g i s c h e   G r ü n d e : Mangel an Lautfülle und damit verbundene mangelnde lautliche Resistenz könnten zum Untergang von ae. *unnan* 'gönnen' > ne. *un und Ersatzleistung durch *grant* (< afr. 13. Jh.) und *allow* (< afr. 14. Jh.) geführt haben. Von den synonymen Dubletten ae. *ǣg* und an. *egg* wich das lautschwächere Wort in frne. Zeit. *Egg* 'Ei' setzte sich auch in den engl. Mundarten durch. Im Wettbewerb zwischen ae. *niman* 'nehmen' und synonymem ae. *tacan* (< an. *taka*) unterlag das inselgerm. Wort vielleicht auch aus lautphysiologischen Gründen[21]. Die schwierige Aussprache von ae. *þweorh* 'verkehrt' könnte Ursache für den Ersatz durch *crooked* (< an.), *bent* (< inselgerm.) und *cross* (letztlich lat. *crux*) gewesen sein.

4. D i s s o z i a t i o n (I s o l a t i o n) : Wörter, bei denen die etymologische Verbindung zu anderen Wörtern nicht mehr empfunden wird, neigen stärker zum Wortschwund als etymologisch gestützte. Ae. *rǣpan* 'bind, fetter, capture' wird bereits gegen 1300 durch me. *raipe* ('Cursor Mundi') vom Subst. ae. *rāp* > me. *raip* (Nordform des südlichen *rope*; verwandt mit hd. *Reif* und nd. *Reep* [cf. *Reeperbahn*]) abgelöst. Ähnlich starb umgelautetes *ǣþan* 'einen Eid schwören' aus, bei dem die Assoziation mit ae. *āþ* > ne. *oath* 'Eid' verlorenging, zumal lautliche Ähnlichkeit zu ae. *ēþian* 'atmen' bestand. Vgl. auch ae. *bōt* 'Buße, Hilfe' > ne. arch. *boot* (*to boot* 'obendrein', *bootless* 'unnütz'), aber ae. *bētan* '(ver)bessern' > ne. Ø (ersetzt durch *better* vom Komparativ).

5. V e r w e c h s l u n g   w e g e n   l a u t l i c h e r   u n d / o d e r   s e -
m a n t i s c h e r   Ä h n l i c h k e i t : Ae. *lǣran* 'lehren' ging seit dem 13. Jh. in der Häufigkeit seines Vorkommens sukzessive zurück und starb frne. aus. Wichtigster Grund war die Verwechslung mit ae. *leornian* > ne. *learn*, das seit dem 13. Jh. auch die Bedeutung 'lehren' angenommen hatte, die sich heute noch mundartlich und vulgärsprachlich findet (ähnlich deutsch: *Ich lerne dir schwimmen*). Hochsprachlich wurde die Bedeutung 'lehren' hauptsächlich von *teach* übernommen, das schon ae. neben der Bedeutung 'zeigen' die von 'lehren' hatte.

---

[21] Vgl. A. Rynell, '*The Rivalry of Scandinavian and Native Synonyms in Middle English, esp. taken and nimen*', Lund Studies 13 (1948). – Das Wort sackte frne. in den *Thieves' Slang* (> *Cant*) ab, wo es 'stibitzen' hieß (vgl. auch den Namen des Corporal *Nym* bei Shakespeare). Seit dem 19. Jh. gilt es als archaisch, soweit es nicht als *nim* 'kurze, rasche Schritte machen' mundartl. fortlebt. *Numb* und *benumb* sind frne. Neubildungen aus dem Part. Prät. (ae. *numen*).

6. Zu k o l l e k t i v e m W o r t s c h w u n d kommt es durch die A b -
l ö s u n g v o n W o r t b i l d u n g s m u s t e r n. So starben sämtliche
Nomina agentis auf -*end* (mit Ausnahme von *friend* und *fiend* [< ae.
frēond bzw. *fēond*], die schon früh nicht mehr als Nomina agentis empfunden wurden) spätestens im 13. Jh. aus, während die Partizipialendung
ae. -*ende* (> me. -*end*[*e*]/-*ind*[*e*]) durch -*ing* vom Verbalsubstantiv ersetzt wurde. Ersatz leisteten Wörter auf -*er* (wie *helper* neben *help* 'Helfer, Gehilfe' <ae. *helpend*) oder lat./rom. -*or* bzw. -*our* (me. *salvator*
und *saviour* < ae. *hǣlend* 'Heiland').

7. M a n g e l n d e s e m a n t i s c h e o d e r s y n t a k t i s c h e L e i -
s t u n g s f ä h i g k e i t, z u g e r i n g e F r e q u e n z : Viele der Renaissancelatinismen verwurzelten nicht und schieden wieder aus der
Sprache aus. Vgl. etwa *ebriolate* 'make drunk', *temulentious* und *temulentive* 'intoxicated' oder *adjuvate* 'help, assist'. Das zur Formel *to wit*
'nämlich' erstarrte ae. *witan* war *cnāwan* > ne. *know* syntaktisch un-
terlegen, was zum Untergang dieses Verbs beigetragen haben kann (s. o.
S. 103).

8. E u p h e m i s m u s : Unangenehme Sachverhalte werden häufig durch
mildere 'Deckwörter' belegt. Das vom Tabu betroffene Wort stirbt dann
oft in der entsprechenden Sprachschicht aus. Ae. *worms/wurms* 'Eiter'
wird im 16. Jh. durch *pus* (< lat.) bzw. durch (*corrupt*) *matter* (bereits
gegen 1400 belegt) ersetzt. Es lebt in schott. (nördl.) *wirsom* fort. Beispiele in großer Zahl liefern die sexuellen Termini, die gewöhnlich als
Vulgarismen gelten und hochsprachlich durch Deckwörter, oft medizini-
sche Fachausdrücke vertreten sind.

9. Häufige Ursache für den Wortuntergang ist W a n d e l d e r U m -
w e l t. So haben viele mittelalterliche Mode- und Waffenbezeichnungen
nicht überlebt. Vgl. etwa *hennin* 'weibliche Kopfbedeckung des 15. Jhs.'
oder ae. *wifer* 'Wurfgeschoß', für das im 14. Jh. *dart* (< afr. < germ.),
im 16. Jh. auch *javelin* (< afr.) und seit dem 17. Jh. das heute gängige
missile (Erstbeleg 1656) eintrat. Ähnlich scheiden auf bestimmte Litera-
turgattungen fixierte Wörter mit dem Ende dieser Gattung aus der Sprache aus, so die poetischen Bezeichnungen für 'Mann, Krieger, Ritter' nach
dem Untergang der me. Romanzenliteratur im 15./16. Jh. (vgl. z. B. me.
gome < ae. *guma*, me. *schalk* < ae. *scealc* oder me. *segge* < ae. *secg*;
cf. o. S. 15). Nicht unbedeutend ist auch die Wirkung der Mode. In Mode
gekommene Lehnwörter z. B. können im Laufe der Zeit zum Frequenz-
rückgang bereits vor ihnen vorhandener Wörter führen, indem sie ihnen

gewissermaßen den Rang ablaufen. Die Folge kann auch hier Wortschwund sein.

Zum Wortschwund: Görlach, 107 ff.; F. Holthausen, 'Vom Aussterben der Wörter', *GRM* 7 (1915–19), 184 ff., wo die Ergebnisse der unter ihm angefertigten Dissertationen von Hemken, Offe, Oberdörffer und Teichert zusammengefaßt werden; K. Jaeschke, *Beiträge zur Frage des Wortschwunds im Englischen* (Diss. Breslau, 1931); R. J. Menner, 'The Conflict of Homonyms in English', *Language,* 12 (1936), 229 ff.; E. R. Williams, *The Conflict of Homonyms in English,* Yale Studies in English, 100 (New Haven, 1944); A. A. Prins, 'On the Loss and Substitution of Words in Middle English', *Neophil.* 26 (1941), 280 ff., 27 (1942), 49 ff.; F. Th. Visser, *Some Causes of Verbal Obsolescence* (Nijmegen, 1949); A. Rudskoger, *Fair, Foul, Nice, Proper. A Contribution to the Study of Polysemy* (Stockholm, 1952), S. 413 ff.; H. Käsmann (1961), 33 et passim; N. Osman, *Kleines Lexikon untergegangener Wörter* (München, 1971).

III. Weitere charakteristische Erscheinungsformen des englischen Wortschatzes

1. Zum Homophonenreichtum des Englischen

Die menschliche Sprache spart auf der Ausdrucksseite, indem sie mit einem Zeichen oft mehrere oder gar viele Bedeutungen verbindet. Man nennt diese Erscheinung Polysemie. Sie entsteht durch Bedeutungsauffächerung. Ein andersartiger, doch zu einem ähnlichen Resultat führender Vorgang ist der der H o m o p h o n i e. Hier fallen etymologisch unterschiedliche Wörter lautlich zusammen: etwa *ear* 'Ohr' (< ae. *ēare*) und *ear* 'Ähre' (< ae. *ēar*) oder *box* 'Schachtel' (< ae. *box* < vlat. **buxem* < gr. *pyxis* 'Buchsbaum') und *box* 'Schlag' (unbekannter Herkunft; ob lautmalend?). Aus synchronischer Sicht, von der Warte des Sprechers und Hörers sind die Zeichen *ear* und *box* mehrdeutig, polysem: *ear* = a. 'Ohr' + b. 'Ähre', *box* = a. 'Schachtel' + b. 'Schlag'. Der Sprachgeschichtler, dem es auf die Erklärung des Entwicklungsvorgangs ankommt, erkennt in ihnen die unterschiedliche Herkunft und spricht von Homophonie, also von lautlichem Zusammenfall etymologisch zu trennender Wörter. Wie diffizil die Unterscheidung ohne Kenntnis der Wortgeschichte ist, zeigen Fälle wie *game* 'Spiel' und *game* 'Wild(bret)' – beides zu ae. *gamen* 'Freude, Ausgelassenheit, Spiel' (die Bedeutung 'Wild' erklärt sich durch Bedeutungsabspaltung über 'Jagdspiel > Jagd > Jagdbeute') oder *still* 'ruhig' und *still* adv. 'doch' (beides zu ae. *stille* 'still'). Trotz der erheblichen Bedeutungsunterschiede zwischen den in einer Lautform vorhandenen Sememen[1] liegt hier nicht Homophonie, sondern Bedeutungsaufspaltung, also Polysemie im sprachhistorischen Sinn vor.

Wenn zwei oder mehr Wörter lautlich zusammenfallen, spricht man von H o m o p h o n e n. Kommt noch gleiche Schreibung hinzu, liegen H o - m o n y m e vor. *See* 'sehen' (< ae. *sēon*) und *see* '(bischöflicher) Sitz' (< agn. *se, sed* < lat. *sēdēm*, zu *sēdes* 'Sitz') sind homonyme Wörter. Zu erwähnen bleibt noch die Homographie. H o m o g r a p h e sind

---

[1] Zum Begriff des Semems vgl. Verfasser, 'Das Semem und sein Verhältnis zum Lexem', *Ling. Berichte* 23 (1973), 30 ff.

Wörter gleicher Schreibung (aber unterschiedlicher Lautung und Bedeutung): etwa *slough* [slʌf] 'Schlangenhaut' und *slough* [slau] 'Sumpf', *lead* [li:d] 'führen' und *lead* [led] 'Blei'.

Das Englische ist reich an Homophonen. W. Fischer ('*Englische Homophone*' [München, 1961]) hat eine (unvollständige) Liste von fast 1000 Beispielen mit weit über 2000 Wörtern zusammengestellt, darunter auch flektierte Formen, so *bad* 'schlecht' und *bade* 'Past T.' zu *bid* 'gebieten', *duct* 'Gang' und *ducked*, zu *duck* 'untertauchen', oder *sheathes*, 3. Pers. Präs. von *sheathe* 'umhüllen', und *sheaths*, Plur. zu *sheath* '(Schwert)-scheide' [ʃiːðz].

Ursache für Homophonie ist Lautzusammenfall. Infolge des sehr weitreichenden und tiefgreifenden Lautwandels seit ae. Zeit kam es zu zahlreichen phonologisch-phonetischen Konvergenzen. Nehmen wir das Beispiel ne. [miːt]. In ihm fallen vier etym. verschiedenartige Wörter zusammen: a) ae. *mētan* 'meet', b) ae. *gemēte* 'suitable' (dt. *gemäß*) – Lautung beider Wörter seit dem 15. Jh. [miːt]; c) ae. *mete* 'meat' und d) ae. *metan* 'mete = messen', die über Dehnung des kurzen Stammvokals in offener Silbe im 13. Jh. und Anhebung des [ɛː] zu [eː] im 16. Jh. im Laufe des 17. Jhs. die Lautstufe [iː] erreichten. Eine Homophonentriplette ist z. B. *wether* 'Widder', *weather* 'Wetter' und *whether* 'ob', etym. dt. *weder* entsprechend (*I do not know whether the wether likes the weather*). Sie verdeutlicht die unterschiedliche Lautentwicklung zwischen dem Deutschen und dem Englischen: dt. *Widder* : *Wetter* : *weder*, engl. ['weðə]. Zu einem Homophonenschub kam es in frne. Zeit, als Wörter wie *knight* und *night*, *knot* und *not*, *know* und *no*, *might* und *mite* 'Milbe' durch Abfall bzw. Ausfall von Konsonanten lautgleich wurden (vgl. dazu Leisi, 36 ff. mit Hinweis auf Wortspiele [*puns*] bei Shakespeare). Schließlich gab die Hochsprache nachvokalisches *r* (im Gegensatz zum schottischen Englisch, wo noch heute gerolltes *r* gesprochen wird, und zum amerikanischen Englisch mit seinem retroflexen *r*) im Laufe des 17. Jhs. auf, was zu Homophonen wie *father* und *farther*, *maw* 'Tiermagen' und *more* 'mehr', *law* und *lore*, *balm* und *barm* 'Hefe, Bärme' führte. Endungsschwund bewirkte Homophonie z. B. bei ae. *lufian* 'lieben' und *lufu* 'Liebe' > ne. *love*, *an* 'ein' (*strong form*) und *Ann(e)* 'Anne, Anna'.

Weiter zu erwähnen sind die zahlreichen Lehnwörter, die den Homophonenreichtum des Englischen nicht unwesentlich vermehrten. Vgl. *bank* 'Ufer' (< an.), *bank* 'Ruderbank' (< afr.), *bank* 'Sparinstitut' (< fr. od. it.); *heirless* und *airless*, *idle* (< germ.) und *idol* (< afr. < lat.

< gr.) oder *baron* 'Baron' und *barren* 'unfruchtbar'. Nicht unbedeutend ist auch die Homophonie zwischen flektierten und unflektierten Formen, wie z. B. bei *links* 'Kettenglieder' und *lynx* 'Luchs', *knows : noes* 'Nein-stimmen' : *nose*. Hinzu kommt die Form der g r a m m a t i s c h e n H o - m o p h o n i e, wie wir sie von der Nullableitung (u. S. 128) kennen, etwa bei *show* vb. + sb., *salt* vb. + sb., *dirty* adj. + vb., *out* Präp. + Adv. + Vb. (*he will out me* 'er schmeißt mich heraus'). Eine Sonderform der grammatischen Homophonie liegt bei der Kausativierung intransitiver Verben vor, wenn z. B. *fly* mit dem Objekt *kite* verbunden wird: 'flie-gen' > '(einen Drachen) fliegen lassen'. Da im engl. (wie dt.) Sprach-system formal unterschiedene von starken intrans. Verben abgeleitete schwache transitive (kausative) vorhanden sind (Typ: engl. *drink* 'trinken' > *drench* 'tränken', *lie* 'liegen' > *lay* 'legen'), kann auch bei *fly, march, run, go* [vb. intr. und trans.] von einer Art grammatischer Homophonie gesprochen werden (u. S. 132).

Die Sprache nimmt, wie das Beispiel des Englischen zeigt, offensichtlich auch eine große Zahl von Homophonen in Kauf, ohne daß es im Sprach-gebrauch zu störenden Ambiguitäten (Verwechslungen aufgrund von Mehrdeutigkeit) kommen muß. Was das Einzelwort nicht leistet, vermag der 'disambiguierende' Kontext oder die Gesprächssituation zu leisten. Doch gilt als sicher, daß Homophonie eine der Ursachen des Wort-schwunds sein kann (vgl. o. S. 118 f.). Voraussetzung ist das Vorhan-densein für einen H o m o p h o n e n k o n f l i k t günstiger Bedingun-gen. Dabei spielt das Auftreten von lautgleichen Wörtern in gleichem oder ähnlichem Kontext eine wichtige Rolle. Vgl. etwa *strait* 'narrow' (< afr. *estreit*) und *straight* 'not curved, not crooked' (< me. *stregt*, Part. Praet. zu *stretch*) in Sätzen wie *A strait path ran between the fields* und *A straight path ran between the fields* (Williams, *The Conflict of Homonyms*, S. 103). Während bei *strait* und *straight* die Bedeutungsähn-lichkeit die Verwechslung förderte (und so zum Rückgang von *strait* bei-trug, das hochsprachlich nur noch in wenigen Verwendungsweisen vor-kommt), war es bei me. *br̥ēd* 'Brot' (< ae. *brēad*), me. *br̥ēd* 'roast meat' (< ae. *br̄æde*), me. *br̥ēd* 'a trick' (< ae. *br̄æd*), me. *br̥ēd* 'Breite' (< ae. *br̄æd[u]*) neben der Verwechselbarkeit von *br̥ēd* 'Brot' und *br̥ēd* 'Braten' die Vieldeutigkeit (Polysemie) der me. Form und die Bedeutungsdiskre-panz zwischen den Homophonen. Häufig überleben hochsprachlich homo-phone Wörter in den Mundarten. Eine der Gründe kann unterschiedliche Lautentwicklung zwischen dem Standard English und den Dialekten sein. So überlebte *quean* (< ae. *cwene* 'Frau'), das im StE heute als archaisch gilt, in den Dialekten, wo der lautliche Zusammenfall mit *queen* (< ae. *cwēn* 'Königin' unterblieb (Yorkshire, Lancashire, Cheshire, Cumberland usw.). **Zur Homophonie:** Leisi, 36 ff., 192; Görlach, 53 ff., 108 f.; Koziol, 94 ff.; Arnold, 209 ff.; McKnight, 153 f.; Fowler, 248; Ullmann, *Semantics*, 176 ff. et passim; J. Lyons, *Introduction to Theor. Ling.* (Cambridge, 1968 u. öfter), 39 f., 90 f., 450 ff.; W. Schumann, *Die Homonyma der engl. Sprache* (Marburg, 1906); R. Bridges, *On English Homophones*, S. P. R. Tract 2 (Oxford, 1919), dazu Besprechung von O. Jespersen in *Language* XV, 7; E. R. Williams, *The Conflict of Homonyms in English* (New Haven, 1944); W. Fischer, *Englische Homophone* (München, 1961); M. L. Samuels, *Linguistic Evolution* (Cambridge, 1972), 67 ff.; K. Heger, 'Homographie, Homonymie und Polysemie', *ZRP* 79 (1963), 471 ff.; vgl. auch Funke, *Engl. Sprachkunde*, 59 f.

2. Bedeutungsaufspaltung und Dublettenbildung

Von W o r t d u b l e t t e n spricht man, wenn ein Wort in doppelter Form vorhanden ist. Ein solches etymologisch zusammengehöriges Wortpaar ist z. B. ne. *person* 'Person' und *parson* 'Pfarrer'. Beide Varianten gehen auf ein gemeinsames me. *perso(u)n* (< afr. *persone* < lat. *persōna*) zurück, das durch B e d e u t u n g s a u f s p a l t u n g zwei Bedeutungen in sich vereinte: '(natürliche) Person' + '(geistliche, d. h. der kirchlichen Gerichtsbarkeit unterstellte) Person = Pfarrer'. Als im 14. und 15. Jh. die morphologischen Dubletten *person* und *parson* entstanden, wobei *parson* die normale Lautentwicklung (*er* > *ar*) zeigt und *person* eine Angleichung an lat. *persona* darstellt, war mit dieser *morphologischen* oder *formalen* B i f u r k a t i o n ('Gablung', zu lat. *furca* 'Gabel'; vgl. ne. *fork*) zunächst keine Bedeutungsaufteilung verbunden. Noch bei Shakespeare waren beide Formen austauschbar. Erst im 17. und 18. Jh. folgte die *semantische* B i f u r k a t i o n : *person* wurde auf die Bedeutung 'Person', *parson* auf 'Pfarrer' festgelegt. Die Sprache nutzte – in einem langwierigen Differenzierungsprozeß – die Existenz von bedeutungsmäßig gleichwertigen Wortdubletten zur B e d e u t u n g s g a b l u n g in Form von Bedeutungsaufteilung[2].

---

[2] Der hier skizzierte Vorgang unterscheidet sich vom Typ *yard : garth : garden* usw., *royal : regal* (s. o. S. 100 f.) darin, daß es sich um einen innersprachlichen Vorgang handelt, während in letzterem Fall die Dublettenbildung usw. das Ergebnis der Sprachmischung (Wortentlehnung) ist. Vgl. dazu Verfasser in *NSpr* 9 (1971), 471 ff., wo der Prozeß eingehender behandelt wird. Dort auch weitere Literatur.

In anderen Fällen, wie etwa bei *through* und *thorough*, ging die morphologische Gablung der Bedeutungsaufspaltung voraus. Bei einer dritten Gruppe gingen die formale wie die semantische Bifurkation Hand in Hand, so etwa bei *one* : *a/an*. Als man in ae. Zeit das Zahlwort *ān* 'ein, eins' als indefiniten Artikel zu gebrauchen begann, löste die Funktionsteilung (Bedeutungsaufspaltung) eine lautliche Differenzierung aus. In seiner proklitischen Stellung verlor der unbestimmte Artikel den Ton und führte so lautgesetzlich zu ne. *a/an*, während ae. *ān* ne. *one* abgab. Bei der morphologischen Bifurkation, die der semantischen vorausgeht, lassen sich mehrere Unterteilungen vornehmen:

A. Die zur semantischen Bifurkation dienenden Dubletten sind lautlich wie graphisch differenziert: Sie beruhen auf

1. u n t e r s c h i e d l i c h e r   L a u t e n t w i c k l u n g :

person ['pə:sn] 'Person' : *parson* ['pɑ:sn] 'Pfarrer'; *through* 'durch' : *thorough* 'gründlich'; *truth* 'Wahrheit' : *troth* 'Treuegelöbnis'; *nought* 'nichts; Null' : *not* 'nicht'; *divers* 'etliche' : *diverse* 'verschieden'; *human* 'menschlich' : *humane* 'human'; *pity* 'Mitleid' : *piety* 'Frömmigkeit'; *gold* 'Gold' : *Gould* 'Gold' (Name), ähnlich: *holiday* 'Feiertag' : *Halliday* 'Feiertag' (Name); *can* 'können' : *con* 'auswendig lernen';

2. M u n d a r t v a r i a n t e n (südliche neben nördlichen Formen):

road [rəud] 'Weg' : *raid* [reid] 'Angriff'; *lord* 'Herr' : *laird* 'schott. Gutsbesitzer'; *cole* 'Raps' : *kail* (*kale*) 'Grünkohl'; *whole* 'ganz' : *hale* 'gesund, rüstig' (falls nicht an. Lw, *hail* entsprechend);

3. u n t e r s c h i e d l i c h e n   F l e x i o n s f o r m e n :

game [geim] 'Spiel' (unflektiertes ae. *gamen* fortführend) : *gammon* ['gæmən] 'doppelter Sieg im Puffspiel' (auf flektierten Formen, etwa *gamene(s)* [Dat./Gen.] beruhend); *shade* : *shadow, mead* : *meadow*; *black* : *Blake* (Name); *belly* 'Bauch' : *bellows* 'Blasebalg'; *body* 'Körper' : *bodice* 'Leibchen'; *brothers* 'leibliche Brüder' : *brethren* 'Vereinsbrüder'; *pence* : *pennies*; *clothes* : *cloths*; *staves* : *staffs*.

B. Die zur semantischen Bifurkation dienenden Dubletten sind nur
   g r a p h i s c h differenziert:

metal ['metl] 'Metall' : *mettle* ['metl] 'Naturanlage; Mut'; *flower* 'Blume' : *flour* 'Mehl, Mehlblüte'; *draught* 'Zug' : *draft* 'Entwurf'; *clerk* 'Angestellter' : *Clark(e)* 'Name', ebenfalls *sergeant* : *Sargent*.

C. Die zur semantischen Bifurkation dienenden Dubletten sind nur l a u t l i c h differenziert:

houswife ['hauswaif] 'Hausfrau' : *housewife* ['hʌzif], 'Nähkästchen' (ältere Schreibung: *huzzif* oder *hussif*); *gallant* ['gælənt] 'tapfer' : *gallant* [gə'lænt] 'gallant' (neben: ['gælənt]); *buffet* ['bufei] 'refreshment bar' : *buffet* 'sideboard' ['bʌfit].

3. Lexikalische Isolierung (solitäre Wörter)

Eine besondere Stellung im englischen Wortschatz nimmt eine kleinere Gruppe von Wörtern ein, die nur noch in bestimmten Verwendungsweisen anzutreffen sind, sonst aber als ausgestorben (oder in bestimmten Bedeutungen ausgestorben) gelten. Die meisten dieser gewöhnlich sehr alten und in ihrer Mehrzahl germ. Wörter haben nur in 'Symbiose' mit anderen überlebt, mit denen sie feste lexikalische oder phraseologische Verbindungen eingegangen sind. Auffällig ist ihr (relativ) seltenes Vorkommen. Gemeint sind Fälle wie *meat* in Gebrauchsweisen wie *meat and drink* 'Speise und Trank', *one man's meat is another man's poison* 'des einen Tod ist des anderen Brot', *it is meat and drink to me* 'es ist mir eine Wonne' oder *sweetmeat(s)* 'Süßigkeiten, Konfekt', wo *meat* (< ae. *mete*) seine ursprüngliche Bedeutung 'Speise, Nahrung' in wörtlichem oder übertragenem Sinn bewahrt hat. Die vorherrschende Bedeutung des Wortes ist heute 'Fleisch' (*butcher's meat*; Erstbeleg 14. Jh., Bedeutungseinengung durch Ellipse). Meist sind es lexikalische Einzelgänger, 'solitäre' Wörter, die nur in einer oder wenigen Verwendungen überleben. Hierzu gehören weiter u. a. *read* in seiner alten Bedeutung 'raten' (< ae. *rǣdan*), erhalten in *read a riddle, the future*; *bide one's time* 'seine Zeit, d. h. den rechten Augenblick abwarten' (< ae. *bīdan* 'warten'); *dree one's weird* 'sein Schicksal ertragen' (< ae. *drēogan* 'erdulden' und *wyrd* 'Schicksal, Wurd'; vgl. auch *weird sisters* 'Schicksalsschwestern, Hexen' in Shakespeares *Macbeth*), *wax and wane* 'zunehmen und abnehmen' (spez. vom Mond); *for the sake of* 'um ... willen' (ae. *sacu* 'Sache, Streit'); *instead of, in his stead* 'anstelle von, an seiner Stelle' (< ae. *stede* 'Ort, Stelle'); *to be part and parcel* 'einen wesentlichen Bestandteil bilden von'; *without let and hindrance* 'ohne Hindernis' (zu ae. *lettan* 'hindern'; vgl. dt. *verletzen*); *with might and main* 'mit aller Macht' (< ae. *mægen* 'Macht'); *goods and chattels* 'Hab und Gut' (< afr. *chatel* 'Eigentum'; vgl. *cattle* und *capital*); *old wives' tales* 'alte Weibergeschichten', hier *wife* noch in der allg. Bedeutung 'Frau'; vgl. auch *fishwife* 'Fischweib = Fischhändlerin'; *soothsayer* 'Wahrsager' (< ae. *sōþ* 'Wahrheit'); *-wort 'Wurz'* (< ae. *wyrt* 'herb, vegetable') in *colewort* 'Grünkohl', *liverwort* 'Leberblümchen' usw.

Auffällig ist der alliterative Formelcharakter vieler Beispiele und die gelegentliche pleonastische Doppelsetzung. Vgl. *part and parcel* (*parcel* 'part, particle, portion' < afr. *parcelle* < rom. *particella, zu lat. *particula* 'Teilchen'), *(with) might and main, odds and ends, chop and change* 'sich dauernd ändern', *rack and ruin* (*rack* = Variante von *wrack* < ae. *wræc* 'Rache'; vgl. *to go to rack and ruin* 'zugrunde gehen'), *kith and kin* 'country and kinsfolk > relatives generally'. Ohne die Stützung durch lebenskräftige Wörter in fester Kollokation wären viele der aufgeführten Beispiele bereits ausgestorben, zumal einige von ihnen schon lange einen deutlich archaischen Anstrich besitzen. Im Deutschen lassen sich Wendungen wie *mit Fug und Recht, mit Kind und Kegel* (*Kegel* = 'uneheliches Kind') oder Bildungen wie *schlechterdings, schlechthin, schlechtweg* vergleichen, die die alte Bedeutung 'glatt, eben, gerade' bewahren. (Zu den dt. Beispielen vgl. '*Der Große Duden*', Bd. 7, '*Etymologie*; Kluge/Götze/ Mitzka, '*Etym. Wörterbuch der dt. Sprache*'; zu den engl. Beispielen Onions, *ODEE* und die übrigen etym. Wörterbücher der engl. Sprache, s. u. S. 170 f.).

4. Die Nullableitung (sog. Konversion)

Mit der allmählichen Reduktion der Flexionsmorpheme auf wenige stabile Reste (wie {*-es*}, {*-s*}; {*-ed*}, {*-d*}, {*-t*}) und der Abschleifung des Infinitivmorphems (ae. *-(i)an* > me. *(i)e/n* > ne. Ø) wuchs im Englischen die Bereitschaft, eine Wortart ohne formale Veränderung in eine andere überzuführen. Das Substantiv *rival* z. B., das 1577 aus lat. *rivālis* unter Verzicht auf das Mophem *-is* ins Englische entlehnt wurde, findet sich seit 1605 auch in verbaler Funktion, ohne daß für die Ableitung ein spezielles verbales Derivationsmorphem (wie etwa bei *special-ize* < *special* oder dt. *rival-is-ieren* < *Rival-e*) herangezogen wurde. Für diese Funktionserweiterung bedurfte es lediglich der Versetzung des Substantivs in verbale Satzposition: *they were my rivals > they rivalled me*. Mit der Verwendung von *rival* auch als Verb unterwarf sich das neu gewonnene Wort den syntaktischen Bedingungen der Wortart, auf die es seine Funktion ausdehnte, was sich u. a. in der Übernahme wortartspezifischer Flexionsmorpheme zeigt (z. B. *-ed* in *rivalled* Prät.). Doch in seiner Grundform unterschied sich das Verb nie von der Grundform (= Nom. Sing.) des Substantivs, von dem es abgeleitet wurde (*rival* sb. : *rival* vb.).

Diesen morphologisch unkomplizierten Vorgang nennt man A b l e i - t u n g   d u r c h   N u l l m o r p h e m (*derivation by a zero-morpheme*) oder kurz N u l l - A b l e i t u n g (*zero-derivation*). Zwischen ihm und ae. Bildungen wie *hāt* 'Geheiß, Versprechen' < *hātan* 'heißen' oder *gif* 'gift' < *gifan* z. B. besteht der Unterschied, daß bei letzteren zwischen Grundwort und Neubildung bei der Ableitung keine Formengleichheit bestand. Diese war auch bei den zahlreichen ae. additiven Bildungen wie *lufian* 'lieben', denominale Ableitung vom Subst. *lufu* mit Hilfe des Morphems *-ian* (wie *fiscian* von *fisc*) nicht gegeben. Doch konnte hier mit dem fortschreitenden Abschleifungsprozeß der Endungsformantien formale Kongruenz eintreten: *lufian* vb. und *lufu* sb. fielen spätestens im Übergang zum Ne. in der Form *love* [luv > ne. lʌv] zusammen. Vom sprachhistorischen Standpunkt ist also zwischen Fällen wie *rival* sb. > *rival* vb. (weiter: *mask, salt, screw, hand, shovel* usw. sb. > vb.), jüngeren Bildungen ohne Derivationsmorphem, und solchen mit ursprünglich vorhandenem Ableitungselement (ne. *bridge* < ae. *brycgian* 'überbrücken', ne. *plant* < ae. *plantian*, ne. *end* < ae. *endian*) zu unterscheiden. Aus synchronischer Sicht ist der Unterschied irrelevant.

Die Forschung wendet die Bezeichnung Null-Ableitung allerdings auch auf den Typ *love, bridge* usw. an. Das verwundert zunächst, da zur Ableitung der schwachen Verben aus Substantiven seit vorhistorischer Zeit gerade Suffixe herangezogen wurden: idg. *-āio-nom* > urgerm. *-ōia-n* > ae. *-ian* usw. Dieses Infinitivelement hatte wortartkennzeichnende Funktion, war also ein syntaktisches Morphem. Mit der Bildung des Verbs aus dem Substantiv verbunden war aber auch ein semantisches Element, bei ae. *helmian* (< *helm* sb.) 'mit einem Helm bedecken, behelmen' z. B. [versehen/bedecken mit]. Da dieses Sem formal nicht zum Ausdruck kommt, läßt sich auch hier von Null-Ableitung sprechen. Das bedeutet zur gleichen Zeit, daß in Fällen wie *rival, mask, hand* vb. zweimal ein Nullmorphem gegeben ist: das syntakt. (*mask* sb. 'Maske' > *maskØ* vb. 'maskieren') und das semantische ([versehen mit] = Ø). Zwischen Basiswort und Ableitung besteht demnach beim Typ *mask* wie *love* ein Bedeutungsunterschied, der morphologisch nicht zum Ausdruck kommt[3].

---

[3] Als erster hat sich Henry Sweet eingehender mit dem behandelten Phänomen beschäftigt (in: '*A New English Grammar*' [Oxford 1892–98, § 105, S. 38]). Er nannte den von ihm rein syntaktisch gefaßten Vorgang *conversion*. Neben *Kon-*

Unter den Nullableitungen haben sich die desubstantivischen Verben als besonders produktiv erwiesen. Je nach der (morphologisch nicht zum Ausdruck kommenden) semantischen Bedeutungskomponente lassen sie sich in verschiedene Untergruppen aufteilen: speziell in a) instrumentale, b) lokative und c) ornative Verben.

Die Grundbedeutung der instrumentalen Verben ist 'etwas mit Hilfe eines Gegenstands tun': *file* (1225) 'to reduce the surface with a file', *shovel* (1440) 'to remove with a shovel', *screw* (1611 Shakespeare), *hand* (1610), *harpoon* (1774), *bicycle* (1869), *cable* (1871), weiter: *motor, taxi, angle, mask* usw. Lokative Verben haben die Grundbedeutung 'etwas oder jd. an einen Ort stellen, setzen, legen' : *garner* (ca. 1375) 'to store in a garner', *coffin* (1564) 'enclose in a coffin', *sardine* 'pack closely' (*DNE* 1968), *cradle, bottle, chair* usw. Lokative Verhältnisse drücken auch die intransitiven Verben *roost* 'sleep on a roost (of birds)', *land* 'landen', aber auch Verben wie *whelp* 'to bring forth whelps', ähnlich *lamb, foal* aus. Ornative Verben haben als Archisem (= gemeinsames Bedeutungselement) [mit etwas versehen] im Sinne von 'provide, decorate, or inspire with': *belt* (ca. 1300) 'umgürten', *awe* 'Ehrfurcht einflößen',*cloak* (1509), *flavour* (1545), *cement* (1886), ähnlich: *pepper, salt, sugar, chloroform, label, tag* usw.

Anders zu klassifizieren sind desubstantivische Verben des Typs *to mother* 'bemuttern', *father* 'sich als Urheber bekennen' (ca. 1400), 'Kind zeugen' (1483), 'väterlich handeln' (1577) oder *ape* 'nachäffen', *fox* 'den Fuchs spielen', *parrot* 'wie ein Papagei antworten' usw.

Beispiele für desubstantivische Verben lassen sich im Englischen zu Aberhunderten finden. Sie gehören auch heute noch zu den produktivsten Wortbildungstypen, wie überhaupt die Nullableitung nichts an ihrer semantischen und stilistischen Ausdruckskraft verloren hat. Sicherlich spielt dabei die völlig unkomplizierte Ableitungsmethode eine entscheidende Rolle, die oft zu kühnen und wirkungsvollen adhoc-Bildungen

---

version traten im Laufe der Zeit *functional change, functional shift*, entsprechend dt. *Funktionswechsel*, auch *Funktionserweiterung* (so Leisi, S. 93), ebenfalls *grammatische Homonymie*. Bei Marchand u. a. findet sich *derivation by a zeromorpheme*, entsprechend dt. *Nullableitung, Nullbildung* usw. Wie häufig bei gram. Begriffen, fällt auch hier die terminologische Fixierung schwer. Genau genommen, müßte man beim Vorgang *mask* sb. > *mask* vb. von 'Funktionserweiterung verbunden mit Bedeutungserweiterung ohne ausdrucksseitige Kennzeichnung des Wortableitungsvorgangs' sprechen. Der Einfachheit halber wird hier die Bezeichnung '(Wortbildung durch) Nullableitung' benutzt.

verleitet hat. Man denke etwa an Shakespeares *canopy* vb. in *Sonnet* XII, 6: *When lofty trees I see barren of leaves, which erst from heat did canopy the herd*, wo das Substantiv *canopy* 'Baldachin' verbalisiert wird: *to canopy* = 'to protect'; oder an *it out-herods Herod* (Hamlet III, 2, 16), wo der Name des Herodes, mit präfigiertem *out-* versehen, zum Verb „konvertiert" wird: 'to out-do the tyrant Herod in violence > to be more outrageous than the most outrageous'. Die Wirkung dieser Bildung war so nachhaltig, daß sie in der Folge immer wieder nachgeahmt wurde, so von Thackerey in '*Vanity Fair*' (31): *It is out-Josephing Joseph* oder von Lord Tennyson in der Wendung *She could not be unmann'd – no, nor out-woman'd!* (1876)[4]. Vgl. auch das seit 1579 belegte *to lord it* 'den Herren spielen' (Spenser), *to lady it* (1600) und *to queen it* (1611, Shakespeare, *Winter's T.*, IV, 3, 462). Von hier zu *he professors it* oder *he prime-ministers it* 'er kehrt den Professor usw. hervor' ist nur ein kleiner Schritt.

Auch das Fehlen konkurrenzfähiger Derivationsverfahren wird zur Ausbreitung der Nullableitung beigetragen haben. So finden sich zwar verbale Ableitungen auf *-ate*, *-ify* und *-ize*, diese sind aber weitgehend auf Wörter gelehrten Charakters und technische Ausdrücke beschränkt (*translate, coordinate, incorporate, abbreviate*; *purify, sanctify, acidify, stratify*; *actualize, de-Stalinize, deodorize, weatherize, winterize* [spez. AE]). Insbesondere eignen sich Wörter von kurzem Bau zur Nullableitung (*cage, can, idle, book*); doch gibt es auch Mehrsilber: *condition* 'zur Bedingung machen', *stonewall* 'mauern, defensiv spielen', *come-back, breakdown, know-how* sb. usw. Gegen Nullableitung spreizen sich allerdings durch ihr Ableitungsmorphem auf bestimmte Wortarten festgelegte Wörter, wie *terrific, international, ratify, profligacy, liberation, debtor, kindness, kingship*; doch hat der Sprachgebrauch auch hier gelegentlich die Grenzen gesprengt. Vgl. etwa *to doctor* (16. Jh.) oder *to history* 'melden' (bei Shakespeare).

Keine Wortart hat sich der Nullableitung verschlossen. *Like* z. B. findet sich als Substantiv (*like attracts like* 'gleich und gleich gesellt sich gern'), als Verb (*we like him*), Adjektiv (*a like sum* 'eine ähnliche Summe'), Adverb (*I had been like heedful of the other*, Shak., '*Errors*' I, 1, 82; *like mad* 'wie besessen'), Quasi-Präposition (*like you and me* neben *like you and I*), Konjunktion (dial., Substandard: *like he wrote* für *as he*

[4] Vgl. V. Bladin, '*Studies on Denominative Verbs in English*' (Diss. Uppsala, 1911), S. 100–02.

wrote). *Down* ist Substantiv ('waldloses Hügelland'), Verb ('niederlegen' in *to down tools*), Adjektiv (*down train*), Adverb (*down to the last man, to burn down*), Präposition (*down the hill*).

Als wichtigste Nullableitungsverfahren finden sich: Substantiv > Verb: *mask, cage, salt* usw.; Verb > Substantiv: *look, laugh, take* 'Fang', *swim, walk*; Adjektiv > Verb: *idle* 'leerlaufen', *clear, smooth, secure, humble* 'erniedrigen'; Adverb > Verb: *to up and down, he was outed* 'er wurde hinausgeschmissen'; Adverb > Adjektiv: *the then minister* 'der damalige Minister', *the outside world, the above quotation*; Adjektiv > Substantiv: *the blacks and whites, cold* 'Kälte', *secret* 'Geheimnis', *ideal* 'Ideal'; Interjektion > Verb: *to hurrah, to yes*; Pronomen > Verb: *to thou* 'duzen'.

Nicht mit der Nullableitung gleichzusetzen sind Fälle wie *London Airport, the government official, the Nixon administration* (AE), wo kein Wortbildungsprozeß vorliegt, sondern eine synt. Aneinanderreihung von zwei Substantiven, von denen das erste im Deutschen einem Adjektiv oder Genetiv ('Londoner Flughafen', 'Regierungsbeamter') entspricht. Solange keine Verselbständigung zum Adjektiv eintritt, kann hier nicht von Nullableitung gesprochen werden.

Ebenfalls von der Nullableitung zu trennen ist die 'Kausativierung' intransitiver Verben zu transitiven in Fällen wie *fly* 'fliegen' > *fly a plane* 'ein Flugzeug fliegen', *fly a line* 'eine Linie befliegen', *run* 'laufen' > *run s. th.* 'etwas laufen lassen, betreiben' (*run a shop*), *walk a dog, march troops* 'Truppen in Marsch setzen', *drop* 'fallen lassen', *sink a ship* 'versenken' usw. Diese keine neue Wortart abgebende (und damit nicht als Nullableitung geltende) Verwendung intransitiver Verben (der Bewegung) als Transitiva durch Setzung eines direkten Objekts ist eine Sonderform der grammatischen Homonymie, die in einem Fall (ae. *iernan* 'to move' + 'to cause to move rapidly') bis ins Altenglische zurückreicht, aber erst in den letzten Jahrhunderten an Boden gewann (s. o. S. 124).

Zur Nullableitung (Konversion): Leisi, 92 ff.; Görlach, 82 f.; Bähr, 23, 93 f.; Marchand, *The Categories* (²1969), 359 ff. (mit wichtiger Literatur); H. Koziol, *Handbuch der englischen Wortbildungslehre* (Heidelberg, ²1972), 281 ff.; V. Bladin, *Studies on Denominative Verbs in English* (Uppsala, 1911); H. Sweet, *A New English Grammar* (Oxford, 1892–98), § 125, S. 38; C. Bergener, *A Contribution to the Study of the Conversion of Adjectives into Nouns in English* (Diss. Lund, 1928); Y. M. Biese, *Origin and Development of Conversions in English*, Annales Academiae Scientiarum Fennicae, B XLV/2 (Helsinki, 1941);

U. Lindelöf, *English Verb-Adverb Groups Converted into Nouns* (Helsingfors, 1937); D. W. Lee, *Functional Change in Early English* (Menasha, Wisc. 1948); B. v. Lindheim, 'Syntaktische Funktionsverschiebung als Mittel des barocken Stils bei Shakespeare', in: *Shakespeare-Jahrbuch* (1954); E. Konkol, *Die Konversion im Frühneuenglischen* (Diss. Köln, 1960); L. A. Hill, *Prepositions and Adverbial Particles* (London, 1969); D. Kastovsky, *Old English Deverbal Substantives Derived by Means of a Zero Morpheme* (Diss. Tübingen, 1968); I. Frey, *Konversionssubstantive und Konversionsverben in Fachsprachen und Schichten des Englischen* (Diss. Würzburg, 1971).

5. Moderne Wortkürzungs- und Wortmischungsverfahren

a) Wortkürzungen (clippings)

Der Reichtum des Englischen an Wörtern, die nur aus einem Morphem bestehen, wurde in moderner Zeit wesentlich durch W o r t k ü r z u n -g e n *(clippings)* vermehrt. Meist wird dabei der Wortkörper auf einen seiner Teile reduziert, wobei nicht immer die Morphem- und Silbengrenzen eingehalten werden. Entweder wird das Wort auf den Anfangsteil verkürzt: b a c k – c l i p p i n g s wie *demo* < *demo*nstration oder *deli* <*deli*catessen; oder es bleibt der mittlere Teil stehen: f o r e – a n d –b a c k – c l i p p i n g s wie *tec* < de*tec*tive oder *Liz* < E*liz*abeth; oder das Wort wird so gestutzt, daß der Schlußteil übrigbleibt: f o r e –c l i p p i n g s wie *bus* < omni*bus* oder *Bert* < Her*bert*.

Die Wortkürzung durch Clipping dient der sprachlichen Energieersparnis und läßt sich mit den Ellipsen bei synt. Gruppen vergleichen, wo der übrigbleibende Teil die Bedeutung des ausgelassenen mit übernimmt (*hamburger* < *hamburger steak, private* '[gemeiner] Soldat' < *private soldier*). In ihr widerspiegelt sich der angelsächs. Hang zum Praktischen ebenso wie die Neigung zu auffälligen und kühnen Neubildungen. Schichtenspezifisch gehören die Clippings zum Slang; doch finden einzelne von ihnen durch häufigen Gebrauch Zugang zu den Common Words, unterscheiden sich aber gewöhnlich weiterhin von ihren Grundwörtern durch ihren stilistischen und konnotativen Sondercharakter. Auch verraten sie meist ihre gruppenspezifische Herkunft, so etwa *exam* (< *examination*), *gym* (< *gymnastics*), *math* (< *mathematics*), *lab* (< *laboratory*), *van* (< *caravan*), *photo* (< *photograph*). Bisweilen verdrängen sie ihr Grundwort, was einer stilistischen Aufwertung gleichkommen kann. Vgl. etwa *brandy* (< *brandywine* < *brandewine* < ndl. *brandewijn*). In anderen Fällen wiederum findet sich Bedeutungsdifferenzierung, so bei *miss* 'Fräulein' und *mistress* 'Frau; Herrin'.

Die ältesten Beispiele für Clippings tauchen, sieht man von einigen Eigennamen ab, kaum vor dem 16. Jh. auf, unter ihnen *gent* < *gentleman* (1564) und *chap* 'fellow' < *chapman* 'Kaufmann' (1577). Ins 17. Jh. fallen u. a. *cit* (< *citizen*), *mob* (< *mobile* < *mōbile vulgus)* und *quack* < *quacksalver*, ins 18. Jh. *gin* (< *geneva*), *spec* (< *speculation*), auch *yank* < *Yankee*. Bildungen des 19. Jhs. sind *cab* (< *cabriolet*), *fan* (< *fanatic*), *doc* (< *doctor*), *photo* (< *photograph*), *exam, math, gym* usw. Aus unserem Jh. stammen z. B. *coke* (< *coca-cola*), *disc* und *disco* (< *discothèque*), *movie* (< *moving pictures*), *speakie, talkie, nuke* (< *nuclear weapon*), *provo* (< *provocateur; DNE* 1967), Namen wie *Jerry*. Seltener als Back-Clippings finden sich Fore-Clippings: *bus* (< *omnibus*), *phone* (< *telephone*), *cello* (< *violoncello*; wie im Deutschen), *varsity* (neben AE Slang *U* als *back-clipping*; vgl. dt. *Uni*), Namen wie *Nora* (< *Leonora*), *Trix* (< *Beatrice*), *Bella* (< *Arabella*). Double-clippings (genauer: *back-and-fore-clippings*) gibt es nur wenige, so außer *Liz* und *tec* z. B. *flu* (< *influenza*) und *Ves* (< *Sylvester*).

Clippings werden bisweilen durch Suffixe erweitert, so gern durch *-ie/-y*: *bookie* (< *bookmaker*), *movie, telly, bikie* 'little bike', *Billy* (neben *Bill*).

b) Wortmischungen (blends)

Wenn zwei Wörter gekreuzt werden, so daß aus ihnen ein drittes entsteht, spricht man von Wortmischung (*blending*). Dabei werden Teile unterschiedlicher Länge (Morpheme oder auch nur kürzere Phonemverbindungen und Einzelphoneme) von beiden abgetrennt und zu einem Neuwort verbunden, das Bedeutungskomponenten beider Grundwörter in sich aufnimmt. Die Kreuzung von *stagnation* 'Stillstand' + *inflation* 'Geldentwertung' ergab *stagflation* (mit *back-clipping* des ersten und *fore-clipping* des zweiten Wortes: eine Art *clipping-compound*). Der Name *Gerry* + sala*mander* widerspiegeln sich in der Kontamination *gerrymander* 'manipulate election districts unfairly' usw. (zur Entstehung vgl. *ODEE*, 395), *Eurovision* ist eine Mischung aus *European* + *television*, *positron* aus *positive* + *electron*, *Oxbridge* aus Oxford + Cam*bridge*, *comintern* aus *communist* + *intern*ational. Bekannte *blendings* sind auch *smog* < *smoke* 'Rauch' + *fog* 'Nebel', *smaze* < *smoke* + *haze*, *brunch* < *breakfast* + *lunch*, *motel* < *motor* + *hotel*. Häufig wirken solche Wortmischungen, die gelegentlich auch *portmanteau words* 'Kofferwörter' genannt werden, dank ihrer Lautkombination besonders ausdrucksstark. Vgl. etwa Lewis Carrolls (1832–98) Neubildungen *galumph* (< *gallop* + *triumph*), *chortle* (< *chuckle* + *snort*), ähnlich *slithy* (< *slimy* + *lithe*). Das *DNE* verzeichnet moderne Bildungen wie *Franglais* < *French* + *Anglais, Fringlish, Hinglish, Japlish, Spanglish*.

c) Rückbildungen (back-derivations)

Das Verb *edit* 'edieren, [Bücher] herausgeben' kommt 1791 das erste Mal vor (*OED*). Man könnte an Entlehnung aus franz. *éditer* oder lat. *ēditus* (Part. Prät. zu *ēdere* 'herausgeben') denken. Da aber seit 1712 das Subst. *editor* 'one who edits a text, etc.' belegt ist, läßt sich mit größerer Wahrscheinlichkeit an eine Neubildung aus dem Substantiv durch Abtrennung des Elements *-or* denken: *edit* < *edit-or*. Ähnlich ergab *scavenger* 'Straßenfeger' durch Wortkürzung *scavenge* vb., *stagemanager* 'Regisseur, Spielleiter' *stagemanage* 'inszenieren' oder *burglar* 'Einbrecher' *burgle* 'einbrechen'.

Man nennt diesen subtraktiven Wortbildungsprozeß R ü c k b i l d u n g oder R ü c k a b l e i t u n g (*back-formation* bzw. *back-derivation*). Was hier diachronisch als Ableitung aus einer längeren Wortform gedeutet werden muß, stellt sich synchronisch umgekehrt dar: *stagemanage* z. B. ist dann Grundwort und *stagemanager* die Ableitung (gewonnen mit Hilfe des Derivationsmorphems *-er* wie bei *write* > *writer* oder *work* > *worker*). Rückbildung und Rückableitung sind demnach sprachhistorische Termini.

Die Rückbildung ist ein noch heute produktives Wortableitungsverfahren, das sich historisch bis ins Me. zurückverfolgen läßt. Gern zitierte Beispiele sind *backbite* 'verleumden' < *backbiter* (bereits ca. 1300 belegt), *housekeep, matchmake* 'Ehevermittler sein' (< *matchmaker*), *typewrite, brainwash* < *brainwashing* 'Gehirnwäsche', *proofread* 'act as proofreader', *babysit* < *babysitter, sleep-walk*, alle Rückbildungen aus Komposita. Daneben finden sich Bildungen wie *peddle* 'hausieren' (1532) < *peddler* 'Hausierer' (1377), *burgle* (1870) < *burglar* (1541), *ush* 'act as usher', *salve* [sælv] < *salvage, buttle* < *butler, mart* < *martyr, broke* < *broker, televise* < *television, reune* < *reunion, electrocute* < *electrocution, donate* < *donation* oder *enthuse* < *enthusiasm*. Rückbildungen aus Adjektiven sind *laze* < *lazy, peeve* 'verärgern' < *peevish* 'verdrießlich'. Wie eigenwillig das Ableitungsverfahren ist, zeigen Beispiele wie *sidle* 'sich schlängeln' < *sideling/sidelong* 'seitlings, seitwärts' (adv.), das als

Partizip aufgefaßt wurde, oder *bant* 'eine Schlankheitskur nach Dr. Banting machen' < *Banting cure*. Syntaktische Rückbb. sind *cherry* 'Kirsche' < agn. *cherise*, das als Plural gedeutet wurde; ähnlich *pea* (< lat. *pisum*). Vgl. auch volkstümliches *Chinee* Sing. < *Chinese* (Sing. + Plur.) oder *Portugee* und *Japanee*.

d) Buchstabenwörter (letter-words)

Kein Wortbildungsverfahren übertrifft die aus Anfangsbuchstaben bestehenden Abkürzungen (Buchstabenwörter/*letter-words*, Initialwörter/*initialisms*, Akronyme/*acronyms*) und Silbenwörter (*syllable-words*) an Kürze und Modernität. Bei ihnen lassen sich speziell drei Typen unterscheiden: 1. Abkürzungen aus Anfangsbuchstaben, die wie Wörter gelesen werden: *Pen* (< *Poets and Playwrights, Essayists and Editors, and Novelists*), *Nato* (< *North Atlantic Treaty Organisation*), *Pluto* (< *pipeline under the ocean*), *Care, Unesco, radar, Wasp* (white Anglo-Saxon Protestant; *DNE* 1966), *Salt*, gewöhnlich noch *SALT* geschrieben (< *Strategic Arms Limitation Talks; DNE* 1970); 2. Abkürzungen aus Anfangsbuchstaben mit alphabetischer Aussprache (heute meist ohne Verwendung von Punkten, also nicht *O. E. D.*, sondern *OED*): *BA* (< *Bachelor of Arts*), ähnlich *MA, MP* (< *Member of Parliament; Military Police*), *USA, UK* (< *United Kingdom*), *BBC, IRA* (vgl. dt. *CDU, SPD, FDP*); 3. Abkürzungen aus Buchstabengruppen, gewöhnlich phonetisch gelesen: *aldehyde* (< *alcohol dehyd*rogenatum), *phospham* (< *phospho*rous *am*monia), *HICOG* (< *High Commissioner for Germany*). Fundgruben dieser (im Deutschen ebenso zahlreich vertretenen) Kurzformen sind die Amts- und Journalistensprache (*officialese and journalese*), die Sprache der Politik und Wissenschaft (vor allem der Naturwissenschaften) usw. Triebkräfte für ihre Entwicklung sind das Streben nach Kürze im sprachlichen Ausdruck (Energieersparnis), mitunter ein gewisser Spieltrieb (vgl. *WOMAN* = World Organisation of *M*others of *a*ll *N*ations; *WASP* = Women's Air Force Service Pilots; *PLUTO* usw.), gelegentlich auch Euphemismus (*B. O.* = Body Odour; *A. I. H.* = Artificial Insemination by Husband). Charakteristisch für die Buchstabenwörter ist ihre Kurzlebigkeit, die meisten von ihnen kommen und gehen mit den sie bezeichnenden Institutionen usw.: sprachliche Kinder einer schnellebigen Zeit.

Zu den Clippings, Blends, Back-Derivations und Letter-words: H. Marchand, *The Categories* (München, ²1969), 441 ff., 451 ff., 391 ff., mit weiterer Literatur; H. Koziol, *Handbuch der englischen Wortbildungslehre* (Heidelberg, [2]1972), 301 ff.; ders.: *Grundzüge der engl. Semantik* (Wien/Stuttgart, 1967), 207 ff.; G. O. A. Tietze, *Einführung in die Wortbildung des heutigen Englisch*, Angl. Arbeitshefte (Tübingen, 1974); F. Wölcken, 'Entwicklungsstufen der Wortbildung aus Initialen', *Anglia*, 75 (1957), 317 ff.; Gurnett/Kyte, *Cassel's Dictionary of Abbreviations* (London, 1966); Thomas/Ethridge/Ruffner, *Acronyms and Initialisms Dictionary* (Detroit, [2]1965, Suppl. 1969).

IV. Die Schichtung des englischen Wortschatzes

1. Gliederung nach dem Wortstatus

Der Wortschatz einer Sprache ist ein 'offenes System'. Damit soll gesagt werden, daß die Grenzen des Wortschatzes durchlässig sind, daß die Sprache ständig neue Wörter aus fremden Sprachen entlehnt (und natürlich selbst neue bildet) und eigene aufgibt. Dem Plus durch neu gebildete und entlehnte Wörter steht das Minus durch aussterbende gegenüber.

Die Einzelwörter unterscheiden sich voneinander durch ihre unterschiedliche sprachliche Funktion. Wie wir (Kap. I, 13) zu zeigen versuchten, sind die Häufigkeit seines Vorkommens (seine Frequenz) und seine morphologische und semantische Produktivität wesentliche Gradmesser für die Funktion eines Wortes im Sprachsystem. Im Zusammenhang mit seiner Verwendung in den einzelnen Sprachschichten und auf den unterschiedlichen Stilebenen sprechen wir vom lexikalischen Status eines Wortes, vom W o r t s t a t u s. Dabei spielen sozioregionale wie funktionale, Gesprächsgegenstand und Gesprächssituation betreffende Fragen eine entscheidende Rolle.

Mit der Skizze (s. S. 139) wollen wir die wichtigsten Bezeichnungen für den Wortstatus zu veranschaulichen versuchen, wie sie mehr oder weniger zielgerecht in Wörterbüchern verwendet werden.

A. A l l g e m e i n e s   W o r t g u t : Den Kern des englischen Wortschatzes bilden die c o m m o n   w o r d s. Sie kommen in allen sozialen Schichten und auf allen Stilebenen vor und zeichnen sich durch hohe Frequenz aus. Zu ihnen gehören die stilistisch neutralen Synsemantika (wie die Artikel, gängigsten Präpositionen und Konjunktionen, Hilfsverben) und Autosemantika wie *sleep, greet; house, rain, man; good, bad; two; hardly, no.*

B. S c h r i f t s p r a c h l i c h e s   u n d   u m g a n g s s p r a c h l i c h e s   W o r t g u t : Hierhin gehören die l i t e r a r y   w o r d s, die sich vorwiegend im schriftsprachlichen Bereich und in förmlicher Redeweise finden, und die c o l l o q u i a l   w o r d s, die hauptsächlich die Umgangs-

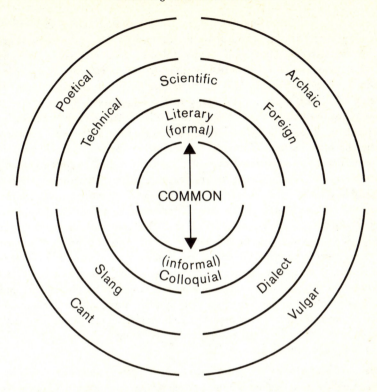

sprache und den leichten Schreibstil betreffen. *Literary Words* und *Colloquial Words* bewegen sich auf der Achse *formell/informell*, so die Wortpaare *marvel/wonder, bloom/flower, vessel/ship, repast/meal, obtain/
get, perturb/trouble, realise/understand, peruse/read, cease/stop, pertain
to/belong to, decease/die, imbue/fill, veritable/true, valiant/brave, ma-
nifold/various.* Es fällt auf, daß die Mehrzahl der formellen Wörter ro-
manisch-lateinischer, der informellen germanischer Herkunft ist. Der
Übergang zu den weiter an der Peripherie gelegenen Wortbereichen ist
fließend, wie überhaupt die Klassifizierung des Wortschatzes nach dem
Wortstatus nicht frei von subjektivem Urteil ist und vom Bildungsgrad
des Sprechers abhängen kann.

C. Sonderwortgut: Es umfaßt das besondere Stilebenen und
Sprachschichten kennzeichnende, nicht zum Bereich der *Common, Literary*
und *Colloquial Words* gehörige Wortgut. Scientific words sind

wissenschaftliche Spezialbezeichnungen, wie sie in den letzten Jahrhunderten in großer Zahl vornehmlich aus griech. und lat. Morphemmaterial gebildet wurden und heute zum unverzichtbaren terminologischen Wortgut der Fachwissenschaften gehören. Vgl. etwa *monophthong* (1620), *diasthase* (1838), *monoxide* (1869), *bovine habesiosis* 'red water fever of cattle' (20. Jh.), *bioethics* 'the study of the ethical problem involved in biological research' (*DNE* 1971). Termini dieser Art werden in Fachwörterbüchern gesammelt. Unter t e c h n i c a l   t e r m s *(termini technici)* versteht man Fachausdrücke der verschiedenen Berufe, der Kunst, des Sports usw., wie sie speziell dem in diese Gebiete Eingeweihten geläufig sind. *Lay-out* 'Aufmachung einer Zeitung', *offset* 'Offsetdruck', *proof* 'Korrekturfahne'; *innings* 'das Am-Spiel-Sein' (Cricket), *Association football* vs. *Rugby (football)*; *nave* 'Kirchenschiff', *abacus* 'Rechenbrett'; 'obere Platte des Säulenkapitells' (Arch.). Den *technical terms* verwandt sind die *historical terms*, Bezeichnungen für historische Begriffe, wie *churl* (< ae. *čeorl* 'a man of the lowest rank of freemen'), *danegeld* 'Dänengeld', *bachelor* (in der Bedeutung 'young knight'). F o r e i g n   w o r d s (Fremdwörter) sind in das phonologische, flexivische, morphologische und semantische System der aufnehmenden Sprache (noch) nicht oder nur unvollkommen integrierte Lehnwörter, z. B. engl. *habitué* 'ständiger Gast', *déshabillé/dishabille* 'Negligé', *penchant* 'Neigung' (< franz.) oder *delicatessen* und *innigkeit* (< dt.).

Die a r c h a i c   w o r d s (zu griech. *arché* 'Anfang'; auch *archaisms* 'Archaismen' genannt) gehören zum 'peripheren', vom Aussterben bedrohten Wortgut. Es handelt sich um altertümliche, in gehobener oder absichtlich antiquierter Redeweise noch ein befristetes Dasein führende Wörter (oder Wortbedeutungen), vor deren stilwidriger Verwendung Fowler und Gowers (in '*Modern English Usage*', unter *archaism*) warnen: 'Archaic words thrust into a commonplace context to redeem its ordinariness are an abomination.' Archaische Wörter sind in der Mehrzahl altererbte, germanische Wörter. Vgl. *ere* 'before' (< ae. *ǣr*), *erst* 'formerly' (< ae. *ǣrest*), *whilom* 'weiland' (< ae. *hwīlum*, Dat. Plur. zu *hwīl* 'Zeit, Weile'), *howbeit* 'however it may be', *hither, thither, methinks* 'mich dünkt', *methought* 'mich deuchte', *chide* 'scold', *ween* 'wähnen', *surcease* 'stop', *wight* 'brave, strong' (< an.), *wight* 'living creature' (< ae.; vgl. dt. *Wicht*), *wroth* 'wrathful', *broidery* für 'embroidery'. Eine Fundgrube für Archaismen im Sinne absichtlicher Verwendung veralteten Wortguts ist z. B. W. Morris' († 1896) 'Beowulfübersetzung'. Vgl. etwa Z. 714 f.: '*Neath the welkin* (< ae. *weolcnum* = Dat. Plur. zu *weolcen* 'Wolke') *he waded / to the place whence the wine-house // The gold-hall of men / most yarely* (< ae. [adv.] *gearwost*, Superlat. zu *gearwe* 'readily') *he wist* (< ae. *wiste*, Prät. zu *witan* 'wissen, kennen', heute zur Formel *to wit* 'nämlich' erstarrt).

Reich an archaischen Wörtern ist – vom heutigen Standpunkt betrachtet – die Sprache Shakespeares, was das Verständnis seiner Dramen auch für den *native speaker* erschwert, ähnlich die Sprache der *'Authorized Version'* der engl. Bibel, die schon für die Zeit ihrer Entstehung (1604–11) gewisse archaische Züge trug, da sie auf die Bibelversionen des 16. Jhs. zurückgriff (Tyndale usw.). Vom Blickfeld des Standard English (StE) ist der Wortschatz der englischen Mundarten von Archaismen durchtränkt, so daß sich oft die Gleichung *archaic word (StE) = common word (Dial.)* ergibt, so etwa bei *aught* 'anything', *nought* 'nothing' oder *wight* 'valiant'. Ähnlich verhalten sich die den *archaic words* verwandten p o e t i c a l w o r d s, von denen manche in den Dialekten zum lebenskräftigen Wortgut gehören. Vgl. *wed* 'marry', *mead* 'meadow', *dale* 'Tal', *morn* 'morning' (schott. *the morn* 'tomorrow').

Versuche zur Wiederbelebung archaischen Wortguts haben nur Teilerfolge gehabt (vgl. dazu *'Modern Engl. Usage'*, unter *revivals*). Immerhin sind Wörter wie *bloom* 'Eisenluppe, gehämmerter Eisenklumpen' oder *braze* 'to make of brass', obwohl sie für über 500 Jahre als obsolet (ausgestorben) galten, wieder zu sprachlichem Leben erweckt worden. Auch *childly, carven, sibling* 'Geschwister' oder *egregious* in der Bedeutung 'excellent' und *enormity* 'hugeness' waren für einen langen Zeitraum außer Gebrauch. Neuerdings scheint *albeit* 'all be it', vollst. 'all though it be that' wieder im Kommen zu sein. *Maybe* 'perhaps' galt im StE als archaisch, gewinnt aber im BE unter dem Einfluß des AE wieder an Boden, wo es (ähnlich wie in den engl. Dialekten) als gängiges Wort überlebte, ähnlich *loan* 'to lend'. *Disadapt* 'to render unfit' wird im *OED* zum Jahr 1611 belegt, starb aus, findet sich aber als Neubildung unter den Wörtern des *DNE* in der Bedeutung 'to make unable to adapt' (1970).

Wörter, die als Einzelwörter archaisch wirken oder gar als ausgestorben betrachtet werden, vermögen in lexikalischer Gemeinschaft mit anderen Wörtern zu überleben. Es handelt sich vorwiegend um formelhafte Wendungen wie *let and hindrance, part and parcel, to and fro, dale and down*. Wir haben uns in Kap. III, 3 eingehender mit ihnen beschäftigt. In der Verbindung *hither and thither* haben sich zwei nicht mehr aktuelle Wörter lebendig erhalten.

R a r e   w o r d s sind selten belegte, dem Durchschnitt der Engländer nicht (mehr) geläufige Wörter, die zum Bereich der *literary* und *archaic words* bzw. der *technical terms* gehören. Das *SOED* verbindet das Etikett 'rare' z. B. mit *equinoctium* 'Tag-und-Nachtgleiche', *cimelia* 'treasures laid up in store', *angustia* 'straits' oder *temulent* 'intoxicated' ('now rare').

Während sich das bisher behandelte Sonderwortgut hauptsächlich schriftsprachlich findet, gehören der *Slang*, der *Cant* und die *Mundarten* in erster Linie zur gesprochenen Sprache. Wir werden uns ihnen eingehender im Kap. IV, 2 widmen.

Viele Wörter sind nicht auf einen Wortstatus fixiert, sondern greifen auf verschiedene Bereiche des Wortschatzes über. *Brass* sb. z. B. ist in der Bedeutung 'bronze' *historical term*, in der Bedeutung 'Messing' *common word*. In familiär-kolloquialer Ausdrucksweise steht es für 'Unverschämtheit', als Slang-Wort bedeutet es 'Geld („Moos", „Kies")' [BE] bzw. 'hohe Offiziere' [AE]. Mit dem Wechsel des Wortstatus ist hier eine Veränderung der denotativen (begrifflichen) Bedeutung wie der konnotativen (emotiven Bedeutung) verbunden. In einem Fall wie *mead* berührt der Statuswechsel nur die konnotativen Bedeutungswerte (die begriffliche Bedeutung ändert sich nicht: 'meadow'); als Dialektwort ist *mead common word*, hochsprachlich gilt es als *archaic or poetical word*.

Was sich (vgl. das Beispiel *brass*) aus semasiologischer Sicht als P o l y - s e m i e (Vorhandensein mehrerer Bedeutungen) darbietet, stellt sich aus onomasiologischer Sicht als S y n o n y m i e (Vorhandensein verschiedener Zeichen mit ähnlicher Bedeutung) dar. Nehmen wir das Wortfeld 'betrunken/berauscht/besoffen': *drunken* (attrib.) und *drunk* (präd.) sind *common words*. Zu den *literary words* zählen *intoxicated* und *inebriate(d)*; *inebrious* und *temulent* sind *archaic* bzw. *rare words* (ausgestorben sind *temulentious* und *temulentive*). *Colloquial words* sind *fuddled*, *groggy* und *boozy*, Slang-Wörter *canned*, *pickled*, *soused*, *blotto* (BE), *cock-eyed*, *smashed*, *bombed* (AE), ähnlich *tight*; *stinko* wird als *vulgar word* bezeichnet, *fou* ist schott. Dialektwort ($<$ *full*).

Die Gliederung des Wortschatzes nach dem lexikalischen Status (Wortstatus) wird durch die Rolle bestimmt, die das Einzelwort auf den funktionalen und sozio-regionalen Ebenen spielt. Die f u n k t i o n a l e n V a r i a n t e n (*functional varieties*) beziehen sich auf den Gesprächsgegenstand (Thema usw.) und die Gesprächssituation (Gesprächspartner, Auditorium, Ausdrucksabsicht, situativen Kontext). Sie sind Stil- und

Tonvarianten der gesprochenen Sprache (auch R e g i s t e r genannt) wie der geschriebenen Sprache, die sich zwischen f o r m e l l e r (förmlicher, gehobener) und i n f o r m e l l e r (legerer, familiärer, kolloquialer) Ausdrucksweise bewegen. Die s o z i o - r e g i o n a l e n V a r i a n t e n (*socio-regional variants*) betreffen die Wortwahl vom Blickfeld des Bildungsgrads und der sozialen Herkunft der Sprecher (> Soziolinguistik). Dabei spielen der Slang und die Mundarten eine besondere Rolle.

Vom soziolinguistischen Standpunkt versuchte A. S. C. Ross[1] eine Einteilung des Wortschatzes in *upper-class words* (wie *lunch, sorry, wireless, rich, jam, master, looking-glass, dinner* usw.) und *non-upper class words* (entsprechend *dinner, pardon, radio, wealthy, preserve, school-teacher, mirror, evening meal*). Sein Verfahren traf gleichermaßen auf Kritik wie Zustimmung wie das von Ch. Barber[2], der z. B. die Ausdrücke für 'Nachtisch' nach sozialen Klassen einteilte: *pudding* (upper and upper-middle), *sweet* (middle), *dessert* (lower-middle), *afters* (lower-middle and lower), *pudding* (lower).

Das Neben- und Miteinander der funktionalen und der sozio-regionalen Varianten läßt sich (in Anlehnung an Wächtler, '*Das Studium der englischen Sprache*' [1969], S. 204) durch das folgende Schema darstellen:

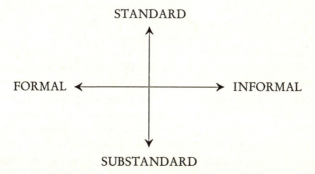

STANDARD

FORMAL ⟷ INFORMAL

SUBSTANDARD

Zum Wortstatus: Leisi, 156 ff., Görlach, 100 f.; Bähr, 64 ff.; *OPr.*: 83 ff.; *SOED*, Introduction, spez. VII f.;

Scientific Words: Sheard, 256 ff. et passim; T. H. Savory, *The Language of Science* (London, 1953); C. G. Darwin, *Terminology in Physics*, S. P. E. Tract 48 (1938); W. C. Morton, *The Language of Anatomy*, S. P. E. Tract 9 (1922);

[1] A. S. C. Ross, 'Linguistic Class-Indicators in Present-Day English', *Neuphil. Mitteilungen*, 55 (1954), 20 ff.

[2] Ch. Barber, '*Linguistic Change in Present-Day English*' (Edinburgh, 1964), 17 f.

Archaisms: B. R. McElderry, 'Archaism and Innovation in Spenser's Poetic Diction', *PMLA*, 47 (1932), 144 ff.; R. Bridges and L. A. Weigle, *The Bible Word Book Concerning Obsolete or Archaic Words in the King James Version of the Bible* (New York, 1960); S. Ullmann, *Sprache und Stil* (Tübingen, 1972), 188 ff.; M. S. Frings, *Studien zur Frage der Archaismen im amerikanischen Englisch* (Diss. Köln, 1953).

Zu den funktionalen und sozio-reg. Varianten: M. Joos, *The Five Clocks* (Bloomington, 1962); J. S. Kenyon, 'Cultural Levels and Functional Varieties of English' in: H. B. Allen, ed. *Readings in Applied English Linguistics* (New York, ²1964), 294 ff.; Halliday, M. A. K./A. McIntosh/P. Strevens, *The Linguistic Sciences and Language Teaching* (London, 1964); H. A. Gleason, *Linguistics and English Grammar* (New York, 1965); J. Ellis, 'Linguistic Sociology and Institutional Linguistics', *Linguistics* 19 (1965), 5 ff.; K. Wächtler, *Das Studium der englischen Sprache* (Stuttgart, 1969), 204 ff.; ders.: *Geographie und Stratifikation der englischen Sprache*, Studienreihe Englisch, hg. v. K. H. Göller (Düsseldorf/München, 1977); Quirk/Greenbaum/Leech/Svartvik, *A Gram. of Contemporary Engl.*, 1.15, S. 13 ff.

2. a) Standard English – Modified Standard

Während wir uns das (spät)mittelalterliche Englisch als eine Vielzahl von landschaftlich unterschiedlich ausgeprägten Mundarten vorzustellen haben, denken wir beim heutigen Englisch in erster Linie an das innerhalb und außerhalb der Grenzen des englischen Mutterlands als anstrebenswerte Sprachnorm geltende Standard English mit seiner einheitlichen Grammatik, einem sich von den Dialekten unterscheidenden Wortschatz und einer sich nach der sog. *Received* (= *accepted*) *Pronunciation* orientierenden Aussprache. Diese dialektfreie, gemeinsprachliche Form geht historisch auf die Sprache Londons zurück, das sich seit dem 11. Jh. zum politischen Zentrum entwickelte (Hauptstadtfunktion) und auch zum wirtschaftlichen und kulturellen Mittelpunkt heranwuchs. Zwar war nach der Eroberung 1066 zunächst das Anglonormannische (Anglofranzösische) Sprache des Hofes und der herrschenden Klasse; doch wandten sich die anglonormannischen Herrscher seit dem 14. Jh. zunehmend dem englischen Idiom zu. Die Sprache des Londoner Bürgertums, der Urkunden und Kanzleien bildete die Grundlage der späteren Hoch- und Schriftsprache (Gemeinsprache), wobei ihr die geographische Lage der Hauptstadt auf dem Schnittpunkt der drei südhumbrischen Großdialekte (des Südwestens, Südostens und des Mittellands) zustatten kam. So hatte London auch aus sprachgeographischer Sicht eine integrierende Funktion (s. u. S. 157).

Seit dem 15. Jahrhundert gewann das Londoner Englisch Einfluß auf die Literatur des gesamten Landes einschließlich Schottlands, wo sich allerdings Ansätze zu einem eigenen Standard im 15. und 16. Jh. in Form der Hof- und Literatursprache Edinburghs zeigten[3]. Auch trugen die in der Nähe Londons liegenden alten Universitäten, Oxford und Cambridge, zur Stärkung der Sprache der Hauptstadt bei. Hinzu kam die vereinheitlichende Wirkung des Buchdrucks seit der Installierung der ersten Druckerpresse durch William Caxton 1476 in Westminster. Ein weiterer Impuls ging von den Bibelübersetzungen des 16. Jhs. und vor allem von der 'Authorized Version' (1604–11) aus, die sich zu einem Volksbuch (national book) entwickelte, das selbst für Schottland Gültigkeit erlangte (wo Nisbets gegen 1520 in den schottischen Standard umgesetzte Bibel erst 1901 gedruckt wurde). Zur Zeit Shakespeares (1564–1616) hatte die Sprache der Hauptstadt als schriftsprachliche Norm auf der gesamten Insel längst Anerkennung gefunden. In der Folgezeit gewann sie auch zunehmend Einfluß auf die gesprochene Sprache (> Hochsprache).

Einen wesentlichen Beitrag zur grammatikalischen und teils auch lexikographischen Fixierung des Englischen leisteten die rationalistischen Grammatiker, unter ihnen John Wallis ('Grammatica Linguae Anglicanae' 1653), William Loughton ('Practical Grammar of the English Tongue' 1734), Joseph Priestley ('The Rudiments of English Grammar' 1761), James Buchanan ('The British Grammar' 1762), Robert Lowth ('Short Introduction to English Grammar' 1762), Robert Baker ('Reflections on the English Language' 1770) und Noah Webster, dessen 'A Grammatical Institute of the English Language' (1784) nicht nur in den USA, sondern auch in England hohes Ansehen genoß. In die Diskussion um Fragen der Grammatik und des Sprachgebrauchs griffen auch so bedeutende Vertreter der englischen Literatur ein wie Daniel Defoe, John Dryden, Jonathan Swift, Thomas Sheridan und Richard Steele. Nachdem die Versuche fehlgeschlagen waren, in England eine Sprachakademie nach dem Vorbild Frankreichs (Académie française) und Italiens (Accademia della Crusca) einzurichten, erhielt England in Dr. Samuel Johnsons 'A Dictionary of

---

[3] Eine Art von Schriftsprache hatte sich bereits in ae. Zeit in Form des am Hofe Alfreds des Großen († ca. 900) und seiner Nachfolger gesprochenen und geschriebenen Westsächsischen entwickelt. In diesem Dialekt wurden nicht nur bedeutsame Prosaschriften verfaßt, sondern auch zahlreiche aus dem mittelländischen (merzisch-anglischen) Raum stammende poetische Denkmäler neu abgefaßt. Die Sprache von Winchester gewann so überregionale Bedeutung zumindest auf schriftsprachlicher Ebene.

the English Language' (1755) eine sprachliche Institution ersten Ranges, wie sie erst wieder mit dem *'Oxford English Dictionary'* (1933) erreicht wurde[4].

Heute versteht man (mit Abercrombie, *'Studies in Phonetics and Linguistics'* [London, 1965], S. 10) unter *Standard English* gewöhnlich 'that kind of English which is the official language of the entire English-speaking world, and is also the language of all educated English-speaking people'. Seltener als der in der Fachliteratur gängige Terminus *Standard English* findet sich die Bezeichnung *The Queen's (King's) English* zum Ausdruck der Vorbildlichkeit des Sprachgebrauchs (oder auch der Gültigkeit im Machtbereich der Krone). Die auch heute noch gelegentlich zu hörende Bezeichnung *Oxford English* für *Oxford Accent* bezieht sich auf die gespreizte Aussprache mancher Angehöriger der Oxforder Universität und sagt nichts über die Herkunft des englischen Standard aus. Unter *Received Pronunciation* (der Ausdruck stammt von A. J. Ellis) ist die als Norm akzeptierte, aber nur von einem Teil der Engländer realisierte Ausspracheweise zu verstehen. Sie wurde von Daniel Jones zur Grundlage seines *'Everyman's English Pronouncing Dictionary'* ([1]1917, 13. Auflage [1967] von A. C. Gimson besorgt) gemacht und beruht nach ihm auf der 'everyday speech in the families of Southern English people who have been educated at the public schools' (Ausgabe 1972, S. XVII). Vgl. hierzu G. Scherer u. A. Wollmann, *'Englische Phonetik und Phonologie'*, Grundlagen der Anglistik und Amerikanistik (Berlin, 1972), 56 ff. – Wie allgemein in Fragen des englischen Sprachgebrauchs steht auch für Jones die Beachtung und Registrierung des Usuellen über dem Ziel, ein für alle verbindliches Regelbuch zu schaffen: Ausdruck des englischen Hangs zur empirischen Erfassung der Dinge, das Phänomen Sprache eingeschlossen. Der sich durch Einheitlichkeit auszeichnenden Hoch- und Schriftsprache, dem *Standard English*, stehen die größte regionale Differenzierung aufweisenden Dialekte gegenüber. Zwischen beiden Polen gibt es Übergangsstufen, die für viele Engländer im M o d i f i e d S t a n d a r d (nach H. C. Wyld und E. Leisi) bzw. E d u c a t e d R e g i o n a l (nach A. C. Gimson) der Sprachwirklichkeit am nächsten kommen. Der *Modified*

---

[4] Die auch in unserem Jahrhundert sehr aktuellen Fragen des Sprachgebrauchs (*usage problems*) wurden in den *Tracts* der (unterdessen wieder aufgelösten) *Society for Pure English* abgehandelt und bilden die stoffliche Grundlage z. B. der Bücher von E. Partridge *'Usage and Abusage'* (London, 1947), der Brüder Fowler *'The King's English'* (1906, [3]1930 mit zahlr. Neudrucken), Frederick T. Woods *'Current English Usage'* (1962 mit zahlr. Neudrucken) usw.

Standard ist die regional (teils auch sozial) eingefärbte Realisationsform des Standard. In ihm wirken lokale, meist vom heimatlichen Sprachsubstrat ausgehende, die Aussprache (sog. *accents*) und gelegentlich auch die Wortwahl betreffende Sprachgewohnheiten auf die individuelle Ausgestaltung der Hochsprache durch den Sprecher ein.

Zur Sprachpflege (Usage Problems): M. Knorrek, *Der Einfluß des Rationalismus auf die englische Sprache*, Anglistische Reihe 30 (Breslau, 1938); wichtig: die Traktate der S. P. E. (*Society for Pure English Tracts*), mit Rückblick auf die Gesellschaft im letzten Traktat 66; H. W. Fowler/F. G. Fowler, *The King's English* (Oxford, 1906, ³1958); H. W. Fowler, *A Dictionary of Modern English Usage*, rev. by Sir E. Gowers (Oxford, ²1965); vgl. zu Vorgenanntem E. Standop, 'Sprachwissenschaft und Sprachpflege', *Anglia*, 83 (1965), 390 ff.; Fr. T. Wood, *Current English Usage* (London, 1962); E. Partridge, *Usage and Abusage* (London, ⁵1957); A. Lloyd James, *The Broadcast Word* (London, 1935); E. Partridge and J. W. Clark, *British and American English since 1900* (London, 1951); E. Gowers, *The Complete Plain Words: A Guide to Living Language* (London, 1954); C. L. Barber, *Linguistic Change in Present-Day English* (Edinburgh/London, 1964); B. Forster, *The Changing English Language* (London, 1968); S. Potter, *Changing English* (London, 1969); W. H. Mittins et al., *Attitudes to English Usage* (London, 1970); H. W. Horwill, *A Dictionary of Modern American Usage* (Oxford, ²1944); W. Follett, *Modern English Usage. A Guide* (London, 1966); K. Wächtler, *Das Studium der engl. Sprache* (Stuttgart, ²1972).

Standard English, Modified Standard usw. (Schichtung): Leisi, 167 ff.; L. Morsbach, *Über den Ursprung der ne. Schriftsprache* (Heilbronn, 1888); H. M. Flasdieck, *Der Gedanke einer engl. Sprachakademie in Geschichte und Gegenwart* (Jena, 1928); A. C. Baugh, *A Hist. of the Engl. Lang.*, bes. Kap. VII und IX, mit Literatur; M. M. Lewis, *Language in Society* (London, 1947); H. C. Wyld, *The Historical Study of the Mother Tongue* (London, ¹1907); ders.: *A History of Modern Colloquial English* (rev. ed. New York, 1953); D. Abercrombie, *Problems and Principles* (London, 1956); ders.: *Studies in Phonetics and Linguistics* (London, 1965); K. Wächtler, *Das Studium der engl. Sprache* (Stuttgart, ²1972); ders.: *Geographie und Stratifikation der englischen Sprache*, Studienreihe Englisch, hg. v. K. H. Göller (Düsseldorf/München, 1977).

2. b) S l a n g

Quelle des in den Bereich des Substandard gehörenden S l a n g[5] sind die sog. s o z i a l e n D i a l e k t e, Gruppensprachen, die sich durch ein

---

[5] Sowenig es eine einheitliche Definition für den Begriff Slang gibt, so unklar ist die etymologische Herkunft des Wortes. Am ehesten könnte man an Entlehnung aus dem Nordgerm. denken, da das Wort in den engl. Norddialekten in der Be-

originelles, oft kurzlebiges Vokabular auszeichnen, das (so Leisi, 182) unterhalb der gebildeten Umgangssprache, aber noch über der Gaunersprache (Cant) liegt. Bildhaftigkeit, Neuartigkeit, Treffsicherheit und Kürze des Ausdrucks gehören ebenso zu seinen hervorstechenden Eigenschaften wie Ironie, Humor und Affektgeladenheit als wesenhafte konnotative Bedeutungselemente. Fundgruben des Slangs sind z. B. die Schülersprache (School Slang), die Studentensprache (University Slang), die verschiedenen Berufssprachen (Sailors' Slang), der Soldatenslang, aber auch der Stadt(teil)slang (East End Slang).

Greifen wir den *University Slang* heraus (Auswahl aus dem gleichnamigen Buch von M. Marples, London, 1950). In ihm finden sich Abkürzungen wie *Prof < Professor, Pre < President (of a College), lec < lecture, vac < vacation, dem* oder *demmy < demonstrator*, Bildungen wie *rugger < Rugby football* (Erweiterung eines durch Back-Clipping gewonnenen Wortstumpfes durch derivatives 'Oxford -er'), *soccer < association football, brekker < breakfast, sitter < sitting-room, lecker < lecture, gratters < congratulations*, dazu erweiterte, pervertierte Wortformen auf *-agger, -ogger, -ugger*, wie *congraggers* (zu *gratters < congratulations), combinaggers < combinations, Jaggers < Jesus College, Ashmogger < the Ashmolean Museum. Coach* bedeutet 'Nachhilfelehrer, Repetitor', *brick* 'a good fellow' (*a regular brick, a jolly brick), crony* 'intimate friend', *to fox* 'outwit the examiner', *to be ploughed* (älter *plucked*) 'im Examen durchfallen'. Bezeichnungen für Bier sind *amber, archdeacon = Merton strong ale, coll < college ale, proof, mermaid*, für verschiedene würzige Getränke z. B. *bishop, hot tiger, lawn sleeves, cardinal, it's your buzz* entspricht 'It's your turn to fill your glass'.

Mit der Entstehung neuer sozialer Gruppen ist die Voraussetzung zu besonderer Slangbildung gegeben. So widerspiegelt sich die Subkultur der Drogenabhängigen in zahlreichen neuen Wortbildungen und Verwendungsweisen bereits vorhandener Wörter im AE Slang der 60er und 70er Jahre. *Freak* z. B. wurde mit der Bedeutung 'hippie' und 'a drug addict' (*DNE* 1970) belegt. Als Verb bedeutet es 'get or make extremely excited, as if under the influence of a hallucinogenic drug'. Ein *freak-out* ist ein 'Drogenabhängiger', *to freak out* bedeutet 'drogenabhängig machen oder werden'. Hinzu kommt das Adj. *freaky* 'relating to freaks or freak-outs'.

deutung 'abusive language' vorkommt, das eine Gleichung in norw. dial. *slengeord* hat. Vgl. auch norw. *slengjenamn* 'nickname'. Ursprünglich bedeutete das seit 1756 (*SOED*) belegte Wort so viel wie *cant, jargon*. Die heutige Bedeutung tritt zuerst bei Keble 1818 auf.

Als Slangwort bedeutet *blow* 'smoke or inhale a narcotic drug', *a down* ist ein Slangname für 'Sedativum', ebenfalls *downer*; ein 'Aufpeitscher' ist ein *up* oder *upper*. *Juice* erhielt die Bedeutung 'alcoholic liquor', *juiced* bedeutet 'drunk', ein *juicehead* ist ein 'habitual drinker, a tippler'.

Slang gedeiht dort besonders üppig, wo sich die Sprache affekthaft aufladen läßt, bei Begriffen wie 'Angst, Geld, Polizei, Erotik, Tod', Eigenschaften wie 'verrückt, dumm' usw. Für "neutrales" *fear* und *fright* tritt dann *funk* ('Schiß'), *blue funk, wind-up, stew* ein, 'kalte Füße bekommen' heißt *get cold feet; to be in a blue funk (of s. th. or sb.)* entspricht dt. 'Schiß haben vor', das AE stellt *jitters* 'funk'. Für 'Geld' finden sich *brass, tin, dough, splosh, bread, boodle, dust, dirt,* AE *jack* und *rocks* (vgl. dt. *Moos, Pinke, Kies, Zaster*), für 'Kopf' *nut, nob, loaf, dome, block, noddle, pate,* für 'Nase' *beak, conk, snozzle, boko, pecker* (vgl. dt. *Gurke* usw.), für '(Londoner) Polizist' *Blueboy, Beetle, Bogey, Beetle Crusher, Crook, Catcher, The Law, Nark, Pavement Pounder, Flatfoot, Kipper-foot. Bobby* steht für *Robert Peel* († 1850), der die englische Schutzpolizei einführte. *Copper* geht nicht auf das 'Metall' zurück, sondern 'is one who cops or catches'. *Slop* ist sog. *back slang* (< *police*). Anstelle von *crazy* und *mad* treten im Slang Ausdrücke wie *loony, dotty, off one's chump* oder (*off one's*) *nuts; to go crackers* bedeutet 'durchdrehen'. Zahlreich sind die Bezeichnungen für 'sterben': *pip, peg out, kick out, cash in, go west, kick up one's heels, hop the twig, conk out, turn it in, turn one's toes up.* Hier begegnen sich bildhaftes *push up daisies, kick the bucket,* burschikoses *go off the hooks* und unpathetisch-blasses *to have had it.* Gemein ist ihnen der verhüllende, euphemistische Charakter.

Zur Wesensart des Slang gehört die Fähigkeit, Humor und Ironie mit knappsten sprachlichen Mitteln auszudrücken, wenn z. B. *vamp*, eine Kurzform von *vampire*, auf eine 'Frau', *flatfoot* 'Plattfuß' auf den 'Londoner Bobby', *goggle-box* auf das 'Fernsehgerät' angewandt oder unter *vital statistics* (statt 'Angaben zum Lebenslauf') 'Brust-, Taillen- und Hüftumfang einer "wohlproportionierten" Dame' verstanden wird.

Unverkennbar ist die besondere lautsymbolische Ausdruckskraft vieler Slangwörter. Man denke etwa an (AE > BE) *bogus* und *phoney* 'unecht, verfälscht', an *wizard* 'prima, erstklassig' (*a perfectly wizard week*), *boko* 'Nase, Rübe', *weirdo* 'an odd or eccentric person' (*DNE* 1966), *groggy, wobbly* oder an pseudolat. (urspr. AE) *absquatulate* 'go away'.

Ähnlich wie lat. *tēsta* 'Scherbe; Topf', auf 'Kopf (*caput*)' bezogen, im Franz. hochsprachl. *tête* 'Kopf' ergab, verloren zahlreiche engl. Slangwörter im Laufe der Zeit ihren slanghaften Beigeschmack (ihre *slangy connotations*) und finden sich heute unter den Colloquial bzw. Common Words. So rückte *fast*, seit 1745 in der Bedeutung 'leichtlebig, locker' belegt (*a fast girl*), gegen 1800 in die Gruppe der Colloquial Words auf und gehört heute zu den Common Words (Partridge, 'Slang To-day and Yesterday', 370). Zu den so "salonfähig" gewordenen Wörtern gehören auch *mob* (< *mōbile vulgus*), *snob, clumsy, trip, shuffle, donkey* 'blockhead', *humbug, hard-mouthed* 'obstinate', *tippler* 'drunkard', *snag* 'obstacle', *nervous, banter, flirtation, fop, chum, at fault, skyscraper* (urspr. AE), *shabby* (Johnson 1755: "a word that has crept into conversation and low writing, but ought not to be admitted into the language"). Aus dem *thieves' slang* stammen *filch* 'mausen', *bully* 'piesacken', *rogue, foist* 'jd. etwas andrehen', die heute als Colloquial gelten. Umgekehrt sind Common Words "verslangt" worden, unter ihnen *warm* in der Bedeutung 'rich' und *invite* sb. 'invitation', *tick* 'fool', *peach* 'betray', *cock-sure* 'dogmatically self-confident'.

Der Aufnahme unter die Colloquial und Common Words geht die Loslösung aus dem Bereich des Gruppenslangs (der auch als *Vocational Slang* 'Berufsslang' bekannt ist) und gewöhnlich Übernahme in den *General Slang* voraus. Zu dieser bereits deutliche kolloquiale Züge tragenden Variante des Slangs gehören Beispiele wie *guy* 'man, fellow' (das letztlich auf den Namen *Guy* [Fawkes] zurückgeht und aus dem AE Slang stammt), *twerp* 'objectionable person', *chap* (*a nice chap* 'ein netter Kerl'), *cheerio, canned music* wörtl. 'konservierte Musik, d. h. Schallplatten'.

Der Kurzlebigkeit vieler seiner Wörter begegnet der Slang durch eine ungewöhnlich reiche und vielfältige Produktivität in der Wortbildung, was sich u. a. in einem überdurchschnittlichen Synonymenreichtum äußert. Auffällig ist die Fähigkeit des Slang zu ständigen Neubildungen, vor allem dann, wenn ein zentraler Terminus ausfällt. Ein Modewort für 'Geck, Dandy' war im 16. und 17. Jh. *blood*, ihm folgten *fop* (1672), *buck* (nach 1720), *macaroni* (gegen 1760), *dandy* (etwa 1780), im 19. und 20. Jh. u. a. *swell, toff, masher* und *teddy-boy*. Andererseits gibt es Slangwörter, die seit Jahrhunderten gebräuchlich sind und nichts an ihrer Aktualität eingebüßt haben. Bis ins 16. Jh. reichen z. B. *paw* 'hand', *pins* 'legs' und *brass* 'money' zurück, aus dem 17. Jh. stammen *nob* 'head' und *peeper* 'eyes', aus dem 18. Jh. *nix* 'nothing', *mug* 'face', *cop* 'capture'.

Eine Fundgrube für Slangwörter ist das in London und Umgebung gesprochene C o c k n e y. Hier kreuzen sich Slang und Mundart in einer

Sprachform, die im *broad Cockney*, der Sprache der Londoner Slums und Arbeiterviertel, ihre reinste Ausprägung findet. Das Wort bedeutete ursprünglich 'Hahnenei' (< me. *cokene ey* 'der Hähne Ei'), d. h. 'mißratenes Ei', woraus sich die Bedeutungen 'verwöhntes Kind' > 'verweichlichter Großstädter, spez. Londoner' > 'Londoner Stadtdialekt' entwickelten. Literarischen Niederschlag fand das Cockney u. a. in Shaws "Pygmalion" und dem Musical "My Fair Lady".

Bekannte Cockneywörter sind *boko, conk* 'Nase', *kisser, potato-trap* 'mouth', *stumps* 'teeth', *bread casket* 'stomach', *copper-john* 'penny', *flag* 'fourpence', *tanner, kick* 'sixpence' *bull, quarter* 'five shillings', *moll, flapper* 'girl', *toff, swell* 'Dandy', *gasper* 'cigarette', *Jerry* 'German', *hammer* 'to punish', *nark it* 'stop talking', *shove off* 'go away', *no odds* 'unimportant', *balmy/barmy* 'mentally unballanced', *squiffy, blotto* 'drunk'. Das Cockney ist die Wiege des *Rhyming Slang*, wo der sprachliche Spieltrieb in besonderer Weise zum Ausdruck kommt. *Apples and pears* tritt für *stairs* ein, *trouble and strife* für *wife*, *skin and blister* für *sister*, *daisy roots* für *boots*, *rogue and villain* für *shilling*, *Billy Button* für *mutton*. Auch der *Back Slang* ist im Cockney zu Hause; beide Abarten scheinen ursprünglich zur Geheimsprache der Bettler und fliegenden Händler gehört zu haben. Vgl. *top o reeb* für *pot of beer*, *shif* für *fish*, *helpa* für *apple*, *yob* für *boy*. Ebenfalls entstammen die sog. *Catch-Phrases* dem Cockney. W. Matthews nennt sie "ready-made tags which are applied to anything and everybody, often with maddening frequency" und zitiert Beispiele wie *have a banana!, come up and see me sometime, how's your poor old feet?* (in *'Cockney Past and Present'*, 153 f.).

Die Frage, ob der Slang eine entartete und verderbte Sprachform sei, läßt sich nicht einheitlich beantworten. Was aus stilistisch-ästhetischer Sicht als Sprachverwahrlosung aussehen mag, bietet sich dem Lexikologen als ein Feld besonders üppigen, durch keine Grammatikerregeln gehemmten Wachstums dar, das zu emsigem Studium einlädt. Man beachte, daß der Slang nicht nur zu Neuerungen neigt und Wortbildungen vorwegnimmt, die (wie z. B. die Clippings) erst später in den Standard Eingang finden, sondern zahlreiche semantische Parallelen zur Hochsprache aufweist. Was ein Slangsprecher mit *he is a kicker* ausdrückt, ist derselbe semantische Vorgang, der sich in *he is recalcitrant* (zu lat. *calx* 'Ferse' und *recalcitrare* 'kick out') widerspiegelt. Vgl. auch *catch on* (Slang) und *grasp, apprehend* 'begreifen', *highbrow* (Slang) und *supercilious* 'haughtily contemptuous' (zu lat. *supercilium* 'eyebrow').

Slangwörter finden sich in allen Sprachen. Sie lassen sich bereits bei dem röm. Komödiendichter Plautus († 184 v. Chr.) nachweisen und tauchen im mittelalterlichen Europa zuerst im 14. Jh. in Form des *Rotwelsch* (wohl zu *rot* 'Bettler' und *welsch* 'fremdsprachig') auf. Vgl. Beispiele wie *Kies, Zaster, Moos* 'Geld' (< Zigeunersprache) und *Massel* 'Glück' und *Trittling* 'Schuh' (< Jiddisch). Im Englischen sind Slangwörter mindestens seit dem Anfang des 16. Jhs. belegt, früheste Quelle war ebenfalls die Bettler- und Gaunersprache (*Thieves' Slang*). Seitdem hat sich der Slang zu jener typischen englischen Form des Substandard entwickelt, mit der sich ihre außerenglischen Entsprechungen weder zahlenmäßig noch in ihrem Einfluß auf die Hochsprache vergleichen lassen.

2. c) Cant

Unter C a n t , der sich bis in das frühe 16. Jh. zurückverfolgen läßt und zugleich die älteste Schicht des Slangs darstellt, versteht man die für das Milieu der Unterwelt typische Wortwahl. In seinem '*A Dictionary of the Underworld*' setzt E. Partridge den Cant mit der Sprache der *Crooks, Criminals, Racketeers, Beggars, Tramps, Convicts, Spivs*, der *Commercial Underworld* usw. gleich. Der Name selbst bedeutet ursprünglich so viel wie lat. *cantus* 'Gesang', später 'weinerlich-scheinheilige Art zu sprechen' und wird schließlich im Sinne des Begriffs *Rotwelsch* benutzt. Noch S. Johnson hielt den Cant, worunter er so viel wie Slang verstand, für unwürdig, in ein Wörterbuch aufgenommen zu werden. Das Wortmaterial des Cant rekrutiert sich in erster Linie aus Decknamen für die Begriffe 'stehlen, betrügen, töten, Drogen, Geld, Waffen' usw. *Job* z. B. erhält im Cant die Bedeutung 'to follow the profession of burglary', *job out* 'partition or distribute counterfeits among coney men', *junk* bedeutet 'drugs', *jintoe* 'prostitute', *pootch* 'gun' (AE Cant), *popper* 'pistol', *porch-climber* 'a second-storey thief', *straw-yard* 'night-asylum', *conk* 'a spy, informer' (im Slang 'nose'). Das heute umgangssprachliche *to sell out* 'betray a person to the police' (Erstbeleg 1872) stammt ursprünglich aus dem AE Slang, ähnlich *slum* aus dem BE Slang (1812)[6].

---

[6] Das aus dem Französischen entlehnte A r g o t wird gewöhnlich als Synonym für Cant gebraucht. Vgl. dazu (wie zu den Begriffen *jargon, jibberish, lingo, parlance, shop*) Fowler's '*Modern English Usage*', Stichwort *jargon*. Unter V u l - g a r i s m e n (*vulgarisms*) sollte man 'colloquialisms of a low or unrefined character' (OED) verstehen, wie sie sich z. B. unter Schimpfwörtern finden. Zum Ausdruck *backside* und seinen vulgären Entsprechungen vgl. E. Partridge, '*Slang To-day and Yesterday*', 138 f.

Zum Slang und Cant: Leisi, 163 ff., 175, 182 ff.; Bähr, 69 ff.; Baugh, 376 ff.; Strang, 61, 89, 130; Sheard, 309; Fowler, 315 ff., 525 f.; McKnight, 37 ff. et passim; Jespersen, 244 ff. et passim; Potter, 130 ff. et passim; Arnold, 285 ff.; Weekley, 106; *OPr.*, 83 f., 93 et passim; E. Partridge, *Slang, To-day and Yesterday* (London, ³1950) mit wichtiger Literatur; ders.: *A Dictionary of Slang and Unconventional English* (London, ⁷1970); ders.: *A Dictionary of Forces Slang, 1939–1945* (London, 1948); ders.: *A Dictionary of the Underworld, British and American* (London, 1961); M. Marple, *University Slang* (London, 1950); W. Granville, *A Dictionary of Sailor's Slang* (London, 1961); J. Franklyn, *A Dictionary of Rhyming Slang* (London, 1960); ders.: *The Cockney. A Survey of London life and language* (London, ²1953); J. Manchon, *Le Slang* (Paris 1923); M. H. Weesen, *A Dictionary of American Slang* (New York, ²1934); H. Wentworth and St. B. Flexner, *Dictionary of American Slang* (New York, 1960; with Supplement New York/Berlin: Langenscheidt, 1967); L. V. Berrey and M. van den Bark, *The American Thesaurus of Slang* (New York, 1950); R. W. Zandvoort, *Wartime English* (Groningen, 1957); W. Rühmekorb, *Wortbildende Kräfte in der heutigen anglo-amerikanischen Presse- und Umgangssprache und im Slang* (Diss. Kiel, 1954; Maschinenschrift); P. C. Berg, *A Dictionary of New Words in English* (London, 1953); O. Hietsch, *Moderner Wortschatz des Englischen* (Wien, 1957); I. and P. Opie, *The Lore and Language of Schoolchildren* (Oxford, 1959); W. Matthews, *Cockney Past and Present* (London, 1938); E. Partridge, *Smaller Slang Dictionary* (London, 1961); zum amerikanischen Slang und Cant vgl. auch Literaturangaben bei Galinsky, *Amerik. u. brit. English* (München, 1975), 116.

2. d) Dialekte (Mundarten)

Dialekte, auch Mundarten (nach einer Lehnschöpfung Zesens 1640) genannt, sind landschaftlich unterschiedlich ausgeprägte Subsysteme einer Sprache. Im Gegensatz zum Slang, der sich in erster Linie auf den Wortschatz bezieht, schließt der Begriff Dialekt alle Ebenen der Sprache ein, also auch die Phonologie und Grammatik. Aus der Vielzahl der Dialekte entwickelt sich gewöhnlich einer im Laufe der Zeit zur Hoch- und Schriftsprache, in England war es die Sprache der Hauptstadt London.

Die mundartliche Aufteilung des angelsächsischen Englands wird durch die Siedlungsgeschichte bestimmt: im Süden und Südwesten wurde Westsächsisch, im Südosten Kentisch und in den Midlands und dem Norden Anglisch gesprochen (o. S. 13 und Karte I, S. 164). Hinzu kamen starke skandinavische Einsprengsel im englischen Sprachgebiet, besonders in den Grafschaften Leicestershire, Lincolnshire, Yorkshire (Dänisch) und Lancashire, Westmoreland, Cumberland (Norwegisch). Die me. Sprachgeographie ist weitgehend durch die ae. Verhältnisse vorgegeben; doch ermöglicht die wesentlich reichere Textüberlieferung aus dem anglischen Raum genauere Kenntnisse über die dortige Mundartverteilung. So zerfallen die Midlands in ein westmittelländisches und ein ostmittelländisches Dialektgebiet, während gleichzeitig die Humber-Lune-Linie als Sprachenscheide zwischen dem Süden und dem Norden deutlich wird[7]. Nördlich dieser Linie entwickelten sich die nordhumbrischen Dialekte einschließlich der schottischen. Die heutigen Mundarten führen, sieht man von nicht unbeträchtlichen Verschiebungen bei einzelnen lokalen Mundarten ab, die me. fort (vgl. Karte II, S. 165).

Im (anglo)schottischen Sprachgebiet unterscheidet man zwischen dem in Süd-, Mittel- und Nordostschottland gesprochenen *Lowland Scots* (auch *broad* [*braid*] *Scots* genannt) und dem nordwestschottischen *Highland Scots*, dem *Insular Scots* (auf den Shetland- und Orkneyinseln) und dem *Ulster Scots* in der nordirischen Provinz Ulster, wo sich im 17. Jh. schottische Presbyterianer niederließen. Von den in ihrem Kern germanischen Mundarten ist das spez. in Nordwestschottland restweise gesprochene keltische *Gälisch* (*Scottish Gaelic*) zu trennen. Verkehrssprache in Schottland ist das *Scottish English* (*Educated Scots*), die seit dem 16. Jh. auf den schottischen Raum überpflanzte südengl. Gemeinsprache. Während wir es bei den schottischen Regionaldialekten mit geographischen Varianten zweiten Grades (Lokaldialekten) zu tun haben, spricht man beim *Scottish English* von einer geogr. Variante ersten Grades, ähnlich wie beim Angloirischen, amerikanischen, kanadischen, australischen usw. Englisch.

Die Sprache der schott. Mundarten zeichnet sich durch spezifisch nördliche Lautformen und Wörter aus. So steht anstelle von südl. *home/go/stone*

---

[7] Die Existenz einer von der Südsprache, aus der das Standard English hervorging, deutlich geschiedenen Nordsprache wird bereits aus den wenigen ae. Belegen (den Lindisfarne und Rushworth Evangelien aus dem 10. Jh.) andeutungsweise klar. Im 14. Jh. bestätigt Trevisa in seiner Übersetzung von Higdens 'Polychronikon' (1387), daß die sprachlichen Unterschiede zwischen den Nord- und Südengländern bereits zu seiner Zeit größer waren als die zwischen den Bewohnern des West- und des Ostteils der Insel. Auch berichtet er über die Nordsprache, daß sie (wie noch heute feststellbar) in ihrer Artikulation straffer sei als die Südsprache: *Al the longage of the Northhumbres, and specialliche at York, is so scharp, slitting, and frotynge, and unschape* (wörtl.: 'unförmig'), *that we southerne men may that longage unnethe* ('only with difficulty') *understonde*. Chaucer (gest. 1400) läßt in seiner 'Reeve's Tale' die beiden aus Nordengland stammenden Studenten John und Aleyn im Norddialekt auftreten.

[əu] nördl. *hame/gae/stane* [e], von *house/mouse/louse* [au] *hoose/ moose/loose* [u], von *tooth/good/blood* [u:/u/ʌ] *tuith/guid/bluid* [y, i], von *summer/son/nut* [ʌ] *simmer/sin/nit* [i] usw. Der Plural von *ee* 'eye' ist *een* (n-Plural), von *coo* [ku:] 'cow' *kye* [kəi] (Umlaut-Plural), das Past Tense von *climb* ist *clamb*, von *work wrocht* usw., Wortformen, die noch die ursprünglichen Verhältnisse widerspiegeln. Ein typisch schott. Mundartwort ist *canny*, das erst seit dem 17. Jh. belegt ist, etym. zu südl. *cunning* 'schlau', urspr. 'wissend' gehört und in den nordengl. Dialekten als *conny* auftritt. Seine Mundartbedeutungen sind u. a. 'skilful; quiet, gentle; seemly, good; of good size' (Lancashire). Im StE bedeutet es 'sparsam (wie ein Schotte)'. Mit *un-* präfigiert ist es als *uncanny* 'unheimlich'; dial. 'gefährlich' bekannt. Für 'child' finden sich *wean* (< *wee* 'klein' + *an* 'ein'), *geet, littlin* 'littling', für 'boy/lad/chum' *loon, chiel* (= *child*), auch *callant*, ein von Seeleuten aus dem nd. Raum mitgebrachtes Wort, das auch in der Grußformel *cannie callant* auftritt. In der Wendung *of that ilk* 'desselben Namens' (*Douglas of that ilk* 'von und zu Douglas') hat sich ae. *ilca* erhalten, das hochsprachl. von *same* (< an.) verdrängt wurde. *Till* (< an.) steht im nördlichen Sprachbereich für südl. *to*, so auch beim Infinitiv (*till gae* = *to go*). Schottismen sind auch *ken* 'know', das ae. *cennan* (= dt. *kennen*) fortsetzt und im StE als archaisch gilt; *bairn* 'child', das auf ae. *bearn* (zu *beran* 'tragen, gebären' > ne. *bear*) zurückweist und in den nordengl. Dialekten auch als *barn* auftritt; *loch* (< gael.) für südl. *lake* 'See' (< afr. < lat.); *laird* '(schott.) Grundbesitzer' (= *lord*). *Soft* und *simple* nahmen im Nordenglischen (aber auch in anderen Dialekten) die Bedeutung 'foolish, silly' an.

Eine nicht unbeträchtliche Zahl von Nordwörtern hat Eingang in den engl. Standard gefunden oder wird zumindest von den engl. Wörterbüchern registriert. Hierzu gehören Wörter, die für die Landschaft und das Leben im Nordteil der brit. Insel kennzeichnend sind, unter ihnen *beck* 'brook' (< an. *bekkr*), *fell* 'hill' (< an. *fell*), *glen* 'narrow valley' (< gael. *gleann*), *tarn* 'small mountain lake' (< an. **tarnu*); *bracken* 'large fern' (< an. **brakni*), *heather* 'Heidekraut, Erika'; *cairn* 'pile of stones' (< gael. *carn*); *reel* 'lively Scottish dance' (< ae. *hrēol* 'Haspel'); *kilt* 'skirt of Highland dress' (< skand.), *plaid* [æ/ei] 'Scottish cloth' usw., *tartan* 'woollen cloth' (< afr.); *claymore* 'Highlander's two-edged broadsword' (< gael.); *bard* 'Celtic minstrel' (< gael. *bárd*); *scone* 'round cake of wheat or barley meal' (?< mnd. *schonbrot* 'fine bread'); *clan* 'Clan, Stamm, Sippe' (?< lat. *planta*); *whisky* (< gael.; eig. 'Lebenswasser'); *greed* 'Habgier' (Erstbeleg 1609; Rückbildung aus *greedy*

<ae. *grǣdig* 'gierig'). Schottismen sind auch *gumption, rumgumption, rumblegumption* 'common sense', *pernickety* 'fussy, worrying about trifles' (coll.), *spindrift* 'foam blown along the surface of the sea', *thud* 'blast, gust', *jab* 'poke or push at'. Eine Reihe Wörter, meist solche zum Ausdruck des schottisch-keltischen Hangs zum Übernatürlichen und Geheimnisvollen, verdanken so namhaften Vertretern der schottischen Literatur wie Robert Burns und W. Scott ihre Vermittlung an das StE, unter ihnen *eerie* 'fear-inspiring, gloomy, weird' (Burns 1792), *gloaming* 'evening twilight' (Burns 1785), *glamour* 'magic, spell; magic beauty' (korrumpierte Form von *grammar* bei Scott), *gruesome* 'inspiring awe and horror' (Scott, Burns; verwandt mit dt. *grausam*), *uncanny* 'weird', *wraith* 'phantom, ghost', *eldritch* 'pert. to elves', *warlock* 'sorcerer, wizard' (< ae. *wǣrloga* 'traitor'), *cosy/cozy* 'warm and comfortable', *glint* 'shine with flashing light'. Scott sorgte auch für die Verbreitung von *raid* 'inroad', das auf ae. *rād* 'ride, expedition' zurückgeht und in *road* 'Weg, Straße' ein südl. Pendant besitzt. Ein häufig zitiertes Nordwort ist *weird* 'schicksalhaft', das in der Verbindung *weird sisters* 'Schicksalsschwestern > Hexen' durch Shakespeares "Macbeth" Eingang in die südenglische Gemeinsprache fand. Dem Altenglischen war es als Substantiv bekannt (*wyrd* 'Schicksal'); als solches hat es sich im Schottischen bewahrt (schott. *dree one's weird* = 'sein Schicksal ertragen'). Im heutigen Slang taucht es in der Bedeutung 'ulkig' auf; eine Neuprägung des AE Slang ist *weirdo* 'an odd or eccentric person' *(DNE* 1966); 'odd and eccentric' (1968).

Die sich südlich der Scottish Border anschließenden nordengl. Dialekte haben zahlreiche Gemeinsamkeiten mit den schottischen Mundarten, auch auf lexikalischem Gebiet. So findet sich *bonny/bonnie* 'comely, beautiful' außer in Schottland auch in Nord- und Mittelengland. Das Mundartgebiet des *broad Lancashire* im Nordwesten und des *broad Yorkshire* im Nordosten greift bereits über die Humber-Lune-Linie in den südhumbrischen Raum über. Hier ist hochsprachl. *she* 'sie' im Westen durch [u:] (< me. *hō* < ae. *heó* [mit Akzentumsprung]) und im Osten durch [ʃu:] (< me. *schō*) vertreten. *She* selbst stammt aus dem östlichen Mittelland, von wo es im 14. Jh. in den Sprachraum Londons eindringt und Anschluß an die in Entstehung begriffene engl. Gemeinsprache fand. Unter den (in ihren Grenzen nicht fest umreißbaren) südhumbrischen Dialekten ragen die des westlichen, zentralen und ostmittelländischen Raumes hervor. Im Südraum bildet der Themse-Bristol-Kanal eine Art Mundartscheide, indem sich die südwestengl. Grafschaften Devonshire, Somersetshire, Wiltshire usw. durch Bewahrung der stimmhaften anlautenden Spiranten von den weiter östlich gelegenen lautlich absetzen, die diese südenglische Eigenart wohl unter dem Einfluß der Gemeinsprache in nachmittelengl. Zeit wieder aufgaben. Südliche Mundarteinsprengsel im StE sind *vane* 'Wetterfahne' (< ae. *fana*), *vat* 'Faß, Bottich' (< ae. *fæt*), *vixen* 'Füchsin; zänkisches Weib' (< ae. *fyxe* sb., *fyxen* adj.), auch *vent* 'Rückenschlitz' (< afr. *fente*) und *vial* 'Fläschchen, Phiole' (neben *phial* [< afr.]). Auch der (nur noch graphisch vorhandene) w-Vorschlag bei *whole* (< ae. *hāl*)[8], *whore* 'Hure' (< ae. *hōre*) ist offensichtlich Reflex einer südwestengl. Mundarteigenschaft. Ob der in der Schreibung nicht zum Ausdruck kommende Labialvorschlag bei ne. *one* [wʌn] mundartlichem Einfluß entsprungen ist, ist umstritten.

Die Wiege der englischen Hoch- und Schriftsprache, das Standard English, war die Londoner Bürgersprache des ausgehenden 14. und des 15. Jhs., deren ungegängelte, von Grammatikereinfluß unberührt gebliebene Schwesterform im heutigen Londoner Stadtdialekt, dem Cockney, weiterlebt. Nicht zuletzt im Gefolge der mit den sozialen Umwälzungen des 14. Jh. einhergehenden Landflucht gewinnt zunächst das Ostanglische *(East Anglian)*, später das zentrale Mittelländische *(Central Midland dialect)* Einfluß auf das Londoner Englisch, was sich in der Übernahme von einzelnen Dialektwörtern (wie *clever*) wie vor allem von (ost)mittelländischen Lautformen zeigt. So stammen Lautformen wie *kiss, thin, bridge, vixen*; *stir, first, mirth*; *hide, fire, mice* 'Mäuse' aus dem anglischen Gebiet, wo das durch Palatalumlaut entstandene ae. *y* ([ü] gesprochen) in *i* übergegangen war, während sich im Südwesten der angestammte *ü*-Laut erhielt (bzw. in *u* überging) und im Südosten eine e-Form entstanden war. Ae. *cyssan* (< wgerm. *kusjan*) z. B. führte über me. *kissen/cussen/kessen* zu hochsprachl. ne. *kiss*. Südöstl. Mundarteinsprengsel sind *left* 'links'; (urspr. 'schwach'; ae. in dem Kompositum *lyft-ādl* 'Lähmung', [wörtl.] 'left-disease' belegt), wohl auch *merry, kernel* und *fledge* 'flügge'. In *bury* ['beri] setzt sich wahrscheinlich eine westliche Schreibform und eine östliche Lautung fort. Zwitterformen in Art von graphischphonetischen Kontaminationen sind auch *buy, build* und *busy* mit ihrer westlichen Schreibung und anglischen Lautung. Anglischer Herkunft sind z. B. auch *old, cold, bold, hold* (< ae. angl. *āld, cāld, bāld, hāldan*); die südliche Form hätte zur Lautung [iəld] usw. geführt.

---

[8] Bei ne. *hale* in *hale and hearty* 'gesund und munter' könnte es sich um eine Nordvariante von *whole* 'ganz; heil' handeln; doch ist Zusammenhang mit dem an. Lehnwort *heill* > me. ne. *hail* 'heil' usw. nicht gänzlich auszuschließen, das auf die gleiche germ. Wurzel zurückweist.

Die englischen Mundarten zeigen ein in vieler Hinsicht anderes Verhalten gegenüber dem Lehnwort als die Hochsprache. So ist ihnen dank ihres umgangs- und alltagssprachlichen Charakters der schwierige Latinismus fremd, sie kennen das leidige Problem der Hard Words nicht. Andererseits haben sie z. B. franz. Lehnwörter aufgenommen, die dem Standard English unbekannt sind, dort in anderer Bedeutung auftreten oder wieder ausgestorben sind. Mundartlich vorkommendes *beef* (< afr. *boef*) hat in Gegenden des Nordens und der Midlands die im 14. Jh. belegte Bedeutung 'Schlachtochse' bewahrt. *Con(e)y* 'Kaninchen' (< agn. *coning* < lat. *cunīculus*)ist mundartlich weit verbreitet und tritt in Schottland auch in der Form *kinnen* auf, sonst wurde es durch *rabbit* (?< afr.) verdrängt. Schott. *grozel* steht für 'Stachelbeere' (< afr. *groseille*; vgl. dazu *gooseberry*, o. S. 126). Der mundartliche Name für 'Bernstein' ist im gesamten Norden *lammer* (< afr. *l'ambre*), *merry* (< afr. *merise*) ist ein weitverbreitetes Dialektwort für die 'schwarze Wildkirsche'. Das Mundartpendant zu *parsley* 'Petersilie' ist *parsil*, von *causeway* 'erhöhter Fußweg, Damm' *causey*, das die ältere Wortform fortsetzt (< agn. *caucée*). Nördliches *aisle* (< afr. *aisle*) 'doppelte Reihe von Weizengarben' ist im StE als architektonischer Fachausdruck bekannt ('Seitenschiff einer Kirche'). Franz. *tasse* lebt in nordengl. *tass* 'Tasse, Trinkglas', *râble* in südwestl. *rabble* 'eiserner Rechen' fort.

Einen weit stärkeren Niederschlag als das französische fand das altnordische Lehngut in den engl. Dialekten, besonders im ehemaligen Siedlungsgebiet der Dänen und Norweger, wo es zu engen völkischen und sprachlichen Kontakten kam. J. Wright, der Verfasser des sechsbändigen 'English Dialect Dictionary', gibt um die Jahrhundertwende allein die Zahl der mit *sk-* und *sc-* beginnenden skand. Wörter, die nicht im Standard und in den Süddialekten vertreten sind, mit etwa 1100 an, die Gesamtzahl der nordgerm. Entlehnungen geht in die Tausende. Wir müssen uns hier mit einigen Beispielen begnügen. An. Herkunft sind z. B. *lake* 'spielen, sich belustigen' (< an. *leika*); *gar* 'make, prepare' (< an. *gerva*; verwandt mit dt. *gerben, garen*); *haver* 'Hafer' (< an. *hafre*; vgl. dt. *Hafer*) anstelle von hochsprachl. *oats* (< ae. *āte*, Plur. *ātan*), *havercake* 'oatcake'; *gate* 'Weg, Straße' (< an. *gata*; verwandt mit dt. *Gasse*); *arr* 'Narbe' (vgl. *pock-arred* 'pockennarbig'); *stor(e)* 'groß'; *ket* 'Aas'; *gain* 'kurz'; *muggy* 'feucht' (von Wetter); *lathe* 'Scheune' (verwandt mit *lade* 'beladen'); *addle* 'verdienen'. Nicht selten steht dem mundartlichen Lehnwort ein inselgerm. Erbwort in der Gemeinsprache gegenüber, so bei *loup* (< an. *hlaupa*) : *leap* 'springen' (< ae. *hlēapan*; verwandt mit dt. *lau-*

fen); trig (< an. *tryggr*) : *true* 'wahr' (< ae. *trēowe*); *kirk* (< an. *kirk-ja*) : *churche* (< ae. *čyriče*); *garn* : *yarn*; *will* : *wild*; *dag* : *dew* (vgl. o. S. 23 f.).

Mundarten neigen dazu, altererbtes Wortgut länger zu bewahren als die Hochsprache, was das besondere Interesse der Sprachgeschichtler findet. So lebt ae. *hlōse* in dial. *lewze* 'pigsty' (Devon und Somerset), ae. *delfan* und *grafan* 'graben' in westl. bzw. nördl. *delve* und *grave* fort. Das Nordwort *thole* (*thoil*) 'erdulden, erleiden' geht auf ae. *þolian*, *greet* 'cry, weep' auf ae. angl. *grētan*, *burn* 'Fluß' auf ae. *burna* (verwandt mit dt. *Born und Brunnen*) zurück. Südl. *keeve* '(Brau)faß' setzt ae. *cȳf* (verwandt mit dt. dial. *Kufe* 'Kübel, Gefäß'), *barrow* 'castrated boar' ae. *bearg* (= dt. dial. *Barch*) fort. *Gowk* (< an.) ist ein Dialektwort für *cuckoo* (vgl. dt. dial. *Gauch*). In den letztgenannten Fällen gehören die dt. etym. Entsprechungen ebenfalls dem Mundartbereich an. In einem Fall wie dial. *emmet* und StE *ant* 'Ameise' haben sich landschaftlich unterschiedlich ausgeprägte Dubletten erhalten: *emmet* setzt ae. angl. *ĕmete*, *ant* westsächs. *ǣmete* fort. Vgl. dazu nhd. *Ameise* und seine Mundartvarianten *imets, emets, amets, omets* usw. Im Gegensatz zum Dublettentyp *raid* : *road* liegt hier keine semantische Differenzierung vor (s. o. S. 125 f.).

Der Archaismus der Mundarten zeigt sich auch in der Bewahrung von Bedeutungsvarianten, die hochsprachlich ausgestorben sind oder als altertümlich gelten. *Meat* hat seine ursprüngliche Bedeutung 'Speise, Nahrung' in den Dialekten bewahrt, während es im StE seine Bedeutung durch Ellipse (*butcher's meat* > *meat*) auf 'Fleisch' eingeengt hat. *Learn* wird – ähnlich wie dt. *lernen* – mundartlich auch im Sinne von 'lehren' gebraucht (Erstbeleg 1200). *Snack* hat im StE seine Bedeutung 'Hundebiß' abgelegt (StE 'Imbiß'), *sore* (< ae. *sāre*, zu dt. *sehr*, *versehren*) gilt in adverbialer Verwendung (*he is sore sick*) heute als dialektal und archaisch. Ähnlich werden *fain* 'disposed, willing' (< ae. *fægen*) und *thole* 'endure' (< ae. *þolian*) eingestuft. *Smock* (< ae. *smoc*) bedeutet im StE 'Arbeitskittel', in den Mundarten 'Frauenunterrock'. In den Wörtern *dale* 'Tal' (< ae. *dalu*, Plur. zu *dæl*) und *mead* 'Wiese' begegnen sich mundartliche und poetische Gebrauchsweisen. Gemeinsprachlich stehen dafür *valley* (< afr.) – außer in den Wendungen *hill and dale, dale and down* – und *meadow* (zu dt. dial. und poet. *Matte* 'Bergwiese'). Zu den Dubletten *mead* und *meadow* vgl. o. S. 77 und 125 f.

Ähnlich wie die englischen Dialekte hat auch das aus dem britischen Englisch des 17. Jhs. hervorgegangene amerikanische Englisch (AE) Wortmaterial bewahrt, das im Standard English verloren gegangen ist. Dazu gehören *rooster* 'Hahn' (zu ae. *hrōst* 'Hühnerstange'), das sowohl in englischen Mundarten wie im AE für StE *cock* (< ae. < lat.) begegnet, ebenfalls *bolt* 'Zaunlatte', *rare* (< ae. *hrēre*) 'underdone [of eggs, meat]', *yare* (< ae. *gearu*) 'ready', das bei Shakespeare in der Bedeutung 'brisk' (etwa Ant. III, 7, 38) belegt ist, *sick* 'krank' für StE *ill*, auch *gotten* 'bekommen, erworben' (Part. Praet. zu *get*; noch fünfmal von Shakespeare gebraucht, im StE heute als Archaismus bezeichnet außer in *ill-gotten* usw.). Auch bei der Verwendung von *fall* 'Herbst' geht das AE mit den englischen Dialekten überein. Es ist seit 1545 (*OED*) in der Bedeutung 'Herbst' nachgewiesen (Ellipse aus *fall of the leaf* > *fall of the year*), wurde von den Auswanderern mit nach Amerika genommen (Erstbeleg *DAE* 1643) und hat sich dort – ähnlich wie in den Mundarten von Dorset, Sussex, Yorkshire und Northumberland – erhalten. Hochsprachlich wurde es von *autumn* verdrängt, das aus dem Afr. entlehnt wurde (*autompne*), sich zuerst bei Chaucer (Boethius ca. 1380) findet und während der Renaissance an das lat. Grundwort angeglichen wurde (lat. *autumnus* > engl. *autumn*).

Es wäre verfehlt, neben dem Hang zum Archaismus bei den Mundarten nicht auch die Fähigkeit zu Neubildungen, Entwicklung neuer Bedeutungsvarianten und Aufnahme von Wörtern aus anderen Sprachbereichen, darunter auch aus dem Standard zu sehen. *Shape* z. B. hat mundartlich (spez. schottisch) die Bedeutung 'to show signs of becoming efficient (often with reference to physical exercises, as drill, rowing' usw.) entwickelt. *Cheeld* [tʃiːld] (= *child*) findet sich in Somerset gleichbedeutend mit 'girl'. Dem StE unbekannte Nordwörter sind die lautmalerischen (onomatopoetischen) Bildungen *shirl, skirl, skirr, slire* (alle mit der Bedeutung 'slide'). Ein Beispiel, wie Mundartwörter im Laufe der Zeit einander Platz machen, gibt Wakelin ('English Dialects', 70): Ae. *broc* (< brit.) 'Dachs' wurde nach 1325 von me. *bausen* (< afr.) abgelöst, dem *grey* (Bezeichnung nach der Farbe des Fells) vom 15. bis 17. Jh. folgte. Anstelle dieser Dialektwörter trat schließlich gemeinsprachlich wie in den meisten Dialekten *badger* (Erstbeleg 1523 *OED*; unbekannter Etym.). Mundartlich hat sich jedoch *brock* sporadisch bewahrt.

Nicht selten haben Dialektwörter keine genaue Entsprechung im Standard English. Es bedarf dann der Umschreibung, um ihre Bedeutung zu definieren. Brook sagt über dial. *gaumless* (< an. *gaumr* + Suffix *-less*): "The nearest Standard English equivalent of *gaumless* is perhaps 'stupid', but *gaumless* is at once stronger and more friendly than *stupid*" ('*English Dialects*', 31). "*Nesh* (OE *hnesce* 'soft') is a north-country word to describe anyone who is too fond of sitting in front of the fire and who is consequently unduly sensitive to cold." "*Chuff* means 'pleased with oneself and anxious to make a good impression on others'; the word denotes a combination of fussy self-satisfaction with a lack of restraint which arouses the contempt of northeners" (ibid.).

Auffällig ist die Fähigkeit der Mundarten, zentrale Begriffe des alltäglichen Lebens mit einer Vielzahl von Namen zu belegen. Der '*Survey of English Dialects*' (I, 3, 910) registriert allein für die "Six Northern Counties and Man" 21 Synonyma für '*gossiping, chatting and spreading tales*': *back-biting, blathering, cackling, calleting, calling, camping, chinwagging, clatting, gossiping, having a call/gossip/mag, jaffocking, magging, making mischief, neighbouring, prossing, raking, raning, telling the tale, yaddering*. Man beachte die Bildhaftigkeit vieler dieser Ausdrücke und ihre Lautsymbolik. Für 'Kuhstall' (StE *cowshed*) finden sich mundartlich mindestens sieben Wörter in ungleicher Verteilung über die britische Insel. Im Süden, Südosten und den Midlands ist *cow-house* und *cow-shed* verbreitet; *shippon* (< ae. *scypen*, verwandt mit dt. *Schuppen* und engl. *shop*) ist Dialektwort in Devon (Südwesten) und Chester und Lancashire (Nordwesten), *beast-house* findet sich in Monmouth, *neat-house* in Teilen von Suffolk und Norfolk, *cow-stable* im Norden von Lincolnshire, *mistall* im westlichen Yorkshire und *byre* (< ae. *bȳre*, verwandt mit *bower*) in weiten Teilen Nordhumbriens (Durham, Westmoreland, Cumberland und Northumberland). Landkarten, die die Verteilung gleicher mundartlicher Erscheinungen durch Linien kennzeichnen, nennt man Isoglossenkarten (aus griech. *iso-* 'gleich' und *glōssa* 'Zunge, Sprache, Wort'). Anschauliche Beispiele bieten der '*Survey of English Dialects*' (*SED*), aber auch Kurzdarstellungen der englischen Dialektologie (wie Wakelins '*English Dialects*').

Die englische Mundartforschung war lange ein vernachlässigtes Gebiet der Sprachwissenschaft. Während Johann Andreas Schmeller (1785–1852), der Begründer der deutschen wissenschaftlichen Dialektforschung, bereits 1821 „Die Mundarten Bayerns" und 1827–36 das „Bayerische Wörterbuch" (4 Bd.) herausgab, wurde das wissenschaftliche Interesse in England erst mit der Gründung der *English Dialect Society* durch W. W. Skeat 1873 auf die englischen Dialekte gerichtet. Im Vordergrund standen zunächst sprachgeschichtliche Interessen, in den Mundarten sah man ein Reservoir archaischer Spracherscheinungen. Mit dem 1905 erschienenen sechsbändigen '*English Dialect Dictionary*' wurde unter Leitung von Joseph Wright ein für die damalige Zeit erstrangiges Werk geschaffen. 1911 wartete Skeat mit seinen '*English Dialects*' auf. Inzwischen sind zahlreiche Monographien zur englischen Dialektologie erschienen, zum Teil von Ausländern verfaßt. Einen wichtigen Schritt voran bedeutet der seit 1946 unter H. Orton (Leeds) und E. Dieth (Zürich; † 1956) in Bearbeitung befindliche '*Survey of English Dialects*', der (a) eine Einführung, (b) 4 Bände (zu je drei Teilen) Basic Material, (c) 4 Begleitbände zu b, (d) den Linguistic Atlas of England und (e) einen Band phonetischer Umschriften umfassen soll. E. Dieths Wunsch, einen gemeinsamen Sprachatlas für ganz Britannien zu schaffen, verwirklichte sich nicht. In Schottland gingen J. Orr und A. MacIntosh (Universität Edinburgh) mit ihrem '*Linguistic Survey of Scotland*' eigene Wege.

Während wir in den Mundarten das Bodenständige und Volkstümliche achten, begegneten die Engländer von jeher ihren Dialekten mit größerer Distanz, indem sie in ihnen eine verderbte Sprachform sahen und mit ihnen das Stigma mangelnder Bildung verbanden. Zwar hat der unverkennbare soziale Wandel seit dem Kriegsende in England auch den Mundarten zu mehr Sozialprestige verholfen, was sich u. a. im gelegentlichen Auftreten von Mundartsprechern selbst im Rundfunk und Fernsehen zeigt, doch stehen die meisten Sprecher des Standard English den Mundartsprechern nach wie vor mit Reserve gegenüber. In der Abkapselung des Standard English von den Dialekten liegt auch das späte Einsetzen der Mundartforschung und der geringe Zufluß von Dialektwörtern in die Hochsprache begründet. Daran vermochten auch so berühmte Schriftsteller wie D. H. Lawrence, Th. Hardy, die Iren Synge, Yeats und Lady Gregory nichts Wesentliches zu ändern, die ihren Heimatdialekt literaturfähig machten. Eine gewisse Ausnahme bildet das schottische Englisch, dem man spätestens seit Burns und Scott mit mehr Aufgeschlossenheit gegenübersteht und in dem man eine Art gleichberechtigter Sprachvariante für den schottischen Norden sieht. So verwundert nicht, daß die Zahl der Schottismen im Standard English deutlich über der Zahl der Einsprengsel aus den südenglischen Lokalmundarten steht.

Trotz des Abbaus der Voreingenommenheit gegenüber den Mundarten sind diese selbständigen regionalen Ausformungen des Englischen heute stärker in ihrer Existenz bedroht als in früheren Zeiten. Die sprachlich zugunsten der Gemeinsprache ausgleichende Wirkung der öffentlichen

Medien, verbesserte schulische Bildung und anhaltende Landflucht gehen zu Lasten der reinen Mundarten, der *broad dialects.* Dieser bedauerlichen, alle hochindustrialisierten Länder betreffenden Entwicklung vermögen auch die gesteigerten Anstrengungen auf dialektologischem Gebiet kaum wirkungsvoll zu begegnen, da sie weniger der Pflege der Mundarten als ihrer Registrierung zur sprachwissenschaftlichen Auswertung dienen.

Zu den Dialekten: Leisi, 158 ff., 175 ff.; Bähr, 100 ff.; Brunner I, 180 ff.; Baugh, 227 ff.; 382 ff.; 467 ff.; Strang, 33 ff. et passim; Sheard, 188, 310 f.; Potter, 139 ff.; Arnold, 292 ff.; McKnight, 20 f., 50; Joseph Wright, *The English Dialect Dictionary*, 6 Bd. (Oxford, 1898–1905); *Publications of the English Dialect Society* (London, 1973 ff.); W. W. Skeat, *English Dialects form the Eighth Century to the Present Day* (Cambridge, 1911); E. Dieth, *A New Survey of English Dialects*, Essays and Studies by Members of the English Association (Oxford, 1947; über den Sprachatlas und mit Bibliographie); W. Grant and M. Dixon, *Manual of Modern Scots* (Cambridge, 1921); A. McIntosh, *An Introduction to a Survey of Scottish Dialects* (Edinburgh, 1952; mit Bibliographie); W. Clark, *The Vocabulary of Anglo-Irish* (St. Gallen, 1917); J. J. Hogan, *The English Language in Ireland* (Dublin, 1927); P. L. Henry, *An Anglo-Irish Dialect in North-Roscommon* (Diss. Zürich/Dublin, 1957); *Publications of the English Place Society* (Cambridge, 1924 ff.); M. L. Annakin, *Notes on the Dialect of Nidderdale (Yorkshire)*, Cambridge, 1922; G. H. Cowling, *The Dialect of Hackness* (North-East Yorkshire), Cambridge, 1915; J. W. Watson, *The History of the Celtic Place-Names of Scotland* (Edinburgh/London, 1926); H. Orton, *Survey of English Dialects* (A): *Introduction* (Leeds, 1962, ²1964); (B) *The Basic Material*, Vol. 1: *The Six Northern Counties and the Isle of Man*, edd. H. Orton and W. J. Halliday, Parts 1–3 (Leeds, 1962–63); Vol. 2: *The West Midland Counties*, edd. H. Orton and M. V. Barry, Parts 1–3 (Leeds, 1969–71); Vol. 3: *The East Midland Counties and East Anglia*, edd. H. Orton and Ph. M. Tilling, Parts 1–3 (Leeds, 1969–71); Vol. 4: *The Southern Counties*, edd. H. Orton and M. F. Wakelin, Parts 1–3 (Leeds, 1967–68 und W. Viereck 1975); W. Craigie, *Northern Words in Modern English*, S. P. E. Tract 50 (1937); A. Bock, *Das französische Element in den englischen Dialekten* (Diss. Münster, 1911); G. Xandry, *Das skandinavische Element in den ne. Dialekten* (Diss. Münster, 1914); G. L. Brook, *English Dialects* (London, 1963, ²1965); M. F. Wakelin, *English Dialects* (London, 1972); W. Viereck, *Regionale und soziale Erscheinungsformen des britischen und amerikanischen English*, Angl. Arbeitshefte hg. v. H. E. Brekle u. W. Kühlwein (Tübingen, 1975); K. Wächtler, *Geographie und Stratifikation der englischen Sprache* (Düsseldorf/München, 1977). Zum AE: H. Wentworth, *American Dialect Dictionary* (New York, 1944); weitere Literaturangaben zur regionaldialektischen Wortforschung des AE vgl. H. Galinsky, *Amerik. und brit. English* (München, ³1975), 116 f.; 119 f.

Das angelsächsische England

mit den drei Mundarten des

(I) Westsächsischen
(II) Kentischen
(III) Anglischen

und dem Siedlungsgebiet der Dänen (Danelaw)
und der Norweger nordöstlich der Watlingstreet
(zu den Seiten 12, 17 und 153)

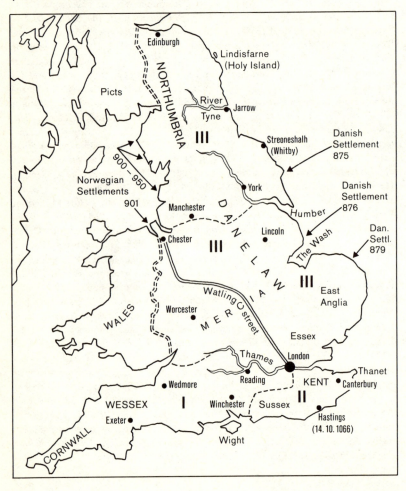

Karte der mittelenglischen Mundarten

    I. Südwestliches Mundartgebiet
   II. Südöstliches Mundartgebiet
IIIa. Westmittelländisches Mundartgebiet
IIIb. Ostmittelländisches Mundartgebiet
  IV. Nordenglisches Mundartgebiet

(mit Humber-Lune-Linie als Süd-/Nordsprachscheide;
zu den Seiten 18 ff. und 156 ff.)

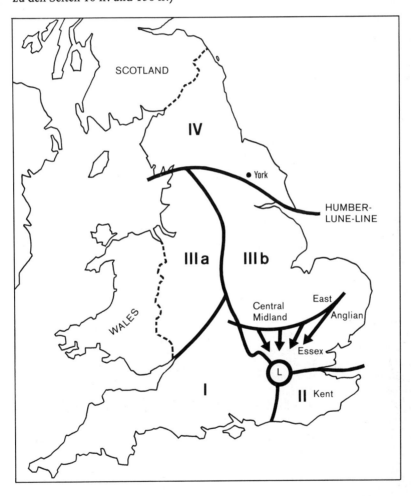

Abkürzungsverzeichnis

>	wird zu
<	entstanden aus; ersetzt durch
*	rekonstruierte Form
×	kontaminiert mit
' '	Bedeutung
{ }	Morphem; Allomorph
[ ]	phonetische Umschrift
/ /	phonemische Umschrift
Ø	Null- (in Ø-Etymologie etc.)

acc.	accusativus
adän.	altdänisch
ae.	altenglisch
AE	amerikanisches Englisch
afr.	altfranzösisch
afränk.	altfränkisch
agn.	anglonormannisch
ags.	angelsächsisch
ahd.	althochdeutsch
ai.	altindisch
air.	altirisch
an.	altnordisch
anglo-lat.	anglo-lateinisch
anorw.	altnorwegisch
ar., arab.	arabisch
Archiv	*Archiv für das Studium der neueren Sprachen und Literaturen*
as., asächs.	altsächsisch
aspan.	altspanisch
bayr.	bayerisch
BE	britisches Englisch
brit.	britisch
cf.	confer = vgl.
chin.	chinesisch
Dim.	Diminutiv
dat.	dativus

ed., edd.	edidit, ediderunt
engl.	englisch
fläm.	flämisch
frae.	frühaltenglisch
franz. (fr.)	französisch
frme.	frühmittelenglisch
frne.	frühneuenglisch
fries.	friesisch
gael.	gaelisch
gen.	genitivus
germ.	germanisch
got.	gotisch
griech. (gr.)	griechisch
GRM	*Germanisch-Romanische Monatsschrift*
hait.	haitisch
hd.	hochdeutsch
hebr.	hebräisch
idg.	indogermanisch
ind.	indisch
ir.	irisch
it.	italienisch
JEGP	*Journal of English and Germanic Philology*
Jh.	Jahrhundert
karib.	karibisch
kent.	kentisch
kgriech. (kgr.)	kirchengriechisch
klat.	kirchenlateinisch
lat.	lateinisch
Lbed	Lehnbedeutung
lex.	lexikalisch
lit.	litauisch
Lsch	Lehnschöpfung
Lüs	Lehnübersetzung
Lüt	Lehnübertragung
Lw, Lww	Lehnwort, Lehnwörter
me.	mittelenglisch
mex.	mexikanisch
mgriech.	mittelgriechisch
mlat.	mittellateinisch
mnd.	mittelniederdeutsch
mndl.	mittelniederländisch
nd.	niederdeutsch
ndl.	niederländisch

ne.	neuenglisch
nfr.	neufranzösisch
nhd.	neuhochdeutsch
nlat.	neulateinisch
nom.	nominativus
NSpr	*Die Neueren Sprachen*
Part. Prät.	Partizip der Vergangenheit
Phil. Quart. (PQ)	*Philological Quarterly*
pldt.	plattdeutsch
Plur. (pl.)	Plural
PMLA	*Publications of the Modern Language Association of America*
poln.	polnisch
port.	portugiesisch
präf. (Präf.)	präfigiert (Präfix)
prov.	provenzalisch
RES	*Review of English Studies*
rom.	romanisch
russ.	russisch
sb.	substantivum
schott.	schottisch
skand.	skandinavisch
skr.	sanskrit (Sanskrit)
spätae.	spätaltenglisch
spätme.	spätmittelenglisch
spätws.	spätwestsächsisch
span.	spanisch
S. P. E. (SPE)	*Society for Pure English*
StE	*Standard English*
subst.	substantivum
syr.	syrisch
TPS	*Transactions of the Philological Society*
türk.	türkisch
vb.	verbum
vlat.	vulgärlateinisch
wgerm.	westgermanisch
zfr.	zentralfranzösisch

Bibliographie

Aufgenommen ist die im Text in Abkürzung (Verfassernamen) zitierte Literatur zum englischen Wortschatz, in Abkürzung angeführte Wörterbücher und einige weitere Lexika, die vom Verfasser herangezogen wurden. Die übrigen bibliographischen Angaben folgen den Einzelabschnitten bzw. Kapiteln.

Arnold	I. W. Arnold, *The English Word* / *Leksikológija sowreménnowo angliiskowo jasyká* (Moskau, 1966)
Aronstein	Ph. Aronstein, *Englische Wortkunde* (Leipzig, 1925)
Bähr	D. Bähr, *Standard English und seine geographischen Varianten*, UTB 160 (München, 1974)
Baugh	A. C. Baugh, *A History of the English Language* (London, ²1959)
Brunner	K. Brunner, *Die englische Sprache*, 2 Bände (Tübingen, ²1960 und ²1962)
Fowler	H. W. Fowler and Sir E. Gowers, *A Dictionary of Modern English Usage* (Oxford, ²1965)
Funke	O. Funke, *Englische Sprachkunde* / *ein Überblick ab 1935*. Wissenschaftliche Forschungsberichte, hg. von Prof. Dr. K. Hönn (Bern, 1950)
Görlach	M. Görlach, *Einführung in die englische Sprachgeschichte*, UTB 383 (Heidelberg, 1974)
Groom	B. Groom, *A Short History of English Words* (London, 1934)
Jespersen	O. Jespersen, *Growth and Structure of the English Language* (Leipzig, ¹1905, ²1912, Oxford, ¹⁰1967)
Koziol	H. Koziol, *Grundzüge der Geschichte der englischen Sprache* (Darmstadt, ²1975)
Leisi	E. Leisi, *Das heutige Englisch* (Heidelberg, ¹1955, ⁶1974)
McKnight	G. H. McKnight, *English Words and their Background* (New York, repr. 1969)
Potter	S. Potter, *Our Language* (Harmondsworth, rev. ed. 1966)
Serjeantson	M. S. Serjeantson, *A History of Foreign Words in English* (London, 1935)
Sheard	J. A. Sheard, *The Words we Use* (London, ²1954)
Strang	B. Strang, *A History of English* (London, 1970, repr. 1974)
Weekley	E. Weekley, *The English Language* (London, 1952)

OED   *The Oxford English Dictionary.* A correct re-issue of *A New English Dictionary on Historical Principles,* edd. J. A. H. Murray, H. Bradley, Sir W. A. Craigie and C. T. Onions (Oxford, 1933); Supplement I, A–G, ed. R. W. Burchfield (Oxford, 1972)

SOED   *The Shorter Oxford English Dictionary.* Prepared by W. Little, H. W. Fowler and J. Coulsen. Revised and edited, with an appendix by C. T. Onions (Oxford, 1964)

CED   *A Chronological English Dictionary, Listing 80 000 Words in Order of their Earliest Known Occurrence,* edd. Th. Finkenstaedt, E. Leisi and D. Wolff (Heidelberg, 1970)

OPr.   *Ordered Profusion, Studies in Dictionaries and the English Lexicon,* edd. Th. Finkenstaedt and D. Wolff, with contributions by H. J. Neuhaus and W. Herget (Heidelberg, 1973)

ALD   *The Advanced Learner's Dictionary of Current English,* edd. A. S. Hornby, E. V. Gatenby, H. Wakefield (London, ²1963; new ed. ³1974)

GSL   *A General Service List of English Words with Semantic Frequencies and a Supplementary Word-List for the Writing of Popular Science and Technology,* compiled and edited by M. West (London, rev. ed. 1953)

MED   *Middle English Dictionary,* ed. H. Kurath and Sh. M. Kuhn (Ann Arbor, 1952, bisher A–M)

DNE   *A Dictionary of New English* 1963–1972, edd. C. L. Barnhart, S. Steinmetz and R. K. Barnhart (Bronxville, N. Y./Berlin, 1973)

DAE   *A Dictionary of American English on Historical Principles,* edd. W. Craigie, J. R. Hulbert et al., 4 vols. (Chicago, 1936–44)

DA   *A Dictionary of Americanisms on Historical Principles,* ed. M. M. Mathews, 2 vols. (Chicago, 1951). One volume edition (Chicago, 1956, Kurzfassung 1966)

ODEE   *The Oxford Dictionary of English Etymology,* ed. C. T. Onions with the Assistance of G. W. Friedrichsen and R. W. Burchfield (Oxford, 1966)

A Comprehensive Etymological Dictionary of the English, ed. K. Klein (Amsterdam, 1966/67)

An Etymological English Dictionary, ed. W. W. Skeat (London, ⁴1963)

Etymologisches Wörterbuch der französischen Sprache, ed. E. Gamillscheg (Heidelberg, ¹1925, ²1969)

Trübners Deutsches Wörterbuch, begründet von A. Götze, hg. von W. Mitzka, 8 Bd. (Berlin, 1939–57)

Etymologisches Wörterbuch der deutschen Sprache, edd. F. Kluge, A. Götze, W. Mitzka (Berlin, [20]1967)

Duden, Etymologie, Bd. 7, *Herkunftswörterbuch der deutschen Sprache* (Mannheim, 1963)

Altenglisches etymologisches Wörterbuch, hg. F. Holthausen (Heidelberg, [2]1963)

Gotisches etymologisches Wörterbuch, hg. F. Holthausen (Heidelberg, 1934)

Gamalnorsk ordbok, ed. L. Heggstad (Oslo, 1930)

Etymologisch Woordenboek. Waar komen onze woorden vandaan?, ed. J. de Vries (Utrecht/Antwerpen, 1963)

Middelnederlandsch Handwoordenboek ('s-Gravenhage, 1911 und 1956)

Slavisches etymologisches Wörterbuch, hg. E. Berneker (Heidelberg, 1908 ff.)

Lateinisches etymologisches Wörterbuch, hgg. Walde/Hofmann (Heidelberg, 1930 ff.)

Vergleichendes Wörterbuch der indogermanischen Sprachen, hgg. Walde/Pokorny (Berlin und Leipzig, 1927 ff.)

Indogermanisches etymologisches Wörterbuch, hg. J. Pokorny (Bern/München, 1959)

Du Cange: *Glossarium Mediae et Infimae Latinitatis*, ed. L. Favre (Niort, 1883 ff.)

Revised Medieval Latin Word List from British and Irish Sources, ed. R. E. Latham (London, 1965)

An Anglo-Saxon Dictionary, edd. J. Bosworth and T. N. Toller (London, [1]1898, Neudrucke 1929 u. 1954, Addenda 1972)

A Concise Anglo-Saxon Dictionary, ed. J. R. Clark Hall, with a Supplement by H. D. Meritt (Cambridge, [4]1960)

The English Dialect Dictionary, ed. J. Wright, 6 vols. (Oxford, 1898–1905; New York, 1963 repr.)

A Dictionary of the Older Scottish Tongue (Chicago, 1933 ff.)

The Scottish National Dictionary (Edinburgh, 1931–75)

(Weitere Wörterbücher spez. in den Abschnittsbibliographien zu IV. 2)

Register

(In den bibliographischen Teilen zitierte Verfassernamen usw. sind im allgemeinen nicht berücksichtigt.)

Académie française 145
accent 147
Aelfric 37, 39
Afrikaans (Lww) 28
afrikanische Lww 69
Akronyme (*acronyms*) 136
ALD 10, 70 ff.
Altenglisch 12 ff., 48, 72 ff., 108 ff., 111 ff. et passim
Altfränkisch (Lww) 57
Altfranzösisch (s. Französisch)
Altindisch (Lww) 68
Altnordisch (Lww) 17 ff., 72, 158 f.
amber (Slangwort für 'Bier') und Synonyma 148
Ambiguität 20, 124
Amerindian words 69
amerikanisches Englisch (AE) 28, 30, 61 f., 65, 69 f., 115, 159 f. et passim
Ancrene Riwle 18, 54
Angeln, Angelsachsen 12 f., 48
Anglo-Irisch 31 ff., 72, 85
Anglo-Latein (Lww) 40, 72
Anglo-Nordisch 18, 84
Anglo-Normannisch (Lww) 52 ff., 72 et passim
Anglo-Schottisch 31 ff.
Anglo-Walisisch 31 ff.
ant (*emmet*) 159
apt (und Wortfamilie) 105
Arabisch (Lww) 67 f.
Archaismen 73, 139, 140 f. et passim
Archilexem, Archisem 96
Argot 152
Aronstein (Philipp) 10
Assimilation 61, 80, 90
aureate terms 42

außereuropäische Lww 66 ff., 72
australische Lww 69
Authorized Version 41, 97, 141, 145
Autosemantika 9 f., 75

bachelor (etym. Aufriß) 82 f.
back-derivation (Rückbildung) 135 f.
bairn (schott.) 155
bank 101
Barbour (B's *Bruce*) 18, 22, 50, 54
Basic English (Ogden) 78
Bauer (Bezeichnungen für 'Bauer' im Englischen) 103
Beda (*Historia Ecclesiastica*) 12, 38
Bedeutungsaufspaltung 125 ff.
Bedeutungsdifferenzierung 23, 125 ff.
Bedeutungsgablung 125 ff.
beer (*ale*) 38
Beowulf 15, 16
betrunken (Wortfeld) 142
Bilingualismus 53, 85
biology 50, 88, 90
blendings 134 f.
blood ('Geck' und Synonyma im Slang) 150
bobby (und Synonyma im Slang) 149
bonnie (Nordwort) 156
brass 142, 149
bred (me. Homophone) 124
Britisch 31 ff.
brock ('Dachs' und Synonyme) 160
Browne (Thomas) 50, 105
Buchstabenwörter (*letter-words*) 136
buffet 61, 127
Burns (Robert) 156

canny (Nordwort) 155
Cant 139, 152

Canterbury Tales (Prolog) 18
capricious (bei Shakespeare) 104
cast (und Synonyme) 20
castra (in Ortsnamen) 36
catch / chase 58, 101
caucus (und Ableitungen) 69 f.
Cawdrey (Robert) 50
Caxton 19, 42, 45, 145
CED 10 f., 70 ff.
Chaucer 11, 18, 20, 41, 42, 46 f., 50,
   56, 58, 63, 154
child (Bezeichnungen für 'child' in
   Norddialekten) 155
chinesische Lww 69
Ciceronianism 42
clerk 38
clippings 133 f., 151
Cockeram (Henry) 43, 105
Cockney 150 f.
colloquial 138 f., 142 f.
common words 138 ff.
communist 88
Cook (Captain) 69
Cursor Mundi 54, 81

dǣl (ae.) und Ableitungen 14
Dänisch (Lww), Dänen 17 ff., 22, 83,
   153, 158
Dan Michel (*Ayenbit*) 109
Danelaw 17, 164
deer (*beast, animal*) 102
denizens 92
denotative Bedeutung 99, 142
derivation by a zero morpheme 128 ff.
desk 41
desubstantivische Verben 130
détente 61, 88
deutsch (Adj., etym. Herkunft) 26, 117
deutsche Lww (vgl. hochdeutsche Lww)
devil 49
Dialekte (Mundarten) 153 ff.
Dieth (Eugen) 162
dike / dyke / ditch 22
disengagement 91
Dissoziation 108 ff.
do 76, 77 f., 113
dope 26, 89
Doppelentlehnungen 36, 56

down (*the Downs*) 32, 101
dream 24
Dryden (John) 50
Dubletten 22 f., 45 f., 60, 100 ff.,
   125 ff.
Dunbar (William) 42
Dutch (etym. Herkunft) 26
Dutch (s. Niederländisch)

egg 19, 102, 119
earl 23
easel 27, 32
Eigennamen 72, 74
Einfachzählung 11, 75
Elisabeth I. 104
Ellipse 133, 160
English Dialect Society 161
enrichment (*of the English language*)
   43
Entmotivierung 108 ff.
Erbwort 10, 72 ff., 90 ff.
Eskimo (Lww) 69
Eule und Nachtigall 18
Euphemismus 120
exotisms 92

fall 'Herbst' 76, 102, 160
fesch dt. < engl. *fashionable* 88
Finkenstaedt (Thomas) 5, 10, 70
Flämisch (Lww) 25 ff., 72
Flexionsmorpheme 81, 128
Föhrisch 13
foreign flavour (bei Lww) 80, 92
formal (vs. *informal*) 139, 143
Französisch 27, 44, 52 ff., 72 ff., 84
   et passim
   altfranz. (afr.) Lww 52 ff., 72 ff.
   neufranz. (nfr.) Lww 56 f., 60 ff.
   Zentralfranzösisch 58
   franz. Einfluß auf das AE 61 f.
   auf engl. Mundarten 158
   auf engl. Wortbetonung 59 f.
freak 148 f.
free (Wortfeld 'befreien') 96 f.
Fremdwort (*foreigner, alien word*)
   90 ff., 139, 140
funk (Slangwort) 149
funktionale Varianten 142 f.

Funktionswechsel (*functional change*) 130
Funktionswörter (Synsemantika) 9, 20 f., 75, 85

Gälisch 31 ff., 72, 85, 154
Gallokeltisch (Lww) 32
Galloromanisch 52
game 122
gān, gangan (und Ableitungen) 111 f.
garage 61, 80
gate 23, 158
gaumless (nördl. Dialektwort) 160 f.
genteelism 107
get 20, 76, 78, 113, 160
gospel 40, 92 f.
gossiping (und Synonyma in den Norddialekten) 161
Gower (John) 41
great (und Synonyma) 99
Griechisch (Kirchengriechisch) 48 ff., 72 ff.
guy 79

hale (*hail, whole*) 126, 157
hard words 43, 90 f., 104 ff., 110, 114 et passim
Hauptverben (G. Kirchner) 76, 78
Henryson (Robert) 42
Herdan (G.) 11
Higden (Polychronikon) 154
historical terms 139 f.
hlāford (*lord*) 15, 77, 95, 109
hochdeutsche Lww 29 ff.
hochdeutsche Lautverschiebung 13
Holinshed 50
Homographe 61, 122 f.
Homonyme, Homonymie 122 ff.
Homophone, Homophonie 21, 118, 122 ff.
Homophonenkonflikt 124 f.
Huxley (Thomas) 11, 98
Hybridisierung (des engl. Wortschatzes) 80

ilk (schott.) 155
ill 20, 160
indianische Lww 61 f., 65, 69 f.

indische Lww (Hindi, Urdi, Bengali, Hindustani usw.) 64, 68
indochinesische Lww 68 f.
Indogermanisch (Idg.) 14, 31, 68
Infinitivableitungen (lat.) 45
informal (vs. *formal*) 139, 143
Initialwörter (*letter-words*) 136
inkhorn terms 43
Inselgermanisch 12 ff., 72 ff.
Inselkeltisch (Lww) 31 ff.
Integration(sgrad) von Lww 61, 83, 92
Interferenz(en) 85
Internationalität des englischen Wortschatzes 90
irische Lww 31 ff., 72
irregular verbs 75 f.
Isolierung (lexikalische) 127 f.
italienische Lww 63 f., 72

James I 42
job (Cantwort) 152
Johnson (Samuel) 105, 150, 152
Journalese 97, 136
Jüten 12

Käsmann (Hans) 11, 73, 87 f., 121
Keltisch (Lww) 31 ff., 72, 83
Kenning 14 f.
King's English (*Queen's E.*) 146
Kirchner (Gustav) 76
kollektiver Wortschwund 120
Komposita (verdunkelte) 77, 109 f.
konnotative Bedeutung 16, 99, 142, 148
Konsoziation 87
Kontamination (Wortkreuzung) 56, 134 f.
Konversion (s. *derivation by a zero-morpheme*)
Kuhstall (Dialektwörter für K. im Englischen) 161
Kymrisch (Walisisch) 31 ff.

Lagamon (*Brut*) 54, 109
lammer (nördl. Mundartwort) 158
Langland (*Piers Plowman*) 41, 67 et passim

Lateinisch (Lww) 35 ff., 50, 72 ff.,
  83 f., 86, 104 ff. et passim
  Anglo-Latein (Lww) 40, 72
  Kirchenlatein (Lww) 35 ff., 46
    et passim
  klassisches Latein 35, 42, 46
  nachklassisches Latein 35, 46
  Klosterlatein (Mönchslatein) 38 ff.
  Mittellatein 35, 46
  Neulatein 35, 47 f.
  Vulgärlatein 35 ff.
lautphysiologische Gründe für Wort-
  schwund 119
Lausubstitution (Lautersatz) 24, 47, 57
learn 119, 159
Lehnbedeutungen 40, 95
Lehnbildungen (Lehnübersetzungen,
  Lehnübertragungen, Lehnschöpfun-
  gen) 39 f., 92 ff.
Lehnwort (Definition) 89
lent 102
lexikalische Wanderwege 101
literary words 138 ff.
little (vs. *small*) 99
London (Etymologie) 34
love 129
Lydgate (John) 42, 56

Malapropismen 106
mead/meadow 77, 141, 159
meat 127, 159
meet (und **Homophone**) 123
Mehrfachzählung 11, 75
mickle/muckle/much 23
Mischlehnwörter 90
Modified Standard 146
Monatsnamen 76
Monomorpheme 77, 109 f.
mood 16
Morris (William) 140 f.
Motivation (motivierte Wörter) 15,
  108 ff.
mots savants 54, 86
Mulcaster (Richard) 43
Mundarten (Dialekte) 153 ff.
mūþ (ae.) und Wortfamilie 108

Nachentlehnung 90
nesh (Nordwort) 161
Neubildungen 50, 90
Niederdeutsch (Lww) 13, 25 ff.
Niederfränkisch 25
Niederländisch (*Dutch*) 25 ff.
niman (ae.) 119
noon 38
Norddialekte 154 ff.
Nordgermanisch 13, 17 ff.
Nordwörter 155 f.
Norn (*norroena*) 18
Nullableitung (s. *derivation by a zero
  morpheme*)
Nulletymologie 72, 74
Nullmorphem 129

officialese 97, 136
Orrm (*Orrmulum*) 21, 22, 54, 57
Ortsnamen (skand.) 24, (kelt.) 34,
  (span. in USA) 65
Oxford accent 146

pageant 40
parliament 40
parole 75
parson/person 126
Partizipialableitungen (lat.) 45
Partridge (E.) 150, 152 f.
persische Lww 68
Peterborough Chronicle 54
Phoneme (Phonemfolgen) 79
Plattdeutsch 25 f., 72
poetical words 14, 139, 141
polynesische Lww 69
Polysemie 122, 124, 142
portmanteau words 134 f.
portugiesische Lww 64, 72
Präfixe (Vorsilben) 111 f.
Produktivität (semantische und morphologische) 83, 138
prove (und Wortfamilie) 87
provenzalische Lww 58, 72
Purismus (Puristen) 43, 104 f.
Puttenham (Richard) 43, 104

quantitative Analyse 11, 72 ff., 83
quean/queen 124 f.

raid/road 126, 156
rare words 142
Rationalismus 51, 105, 145
Received Pronunciation 146
Renaissance(latinismen) 42, 50, 51, 60, 88, 104 f.
Rhyming Slang 151
rich 31, 56
Romanisch (Lww) 35, 52 ff., 63 ff., 72 ff.
Rückbildung (*back-derivation*) 135
russische Lww 66
Ruthwell (Runenkreuz) 21

same 20 f., 155
Sanskrit (Altindisch) 68
Saxonisms 104 f.
Schmeller (Andreas) 161
schottisches Englisch 21, 154 ff.
Scott (Sir Walter) 22, 27, 156
schwedische Lww 22
Sem 96
sesquipedalian (words) 84, 106
set 78
Shakespeare 11, 46, 50, 63, 106, 112, 123, 125, 127, 145, 156, 160 et passim
she (Verbreitung und Entwicklung der 3. Pers. Pers.-Pron.) 20 f., 156
skandinavisches Lehngut 22, 72, 158 f.
skyscraper 93 f., 150
Slang 147 ff. et passim
sleigh (*sled, sledge*) 26
Smith (Captain John) 69
SOED 10 f., 70 ff. et passim
solitäre Wörter 127 f.
sozio-regionale Varianten 143
spanische Lww 64 f., 72
Sprachmischung(sprozeß) 85 ff.
Sprachstatistik 11
Standard English 144 ff. et passim
Strukturwandel (des engl. Wortschatzes) 108 ff.
Substrat 31, 32, 85
Superstrat 84, 85
Süddialekte 156 ff.
Survey of English Dialects (SED) 162
syllable words 136

Synonyme(nreichtum) des Englischen 96 ff.
Syntax 74 f., 95
Synthese 111 ff.

Tabu 120
take 19, 75 ff., 119
technical words (*termini technici*) 139 f.
tea 27, 86, 92
tēon 118
Thames (etym. Herkunft) 34
think (und Synonyma) 98
thole (Dialektwort) 159
till 19 f., 21, 155
tobacco 66, 71, 83
transparente Komposita 108 ff.
Trevisa 42
türkische Lww 68
tungol (ae.) und Komposita 108
Tyndale 102, 141
Type and *Token* 11

University Slang 148
upper-class words 143
urverwandtes idg. Wortgut 100 f.
usage problems 146 f.

vane (*vat, vixen*) 157
verdunkelte Komposita 109 f.
Volksetymologie 116 f.
Vortigernus 12

walisisch (Lww) 31 ff.
war 16, 57, 58
Watlingstreet 17, 164
Webster (Noah) 145
wean 155
weird, weirdo 127, 149, 156
whole/whore 157
Wikinger 17, 37
Wilson (Thomas) 43
window 20, 102
wit vb. 103, 120
Woodhouse (*Dictionary*) 106
Wortakzent 59 f.
Wortbildung 133 ff.
Wortfeld 96 f.

Wortkürzung 133 ff.
Wortmischung 134 f.
Wortschwund 117 ff.
Wortstatus 138 ff.
Wortverband 111 ff.
Wright (Joseph) 158, 162
Wyclif 36, 41, 46, 68

yard (und etym. Verwandte) 100
York (etym. Herkunft) 34

Zentripetalität 74, 83
Zentrifugalität 74, 83
Zesen 94, 104, 153
Zipf (Zipfsches Gesetz) 11

Einführung in die deutsche Wortbildungslehre

von Johannes E r b e n

160 Seiten, DIN A 5, kartoniert, DM 14,80

Grundlagen der Germanistik, Band 17

Erben führt in ein wichtiges Teilgebiet der Germanistik ein, dessen Bedeutung in letzter Zeit wieder ständig gewachsen ist. Einem Überblick zur Forschungsgeschichte folgt die Darstellung der Grundfragen und der wissenschaftlichen Verfahrensweisen der Wortbildungslehre. Das Lehrbuch erschließt die Grundzüge dieses Fach- und Sachgebietes und lenkt zur funktionalen Betrachtungsweise hin.

Syntax der deutschen Gegenwartssprache

von Ulrich E n g e l

307 Seiten, zahlreiche Graphiken und Tabellen, DIN A 5, kartoniert, DM 29,–

Grundlagen der Germanistik, Band 22

Diese Syntax dient als Handbuch für Studenten wie für Deutschlehrer und auch für den Bereich „Deutsch als Fremdsprache". Das Buch setzt nur geringe Fachkenntnisse voraus, die vorkommenden Fachtermini sind in einem gesonderten Verzeichnis definiert. Jedem Kapitel ist eine weiterführende Bibliographie beigegeben. Es wird nicht nur in allgemein verständlicher Form eine Bestandsaufnahme der Syntax des heutigen Deutsch gegeben, sondern es werden zugleich neue Wege beschritten, neue Aspekte zur grammatischen Erschließung der Sprache eingebracht.

Vom Urgermanischen zum Neuhochdeutschen

Eine historische Phonologie

von Herbert P e n z l

166 Seiten, zahlreiche Tabellen, DIN A 5, kartoniert, DM 17,80

Grundlagen der Germanistik, Band 16

Penzl stellt die Laut- und Phonementwicklung des Deutschen von der vorgeschichtlichen Zeit bis in die Gegenwart dar. Den didaktischen Forderungen für eine Studieneinführung wird er dabei in besonderem Maße gerecht. Seine moderne positivistisch-strukturelle Abhandlung dieses bedeutenden Gebietes der Sprachwissenschaft ersetzt die älteren, meist noch „junggrammatischen" Handbücher dieser Thematik.

Einführung in die Phonetik des Deutschen

von Klaus K o h l e r

ca. 220 Seiten, zahlreiche Tabellen und Graphiken, DIN A 5, kartoniert, ca. DM 24,–

Grundlagen der Germanistik, Band 20

Hier wird eine Einführung in die Phonetik vorgelegt, die nicht Einzelfakten deutscher Aussprache behandeln, sondern allgemeine Zusammenhänge aufzeigen will. Der Band gibt das wissenschaftliche Rüstzeug für die Erfassung phonetischer Phänomene und Prozesse des Deutschen. Eine ausführliche sprachspezifische Beschreibung aller Ebenen der Symbolphonetik schließt sich an. Das theoretische Potential der Phonologie und die modernen Untersuchungsmethoden sind in die Darstellung eingebracht. Die systematische und umfassende Zusammenstellung der empirischen Fakten deutscher Phonetik dient zugleich dem ausländischen Studenten als Orientierungs- und Arbeitshilfe.

 ERICH SCHMIDT VERLAG